浙江省新兴特色专业（法学）建设项目资助
（11410232341401xxts201404法学）

浙江理工大学科研启动基金资助
（15102077-Y）

国际法文库

禁止歧视
理念、制度和实践

李子瑾 著

Anti-discrimination
Ideas, Systems and Practice

北京大学出版社
PEKING UNIVERSITY PRESS

图书在版编目(CIP)数据

禁止歧视:理念、制度和实践/李子瑾著.—北京:北京大学出版社,2018.4

(国际法文库)

ISBN 978-7-301-29528-1

Ⅰ.①禁… Ⅱ.①李… Ⅲ.①国际法—文集 Ⅳ.①D99-53

中国版本图书馆 CIP 数据核字(2018)第 094156 号

书　　　名	禁止歧视:理念、制度和实践 JINZHI QISHI: LINIAN、ZHIDU HE SHIJIAN
著作责任者	李子瑾　著
责任编辑	朱　彦　刘秀芹
标准书号	ISBN 978-7-301-29528-1
出版发行	北京大学出版社
地　　　址	北京市海淀区成府路 205 号　100871
网　　　址	http://www.pup.cn　新浪微博 @北京大学出版社
电子信箱	sdyy_2005@126.com
电　　　话	邮购部 62752015　发行部 62750672　编辑部 021-62071998
印　刷　者	北京溢漾印刷有限公司
经　销　者	新华书店
	965 毫米×1300 毫米　16 开本　18.25 印张　263 千字 2018 年 4 月第 1 版　2018 年 4 月第 1 次印刷
定　　　价	56.00 元

未经许可,不得以任何方式复制或抄袭本书之部分或全部内容。

版权所有,侵权必究

举报电话: 010-62752024　电子信箱: fd@pup.pku.edu.cn

图书如有印装质量问题,请与出版部联系,电话: 010-62756370

前言

当前，发生在各个领域、呈现多种形式的歧视现象已经成为全球范围内一个严重的社会问题，深刻影响着每一个人基本权利和自由的平等享有。尽管许多国家和地区都采取了有关立法、行政、司法及其他措施禁止歧视，但是这一问题目前仍然未能得到普遍的重视和有效的解决。在中国，歧视问题也长期存在，但直到最近十余年才成为学者们集中关注的研究对象。对禁止歧视的相关理论和经验的研究至今仍然主要以比较零散、碎片化的方式存在。为更充分地理解歧视问题和构建更有效的反歧视制度，本书采用文献的、实证的、历史的和比较的法学研究方法，对欧洲、美洲、大洋洲、亚洲、非洲等各地区的禁止歧视理念、制度和实践进行了较为全面和系统化的梳理。在分析当前世界各个地区禁止歧视的相关理论和经验的特点、有效性的基础上，本书考察了中国的禁止歧视理念、制度和实践的发展状况，对中国在未来推进更符合时代潮流和具有中国特色的反歧视事业作了展望。

本书是笔者在以往研究的基础上，对所掌握的平等和反歧视领域的相关知识和经验重新进行整合、梳理、分析、比较后形成的成果。能够写成本书，也多多得益于十多年来笔者在探索平等和反歧视的道路上有幸遇到的各位前辈和先驱们的启发和引导。

笔者在北京大学法学院攻读本科和硕士学位期间，宪法、行政法和国际人权法专业的各位恩师为笔者进入平等和反歧视这一专门的研究领域开辟了道路。笔者的硕士生导师沈岿教授从笔者本科保研时起就鼓励笔者积极参与健康反歧视的研究项目，一手把笔者领进了这一研究领域的大门，指导笔者完成了有关歧视的基础理论和保障乙肝病毒携带者平等受教育权的国家责任的研究，并在此后一直鞭策着笔者在学术征途上不断提高自己。白桂梅教授在笔者进入国际人权法专业学习后，为笔者提供了丰富的研究和交流机会，指导笔者对反疾病歧视尤其是艾滋病歧视中的国家与政府责任问题进行深入研究，在此后的人权研究中也始终激励着笔者不断前进。

笔者在英国华威大学法学院攻读博士学位期间，学校对笔者从事的基于健康状况的歧视的研究给予了全额奖学金资助，学院人权法相关专业的各位老师也提供了很大的帮助。其中，博士生导师Stephen Istvan Pogany 教授不仅尽心尽责地指导了笔者的毕业论文，而且利用其作为欧洲反歧视法研究专家，在欧洲人权法院担任相关案件的专家证人的身份，为笔者的研究提供了许多便利。笔者在这一时期还加入了英国反歧视法协会等专业组织，结识了许多来自世界各地的专注于平等和反歧视研究的专家学者。通过与他们的合作，笔者不仅获得了很多宝贵的研究资料，而且极大地拓展了自己的研究视野。

笔者在开始从事独立研究后，有幸成为中国政法大学宪政研究中心的兼职研究员，与刘小楠教授等有了更多的合作机会。作为蔡定剑教授反歧视事业的坚定继承者，刘小楠教授经常组织本领域的学者和实践者开展专题研讨、访问交流、合作研究等活动，提供了专业的交流平台，笔者也由此结识了更多中国反歧视领域的著名专家前辈和活跃的年轻同行。多位专家都对笔者的研究进行过直接的指导或者提出过相关的建议，为本书的写作提供了许多有益的思路。周伟教授、刘小楠教授更是非常慷慨地将他们领衔提出的最新版本的《反歧视法学术建议稿》和《反就业歧视法专家建议稿》与笔者分享。这两个版本的建议稿是中国未来的禁止歧视立法非常有可能参照的样本。笔者将它们收录在本书的附录中供读者们参考。年轻同行们多具有广阔的国际视野和丰富的研究经历，在和他们的相互砥砺、互通有无中，笔者也弥补了自己所知所会的不足，产生了很多有价值的想法。可以说，笔者有幸"站在巨人的肩膀上"，为中国的平等和反歧视研究做出了一点微末的贡献。

笔者进入浙江理工大学法政学院工作后，学校和学院都给予非常细致的关怀，提供了丰富的研究资源和宽松的研究环境。王健教授、李建忠教授等专家经常关心笔者的研究进展，为本书的写作提出了一些极具启发性的意见和建议。此外，在本书的编辑过程中，北京大学出版社的各位工作人员为之付出了许多努力。特别是刘秀芹女士非常认真负责，为本书如期出版做出了巨大的贡献。在此，笔者一并致以诚挚的谢意。最后，笔者还要感谢自己的家人在本书的成书过程中始终给予的有力支持，没有家人倾注的无条件的爱，本书是不可能最终面世的。

李子瑾

2018年1月8日

目录

第一章　导言 ··· 001

　　1　研究背景 ··· 003
　　2　研究问题 ··· 008
　　3　研究方法 ··· 013
　　4　研究结构 ··· 017

第二章　欧洲禁止歧视理念、制度和实践 ························· 019

　　1　概述 ··· 021
　　2　源远流长、多元融合的欧洲禁止歧视理念 ················· 023
　　3　与一体化进程联系紧密的欧洲禁止歧视制度和实践 ····· 031
　　4　欧洲禁止歧视理念、制度和实践的启示 ···················· 049

第三章　美洲禁止歧视理念、制度和实践 ························· 053

　　1　概述 ··· 055
　　2　后来居上、与自由主义激烈碰撞的美洲禁止歧视
　　　　理念 ··· 057
　　3　探索效率与公平均衡整合的美洲禁止歧视制度和
　　　　实践 ··· 066
　　4　美洲禁止歧视理念、制度和实践的启示 ···················· 079

禁止歧视：理念、制度和实践

第四章　大洋洲禁止歧视理念、制度和实践 ······ 085

1　概述 ······ 087
2　与多元移民文化共生共荣的大洋洲禁止歧视理念 ······ 089
3　继受欧美经验、创新本土路径的大洋洲禁止歧视制度和实践 ······ 095
4　大洋洲禁止歧视理念、制度和实践的启示 ······ 105

第五章　亚洲禁止歧视理念、制度和实践 ······ 109

1　概述 ······ 111
2　传统文化与外来理念张力凸显的亚洲禁止歧视理念 ······ 114
3　局部地区先进、整体发展不平衡的亚洲禁止歧视制度和实践 ······ 125
4　亚洲禁止歧视理念、制度和实践的启示 ······ 136

第六章　非洲禁止歧视理念、制度和实践 ······ 141

1　概述 ······ 143
2　随非殖民化浪潮活跃登场的非洲禁止歧视理念 ······ 146
3　后殖民主义时期努力前行的非洲禁止歧视制度和实践 ······ 154
4　非洲禁止歧视理念、制度和实践的启示 ······ 163

第七章　中国禁止歧视理念、制度和实践 ······ 167

1　概述 ······ 169

  2　历史悠久、内涵丰富的中国禁止歧视理念 …………… 170
  3　处于初步建立和发展阶段的中国禁止歧视制度和
    实践 ……………………………………………………… 197
  4　展望中国禁止歧视理念、制度和实践的未来发展
    趋势 ……………………………………………………… 214

附录 ………………………………………………………………… 227

  附录一：《反歧视法学术建议稿》及其说明 ……………… 229
  附录二：《反就业歧视法专家建议稿》及其说明 ………… 247

参考文献 ………………………………………………………… 279

第一章
导言

1 研究背景

根据联合国人权事务高级专员办事处的统计，目前对土著人民、移徙者、少数群体、残疾人士、妇女以及基于种族、宗教、性取向和性别认同等的歧视在全世界范围内比较多见，已经出台了专门的国际公约或宣言，对这些形式的歧视进行打击。[①] 在有些地方，根据本地的实际需要，法律禁止的歧视类型已经远远超出了上述国际文件的范围。例如，韩国《国家人权委员会法》中明确规定禁止歧视的理由达到了19种，包括性别、宗教、残疾、年龄、社会地位、出生地、来源国家、民族、面貌特征、婚姻状况、种族、肤色、政治见解、家庭构成、怀孕或生育、犯罪记录、性取向、教育背景、医疗记录等。[②] 发生在各地区实践中的尚未进入法律禁止范围的歧视种类则更为广泛，还包括健康、户籍、前科、学历、基因等。目前，法律所禁止的歧视主要发生在公共领域，尤其是涉及公共福利或者公共资源分配的就业、教育、医疗、保险、公共场所服务等领域。也有一部分歧视发生在私人领域，如关于私人提供商品、货物、服务等的合同，尤其是私人住房的出租合同等。此外，在私人提供的职业机会、民办教育、商业保险等领域，大部分地区的法律虽还没有强制介入，但也存在着很多不平等的对待。这些歧视现象至少已经严重影响了人们的许多受到宪法和法律保护的基本权利、自由或

[①] 参见联合国人权事务高级专员办事处：《对歧视问题的特别关注》，http://www.ohchr.org/CH/Issues/Discrimination/Pages/discrimination.aspx，2017年10月31日访问。

[②] See National Human Rights Commission of Korea, Discrimination Documents, http://www.humanrights.go.kr/site/program/board/basicboard/list? boardtypeid=7021&menuid=002003004&searchcategory=discrimination, last visited on Oct. 31, 2017.

者基本人权,包括平等的就业权、受教育权、健康权等,有时甚至会威胁到一个人最根本的生命权。因此,在全球范围内,歧视仍然是一个亟待解决的严重问题。

目前,许多国家和地区都已经意识到了禁止歧视的重要性,采取了有关的立法、行政、司法以及非官方措施,对这一问题进行控制。这里,可以英国为例。在立法方面,英国的第一个专门的反歧视法律——《平等工资法》在1970年通过。自那时起,一系列的反歧视法律先后出台,包括1975年的《性别歧视法》、1976年的《种族关系法》、1995年的《残疾歧视法》、2006年的《平等法》等。自2010年10月起,一项整合了上述所有单项立法的新《平等法》开始生效。2010年的新《平等法》在当时被认为可能是世界上最引人注目的国内平等立法。在行政方面,英国通过专门的国家机构——平等和人权委员会推动实施上述立法。平等和人权委员会既是英国的国家人权机构,也是专门负责反歧视制度实施的机构。这一机构具有一项推动和监督人权的立法授权,保护、实施和促进以下几个方面的平等:年龄、残疾、性别、种族、宗教和信仰、怀孕和生产、婚姻和民事伴侣关系、性取向和性别转换。在司法方面,英国的县法院、高等法院、上诉法院和最高法院共同审理有关平等和反歧视方面的诉讼案件。其中,许多案件是在平等和人权委员会的帮助下进入法庭诉讼程序并胜诉的。2009年成立的英国最高法院被赋予了原来由上议院所享有的司法终审权,成为反歧视诉讼的最终司法防线。在非官方措施方面,英国政府积极鼓励非政府组织和个人介入歧视问题的解决。在关心平等和反歧视问题的法律实务专家、政策专家、学者、个人和机构行动者们的倡导下,英国建立了专门的反歧视法协会,推进反歧视立法、实践、建议和教育。各个具体领域中的反歧视机构和个人的行动更是数不胜数。①

尽管许多国家像英国一样采取了丰富的相关立法、行政、司法以及非官方措施以应对歧视问题,但是这一问题目前仍然未能得到

---

① See Discrimination Law Association, Home, http://www.discriminationlaw.org.uk/, last visited on Oct. 31, 2017.

更为普遍的重视和有效的解决。仍然以英国为例,在代表当时世界上反歧视立法最先进水平的2010年的新《平等法》生效后,各种现实中的歧视现象仍然层出不穷,上述各种措施起到的作用仍然有限。根据反歧视法协会2017年的调查,即使在最早被纳入法律规制领域的性别歧视问题上,至今仍然广泛存在着男女薪酬不平等、性骚扰、对女性的暴力、政府公共部门和私人机构对预防性别歧视职责不看重等问题。[①] 这一调查结果说明,在一些国家,现有的禁止歧视制度即使已经建立,还可能存在着种种缺陷,在实践中仍然有着很大的发展空间。

  同时,世界上还有许多国家尚未建立起较为完整的反歧视制度,而只是在宪法中原则性地提出要禁止歧视,或者在一些具体的领域中或专门的事项上有关于反歧视的少量规定。这些国家在禁止歧视的问题上常常显得心有余而力不足,想要开展反歧视的政府和非政府的行动都缺乏相应的法律依据。通常,这些国家有关反歧视法律的实施情况也缺乏相应的详细记录。例如,在俄罗斯,1993年通过的《俄罗斯联邦宪法》中原则性地规定了保障公民平等权利和禁止歧视:"在法律和法庭面前人人平等。国家保障人和公民的权利与自由平等,不论性别、种族、民族、语言、出身、财产状况和职务状况、居住地点、宗教态度、信仰、对社会团体的归属关系以及其他情况。禁止因社会、种族、民族、语言或宗教属性而对公民权利作出任何限制。男女拥有同等的权利和自由并拥有实现权利和自由的同等条件。"1996年修改的《俄罗斯联邦劳动法典》中具体确认了劳动者因从事平等的劳动而不受歧视地获得平等报酬的权利:"每一个劳动者有权:……因从事平等的劳动而不受任何歧视地获得平等报酬,并且不低于法律规定的最低数额。"除了上述宪法的原则性规定和劳动法的具体性规定之外,在俄罗斯的法律中对歧视问题比较缺乏有针对性的规制,而且没有专门的法律实施机制保障上述禁止歧

---

① See Discrimination Law Association, DLA Annual Conference 2017 Report, http://www.discriminationlaw.org.uk/conferences, last visited on Oct. 31, 2017.

视规定得到有效执行。① 此外，世界上有一些国家甚至在宪法上还没有完全承认禁止歧视的基本原则。这些国家在宪法上根本没有或是只存在着有缺陷的或不太适当的歧视规制条款。通常，这些国家对禁止歧视宪法原则的规定不足，可能是基于宗教法典化而产生了对某些领域反歧视的限制，或者是因为没有加入主要的国际文件而无法对反歧视方面的工作提供最低限度的承诺。例如，埃及在1971年通过的《阿拉伯埃及共和国宪法》中规定："国家保障妇女对家庭尽的义务同其在社会上的工作相适应，保障妇女在政治、社会、文化和经济生活领域中同男人平等，但不违反伊斯兰教立法章程。"这条规定使一些歧视女性的伊斯兰教立法，如婚姻、家庭关系由父亲、丈夫做主等，在宪法上得以继续确立。②

学者 Dimitrina Petrova 曾经对世界上一些国家的反歧视法及其实施情况进行过专门的统计分析。她根据每个国家是否存在专门的反歧视法律和政策以及这些反歧视法律和政策是否经过了充分的实施，将全球各个国家分成四个类别：第一类国家有着相对先进和完备的反歧视法律、政策、实践和有关平等方面已经存在的案例法，并且反歧视法律和政策已经过至少5—7年活跃状态的实施。这类国家包括澳大利亚、加拿大、印度、荷兰、瑞典、英国、美国等。其中，3个是欧洲国家，2个是美洲国家，1个是大洋洲国家，1个是亚洲国家。第二类国家在最近5—7年内通过了比较完备的平等法律，并且组成了专门的实施机构以推进平等法律的执行，但是还没有或者很少有实施平等法律的经验，案例法的数量极少。这类国家包括保加利亚、匈牙利、法国、意大利、墨西哥、巴拿马、秘鲁、罗马尼亚、南非等。其中，5个是欧洲国家，3个是美洲国家，1个是非洲国家。第三类国家在宪法中规定禁止歧视，并且附带性地有一些在特定领域或针对特定种类的禁止歧视的法律规定，但是缺乏法律实施的记录。这类国家是最多的，包括阿尔巴尼亚、阿尔及利

---

① See William Butler, *Russian Law*, 3rd Edition, Oxford: Oxford University Press, 2009, pp. 293—577.

② See Nonie Darwish, *Cruel and Usual Punishment*, *The Terrifying Global Implications of Islamic Law*, Tennessee: Thomas Nelson, 2009, pp. 201—219.

亚、乍得、几内亚、印度尼西亚、吉尔吉斯斯坦、马达加斯加、马里、尼日尔、俄罗斯、塞内加尔、塞尔维亚和黑山、苏丹、塔吉克斯坦、乌克兰、土耳其等。其中，4个是欧洲国家，4个是亚洲国家，8个是非洲国家。第四类国家在宪法上完全缺乏或只有充满缺陷的、不适当的有关歧视的规定，包含那些基于宗教法典化而存在局限的国家和尚未加入主要的国际文件的国家。这类国家包括不丹、文莱、埃及、伊朗、约旦、科威特、黎巴嫩、马来西亚、摩洛哥、沙特阿拉伯、塞拉利昂、突尼斯、阿拉伯联合酋长国、也门等。其中，10个是亚洲国家，4个是非洲国家。虽然Dimitrina Petrova的上述统计可能不够完整、准确或未能及时更新，但大体上还是粗略地表明了当时世界各个地区具有代表性的一些国家在禁止歧视的制度及其实践方面的基本情况。同时，Dimitrina Petrova也提到这些国家的禁止歧视制度及其实践的发展状况与它们的禁止歧视理念的发展水平是相适应的。① 对她的这项研究，下文中还会不时谈到。

以上情况引起了笔者对当今世界各个地区的禁止歧视理念、制度和实践的发展问题的思考。从已有的数据来看，世界各地的禁止歧视理念千差万别，禁止歧视制度和实践更是多种多样。那么，其中是否存在着一些规律性的认识或者共通性的经验？或者，禁止歧视归根到底是一种具有很强的国家性或者地区性的独特叙事，以至于别的国家或者地区难以学习与效仿？带着强烈的好奇心，笔者对世界各个地区的人们拥有怎样的平等和反歧视理念，当前采取了什么样的禁止歧视的相关制度，以及这些制度在实践中究竟是如何具体运行的等一系列问题进行了专门的考察。希望通过这样的考察，能够明确世界各个地区的禁止歧视理念、制度和实践具有什么样的特点，以及它们是否有效地保障了人们的平等权利。

在中国，歧视问题也长期和广泛地存在。从早期的奴隶社会，到漫长的封建社会，再到其后短暂的半殖民地半封建社会，甚至在进入社会主义社会之后，歧视现象一直存在。目前，由于种族、性

---

① See Dimitrina Petrova, Implementing Anti-discrimination Law and the Human Rights Movement, *Helsinki Monitor*, 2006, 17 (1), pp. 19—38.

禁止歧视：理念、制度和实践

别、宗教信仰、残疾、健康、户籍、年龄、性倾向与性别认同、前科、容貌、学历、地域、基因等原因，在就业、职业、教育、体育、医疗、保险、福利、服务、管理监督等方面对人进行不合理的区别对待仍然是较为普遍的现象。[①] 尽管中国同时也在发展历史悠久、内涵丰富的平等和反歧视理念，但是歧视状况的改变是比较缓慢和逐步发生的。当前，中国的禁止歧视制度仍然处在一个初步建立和发展的阶段，这一制度在实践中的效果仍然表现得较为有限。因此，中国迫切需要开展对反歧视理论和经验的大力研究。然而，对歧视问题本身以及禁止歧视理念、制度和实践的研究直到最近十余年才成为中国学者们集中关注的研究对象。当前，对反歧视的相关理论和经验的研究仍然主要以比较零散、碎片化的方式存在。[②] 为了更加充分地理解中国的歧视问题和在未来构建更为有效的反歧视制度，笔者在对欧洲、美洲、大洋洲、亚洲、非洲等各个地区的禁止歧视理念、制度和实践的发展情况进行较为全面和系统化的梳理并分析其特点及有效性的基础上，将进一步对照中国现有的禁止歧视理念、制度和实践的发展水平，对中国在未来推进更符合时代潮流和具有中国特色的反歧视事业进行展望。

2 研究问题

研究问题是本书写作中集中关注的几个核心问题，也是将本书的研究与其他的类似研究区分开来的关键所在。本研究主要集中关注以下几方面的核心问题：

首先，世界各个地区的人们拥有怎样的禁止歧视理念？这些理念在历史上是如何发展而来的？在今天又如何影响着各个地区反歧视制度的设计以及现有的反歧视制度在实践中所发挥的作用？这里

---

① 参见刘小楠主编：《反歧视法讲义：文本与案例》，法律出版社2016年版，第3—9页。

② 参见刘红春：《我国反歧视法的学理探究及其反思——兼论反就业歧视的理论回应》，载刘小楠主编：《反歧视评论》（第2辑），法律出版社2015年版，第155—175页。

所说的"禁止歧视理念"是比较宽泛意义上的，包括各种与平等和反歧视相关的思想观念。在人类历史上，各种平等和反歧视的思想很早就产生了。世界古代文明的灿烂文化中，许多关于平等和反歧视的经典理念流传至今。例如，古希腊时期亚里士多德关于平等的论述，希伯来先知们的平等观念，中国古代儒家、道家、墨家、法家等不同流派的平等思想，等等。这些经典的理念很大程度上成为今天人们禁止歧视理念的根基。同时，人们的平等思想也是复杂多元的。基于各种不同的平等和反歧视理念，会产生各方面极其不同的禁止歧视制度设计，这些制度设计在现实中能够发挥多大的作用也受到各种平等和反歧视理念的影响。总的来说，顺应本地区平等和反歧视理念而建立的反歧视制度在实践中顺利实施的可能性比较大，所遇到的各方面的障碍会少一些；而与本地区平等和反歧视理念冲突严重的反歧视制度在实践中遭到冷遇甚至排斥的可能性比较大，所遇到的各方面的障碍会多一些。后一种情况在世界各个地区的反歧视实践中并不鲜见。有一些地区受到其他地区平等思想的冲击较为强烈，但是本地区所秉持的传统观念与这些外来的平等思想并不能很好地协调起来，表现为外在的反歧视制度设计中可能出现一些不太协调甚至功能互相冲突的机构和机制，影响反歧视制度整体效果的发挥。因此，对世界各个地区的平等和反歧视理念进行研究是更全面、深入地理解和分析各个地区的禁止歧视制度和实践的必要前提。当然，世界各个地区的平等和反歧视理念本身处在不断的发展变化之中，并且随着研究时代和研究者的不同而可能形成不同的评价。本书从当今时代反歧视制度和实践的视角，对历史上产生重要影响的平等和反歧视理念进行考察，只能代表今人对这些理念的解读和分析，而不影响对这些理念在所处历史时期发挥作用的客观评价。

其次，世界各个地区当前采取了什么样的禁止歧视的相关制度？这里所说的"禁止歧视的相关制度"也是比较宽泛意义上的各种与平等和反歧视相关的制度。这些制度主要表现为禁止歧视的法律制度，包括立法、行政、司法等主要的制度环节。具体说来，在立法方面，主要研究以下一些问题：是否存在平等和反歧视领域的专门立法；在相关立法中对歧视的基本概念、常见种类、表现形式、例外规定以及禁止歧视的基本原则、主要理由、机构设置、救济措施等问题是否进行了明确的规定；等等。在行政方面，主要研究以下一些问题：是否存在专门处理歧视问题的政府机构；处理歧视问题的相关机构被赋予了何种职权，应当按照哪些具体的程序开展工作；等等。在司法方面，主要研究以下一些问题：是否存在专门受理反歧视诉讼的法院或相关的司法系统；相关的司法系统在接受案件、进行审理、作出裁决的整个过程中需要遵循哪些规则行事；等等。此外，禁止歧视的相关制度有时也包括与法律制度有关的其他制度，尤其是辅助禁止歧视的立法、行政、司法制度持续存在和有效运行的那些相关的制度环节。例如，政府对反歧视专门机构的人力、物力、财力的配置原则；国家对不能通过一般司法途径获得平等权利救济的人群所提供的替代性的保障措施；等等。上述制度主要是在官方层面实施的禁止歧视的标准、规范、规则、原则等。同时，也不能忽略在非官方层面实施的禁止歧视的相关制度。例如，参与平等和反歧视活动的非政府组织和个人在法律体系中的地位和作用；这些非政府组织和个人参与平等和反歧视活动可能遇到的制度性障碍和救济手段；等等。以上这些内容是当今世界各个地区的禁止歧视制度的重要组成部分，它们互相交织，相辅相成，形成了每个地区禁止歧视制度的全貌。任何一个部分内容的不同，都可能导致特定地区的禁止歧视制度显现出某种鲜明的特点。要分析这种特点，就要努力追溯产生这种特点的具体制度内容。有时，某种特点是由多个具体制度共同作用而形成的。这时，就不能只注重其中一个方面的具体制度，而忽略其他方面具体制度的综合影响。

再次，世界各个地区的禁止歧视制度在实践中是如何具体运行的？存在哪些现实困难？官方与非官方的行动者们在制度之外还通过哪些方式追求平等权利的实现？这里所说的禁止歧视的"实践"同样是比较宽泛意义上的各种与平等和反歧视相关的官方与非官方的行动。禁止歧视制度本身不能自动自发地实施，需要通过各种官方与非官方的行动者们有意识的活动促使其有效地运行。这就要求官方与非官方的行动者们严格依照制度行事，真正将平等和反歧视理念投射于禁止歧视的活动之中。现实中，一项设计之时意图良好的禁止歧视的专门制度，可能由于种种原因不能有效地运行。例如，在反歧视法中可能有专项规定，指出在就业中受到不利对待的人们可以到劳动法庭或仲裁机构就受到不利对待的情况提请审查。然而，在劳动法庭或仲裁机构的相关受案规则中，并没有把平等就业的权利作为一项受案理由进行规定。这就会导致就业歧视的受害者们在向劳动法庭或仲裁机构提出请求时不被受理。在此种情况下，如果反歧视法或其他相关立法没有对其他可能的救济方式作出规定，就可能会导致这些受害者求告无门，完全无法维护自己平等就业的权利。诸如此类的现实困难使得禁止歧视制度在实践中无法发挥应有的作用，也就失去了制度建立的本来意义。

当然，在世界各个地区，禁止歧视制度可能遇到的现实困难多种多样。有些阻碍因素可能是全球大部分地区所共有的。比如，对进行歧视行为和实施禁止歧视制度的成本和收益的经济性考量。即使在反歧视制度建设相对发达的地区，雇主一旦发现实施禁止歧视制度的成本远远大于进行歧视行为的成本，也有可能铤而走险，进行违法的歧视行为。更多的阻碍因素则可能具有很强的地区性特征。例如，地区文化对特定人群或特定权利的长期偏见。在某些地方的主流文化中，仍然将女性看作男性的附属品，从人身到财产，各方面都是可以由男性主导甚至交易的。在这样的地方，即使出台了关于男女平等的各项专门法律法规，也不大可能立即实现。也正是因为禁止歧视制度有时不能发挥人们所期待的作用，官方与非官方的行动者们还需要在制度之外通过各种手段促进平等权利的实现。制度之外的禁止歧视手段如果发生在官方层面，则经常会采取以下一些形式：召开有关禁止歧视领域的官方会议；进行有关反歧视法实施情况的专项调查；宣传有关平等和反歧视的专门知识，发布有关平等权利保护的案例总结和实践指南；等等。这些手段如果发生在非官方层面，则经常表现为那些关注平等和反歧视问题的非政府组织和个人争取特定权利的集体或单独抗争，包括申诉、集会、游行、示威等。制度之外的禁止歧视手段也很重要，在有些地区甚至可能成为禁止歧视的正式制度产生效力的关键。总的来说，禁止歧视制度和上述制度之外的手段共同作用，往往能发挥更为理想的反歧视效果。

最后，世界各个地区的禁止歧视理念、制度和实践给中国带来了何种启示？研究世界各个地区的禁止歧视理念、制度和实践是本书的主要任务和特色所在，但是本书的研究并不仅仅止步于此。各个地区在禁止歧视方面有哪些先进的理论和实践经验，是否有可能在中国的土壤中也结出维护平等权利的丰硕果实，这是本书最终的落脚点和探求方向。当今时代的法学研究，尤其是法律制度的比较研究，特别强调对中国问题、中国制度和中国路径的关注。本书梳理和分析世界各个地区的禁止歧视理念、制度和实践，也正是要为当前正处于初步建立和发展阶段的中国的反歧视制度提供适当的参考。中国有可能吸收其他地区优秀的反歧视经验，至少是出于以下两个方面的基本原因：第一，中国与其他许多国家和地区一样，加入了联合国、世界贸易组织、国际劳工组织、世界卫生组织等国际组织，签署、批准或者加入了《公民权利和政治权利国际公约》《经济、社会、文化权利国际公约》《消除一切形式种族歧视国际公约》《消除对妇女一切形式歧视公约》《儿童权利公约》《残疾人权利公约》等国际公约。在这些组织的文件和公约中，都有对缔约方保护平等、反对歧视的基本义务的要求。这些基本义务的要求正是来源于世界各个地区的禁止歧视理念、制度和实践中的许多成功经验。中国加入相关国际组织和签署、批准或者加入相关国际公约，一方面是对国际社会作出了禁止歧视的基本承诺，另一方面也是对其他地区优秀的反歧视经验进行学习的过程。第二，中国的反歧视制度还处在初步建立和发展时期，从法律法规到各种相关机制都还处在形成和完善的过程中。此时对世界其他地区优秀的反歧视经验进行借鉴正是一个合适的时机，既可以及时引入那些对中国来说非常必要的具体制度，又不会使现有的反歧视制度发生根本性的动摇。如果等到现有的反歧视制度完全稳固下来之后再进行借鉴，难度就会增加。当然，世界各个地区的反歧视理论和实践经验通常是根据本地的需要而发展起来的，并不是世界其他地区所有先进的反歧视理论和实践经验都适宜在中国实施,这就需要在研究中对各种理论和实践经验进行仔细的甄别。

3 研究方法

本书在写作过程中综合运用了多种研究方法,主要包括文献的、实证的、历史的和比较的法学研究方法。

第一,文献的或是文本的法学研究方法,主要是通过对各个地方的法律法规和案件判决进行研究和分析,总结出一般的法律原理和规律,并用于解释和指导生活中所遇到的各种法学问题和现象。这是一种较为传统的法学研究方法,尽管是对纸面上的法学问题进行归纳和演绎,但在法学研究中还是具有不可替代的作用。在本书中,主要使用文献的法学研究方法分析世界各个地区的禁止歧视相关立法和案例。禁止歧视相关立法是许多国家反歧视制度中最重要的成果,甚至有时候可以称为反歧视制度的"起点"和"终点"。所谓反歧视制度的"起点",是指以一部或多部禁止歧视的法律法规为依据,开展相关的反歧视行政、司法以及其他活动。在这时候,政府要采取什么样的暂行特别措施,法院可以受理什么样的反歧视诉讼,公众可以在多大程度上参与推进平等的行动等,都要以这一部或多部禁止歧视的法律法规为凭据。所谓反歧视制度的"终点",是指一个国家经过多年官方、民间的反歧视行动的共同努力,总结出大家比较认同的一般性的反歧视理念和规则,并把这些理念和规则内化、上升为法律法规,以反歧视立法的形式呈现出来。无论是把禁止歧视相关立法当作反歧视制度的"起点"还是"终点",在其形成和实施过程中都离不开丰富的禁止歧视相关案例。一部不是在许多案例影响下逐渐形成的反歧视法,很可能会脱离现实的需要,无法真正回应人们对现实生活中歧视问题的关切。一部制定以后长期不在实践中被援引、用于法庭和其他机构裁决纠纷的反歧视法,则可能很快就被立法机关束之高阁,逐渐为人们所淡忘。因此,可以说,禁止歧视相关案例是反歧视制度的"生命"。通过采用文献的法

禁止歧视：理念、制度和实践

学研究方法分析世界各个地区的禁止歧视相关立法和案例，本书对各个大洲与中国的反歧视制度的介绍就较为全面，不仅呈现了各地反歧视立法的现状，也探究了这些立法在实践中的适用情况。

第二，实证的或是社会的法学研究方法，主要是对相关法学问题或现象进行观察并搜集资料，在对资料进行分析的基础上，总结出一定的法学理论或规律。这种法学研究方法在今天的法学研究中日趋重要，特别强调研究者的亲身经历对研究结果的重要意义，是一种较为依赖经验却又不失理性的研究方法。在本书中，主要使用实证的法学研究方法对欧洲、美洲、大洋洲、亚洲、非洲等各地区的禁止歧视制度的具体实施情况进行一定的评价。能够采用这种研究方法，得益于笔者拥有比较宝贵的在国外学习、研究与交流平等和反歧视问题的人生经历。正如前文提及，早在求学期间，笔者就有幸参加了北京大学法学院人权与人道法研究中心同瑞典隆德大学罗尔瓦伦堡人权研究所合办的国际人权法硕士项目，之后又专门到英国华威大学法学院攻读法学博士学位。在攻读博士学位期间，笔者先后加入了英国的法律学者协会、中国网络和反歧视法研究协会。此外，笔者还广泛参与瑞典、加拿大等国合作研究的课题，多次赴挪威、泰国等国参加有关问题的国际研讨，并作为中方代表参加了亚欧非正式人权研讨会等地区交流，与英国、美国、澳大利亚、印度、加纳等国的学者或者研究机构经常联系。这些专门的学习、研究和交流经历极大地扩展了笔者在平等和反歧视问题上的视野，给笔者提供了认识和分析世界各个地区的禁止歧视理念、制度和实践的独特视角和特殊便利。通过与一些当地学者及研究机构的合作，笔者能够就这些特定地区的禁止歧视制度的具体实施情况进行观察或调查，并且搜集到相关的案例，了解当地反歧视制度的有效性。有些特定的资料，不通过这样的合作研究便无法取得，因而是无价的。同时，当地学者的观察结合了本地人特有的平等理念与对待歧视现象和问题的态度，在观察者本人尚未察觉时，已经表现出一定程度的本地典型特征。不仅仅是这种观察的结果，甚至观察的过程本身也具有宝贵的研究价值。

第三，历史的法学研究方法，主要是从历史的视角分析法学现象和问题，通过考察法学现象和问题的来龙去脉，对为什么会发生某种特定的法学现象和问题、发生的法学现象和问题会对相关因素产生何种影响等进行研究。这是传统上比较常见的一种法学研究方法，特别适用于受时间性影响较大的法学问题。在本书中，主要使用历史的法学研究方法回顾世界各个地区的禁止歧视理念和制度的发展历程，并讨论其在各个阶段发生变化的原因。从严格意义上说，当今世界各个地区的反歧视制度是在现代尤其是二战之后正式发展起来的，主要经历了平等与反歧视这一基本的法律原则在宪法上得到明确认可、进行相关的禁止歧视专门立法、使相关的禁止歧视专门立法形成统一的法律体系这样一个过程。有的国家完全走完了这个过程，在国内法中建立起比较系统的、综合性强的禁止歧视制度。有的国家则刚刚开始第二个甚至第一个发展步骤，国内法上的禁止歧视制度很不完整，缺乏较为具体细致的规定，在实践中也很难操作。对于为什么会出现禁止歧视制度发展如此不同步的情况，人们往往可以在各国的历史中找到原因。今天世界各个地区的禁止歧视理念不仅仅是现代反歧视理念的产物，在很大程度上更来源于历史上那些重要的平等思想。例如，早在几千年前就已经提出的亚里士多德的"对相同的情况进行相同对待，对不同的情况进行不同对待"思想、孔子的"有教无类"思想等，仍然反映在今天各国合理区别对待构成歧视的例外、对平等受教育权进行保护等禁止歧视的具体制度之中。因此，对世界各个地区目前的禁止歧视理念进行讨论，必然要回溯这些理念在历史上的发展历程；否则，不足以理解为什么在某一特定地区某种理念特别盛行，进而影响在这一特定地区所选择适用的反歧视基本制度。事实上，在有些地区，历史的因素对今天歧视的持续存在甚至有着决定性的影响。这些地区虽然制定了相对先进的反歧视立法，也成立了专门推进这些立法的机构，但是在实践中，人们却很少能够真正适用上述反歧视机制以争取自己受到法律保护的平等权利。在这个意义上，历史的法学研究方法填补了书面材料和观察所得的不足，给研究增添了历史的完整性和准确性。

第四，比较的法学研究方法，比较不同地区在处理相同或类似的法律问题时采用的做法，总结出其中的经验和教训，并在本地区处理相同或类似的法律问题时作为参考和借鉴。这种法学研究方法自20世纪80年代以来在中国特别流行，尤其适用于一项新的法律制度被介绍到中国，或是反思已有的法律制度存在的各种问题。在本书中，主要使用比较的法学研究方法对欧洲、美洲、大洋洲、亚洲、非洲等各地区的禁止歧视理念、制度和实践进行比较全面和系统化的梳理。此前，很多研究都对个别国家的反歧视理论和实务进行过总结，并与中国的特定制度作过比较。笔者也曾经就应对基于健康状况的歧视问题对英国、荷兰的相关立法和法律实施情况作过考察，并归纳出中国从中可借鉴的经验。不过，这种研究还是更偏重于国家层面。本书集中讨论的是相对更宏观一些的世界各个大洲所具有的禁止歧视的相关理论和经验，尤其是考察这些大洲各自的反歧视制度的特点和有效性。进行这种研究并不意味着个别国家的比较研究不够重要，而是因为目前在各个大洲层面上进行比较的先例还很缺乏。目前，各个大洲的法治一体化进程很不一致。有的大洲的法治一体化进程较快，如欧洲、美洲、非洲等，已经建立起专门的一体化机构和相关机制。欧洲联盟、美洲国家组织、非洲联盟在反歧视制度的推进方面发挥的作用是非常重要的。欧洲联盟的反歧视立法，包括条约、指令等，甚至在各成员国对当事人有着直接的效力。其他大洲的法治一体化进程则较慢，如亚洲，至今还没有建立起专门的一体化机构和相关机制，尽管在局部地区如东南亚等已经有了一些小型的地区机构和机制。这种进程不一致的情况对各地区的反歧视实践活动产生了深远的影响。当然，这种情况是由多种因素造成的。在下面几章中，笔者将探讨各个大洲的法治一体化进程对当前各地区禁止歧视制度发展的影响。在全面了解各个地区的反歧视理论和经验的基础上，笔者将进一步考察中国的禁止歧视理念、制度和实践的发展状况，对中国在未来推进建设更符合时代潮流和具有中国特色的反歧视事业作出展望。

4 研究结构

本书分为七章。在本章中，主要介绍本书的写作背景、所要研究的主要问题、选择的主要方法和基本的写作结构。第二章探索了欧洲的禁止歧视理念、制度和实践。欧洲的禁止歧视理念源远流长，并在当代呈现出多元融合的总体趋势。在当代，与欧洲一体化进程联系的紧密程度在很大程度上影响着欧洲各个国家的禁止歧视制度和实践的发展方向。第三章研究了美洲的禁止歧视理念、制度和实践。美洲的禁止歧视理念与欧洲相比发展较晚，但是后来居上，在进入20世纪后逐渐占据了世界中心的地位。同时，美洲的禁止歧视理念经常与自由、独立、民主、权利等话题共同进行探讨，在此过程中与自由主义思想产生了尤其激烈的碰撞。正是由于存在与自由和平等思想的激烈碰撞，美洲的禁止歧视制度和实践尤其注重探索效率与公平之间的均衡整合。第四章讨论了大洋洲的禁止歧视理念、制度和实践。大洋洲的禁止歧视理念与当地独特的历史所造就的多元移民文化呈现出比较明显的共生共荣的局面。受到多元移民文化的影响，大洋洲的禁止歧视制度和实践一方面在整体上继受了欧美的先进经验，另一方面也在一些具体问题上开创了大洋洲本土的路径。第五章分析了亚洲的禁止歧视理念、制度和实践。亚洲的禁止歧视理念中，本地的传统文化与外来的平等理念之间张力凸显。一些地区对西方的平等理念接受程度较高，而另一些地区则固守着本地的传统观念，甚至与西方的平等理念形成了对抗。因此，亚洲的禁止歧视制度和实践呈现出局部地区先进、整体发展不平衡的态势。第六章考察了非洲的禁止歧视理念、制度和实践。非洲的禁止歧视理念随着非洲非殖民化浪潮的风起云涌而活跃登场。在非洲各国建立独立主权国家的进程中，禁止歧视理念发挥了重要的作用。在后殖民主义时期，非洲的禁止歧视制度和实践在努力地向前发展。第七章回顾了中国的禁止歧视理念、制度和实践。尽管中国的禁止歧视理念历史悠久，内涵也极为丰富，但是从严格意义上说，中国的禁止歧视制度和实践目前仍然处于一个初步建立和发展的阶段。在学习和借鉴欧洲、美洲、大洋洲、亚洲、非洲等各个地区在禁止歧视方面的经验的基础上，这一章对中国的禁止歧视理念、制度和实践的未来发展趋势进行了展望。

第二章

欧洲禁止歧视
理念、制度和实践

1 概　　述

欧洲，全称"欧罗巴洲"，是世界上第二小的洲，总人口在各大洲中居于第三位。欧洲的历史悠久，并且在从古至今大部分时间领导了世界历史的进程。在古典时期，欧洲有古希腊、古罗马等辉煌的文明。在中世纪时期，欧洲长期处在基督教和封建统治的影响之下。在近代时期，欧洲率先进行了经济、政治和社会的变革，内部形成了许多强盛的资本主义民族国家，对外开展了针对其他各洲的殖民活动。在现代时期，欧洲是一战、二战和冷战的主要战场，经历了战争的创伤之后，重又进入高速发展的阶段。在当代时期，欧洲仍然是世界上发达国家最集中的地区，在各个大洲中最为积极地发展一体化进程。在政治方面，以欧洲联盟为代表的地区组织是目前世界上最有影响力的区域一体化组织。在经济方面，欧洲的经济发展水平位居各大洲之首。在社会方面，欧洲社会早期以本地居民为主，现在已成为移民的主要迁居地。在文化方面，欧洲具有深厚的文化底蕴，从古至今不断向世界各地输送其文明。欧洲分为西欧、北欧、中欧、南欧和东欧5个地理区。西欧包括英国、爱尔兰、法国、荷兰、比利时、摩纳哥、卢森堡以及法罗群岛，均为发达的资本主义国家。北欧包括挪威、瑞典、芬兰、丹麦、冰岛，不仅经济高度发达，而且环境比较适合人居。中欧包括德国、波兰、捷克、斯洛伐克、匈牙利、奥地利、瑞士、列支敦士登，均属发达国家，但是经济发展水平低于北欧和西欧。南欧包括葡萄牙、西班牙、安道尔、意大利、梵蒂冈、圣马力诺、斯洛文尼亚、克罗地亚、塞尔维亚、黑山、科索沃、波斯尼亚和黑塞哥维那、马其顿、希腊、阿尔巴尼亚、保加利亚、罗马尼亚、马耳他，大多数国家为发达国家，

禁止歧视：理念、制度和实践

少数国家由于战乱等原因仍然是发展中国家。东欧包括俄罗斯、爱沙尼亚、拉脱维亚、立陶宛、白俄罗斯、乌克兰、摩尔多瓦，历史上主要是苏联的加盟共和国，目前经济发展水平仍然大幅落后于欧洲其他地区。① 此外，塞浦路斯是位于欧亚交界处的一个岛国。

根据第一章中所谈到的学者 Dimitrina Petrova 的统计，欧洲的反歧视法及其实施的主要情况如下：第一类国家，即有着相对先进和完备的反歧视法律、政策、实践和有关平等方面已经存在的案例法，并且反歧视法律和政策已经过至少 5—7 年活跃状态的实施的国家，有荷兰、瑞典、英国，其中包括 2 个西欧国家和 1 个北欧国家；第二类国家，即在最近 5—7 年内通过了比较完备的平等法律，并且组成了专门的实施机构以推进平等法律的执行，但是还没有或者很少有实施平等法律的经验，案例法的数量极少的国家，有保加利亚、匈牙利、法国、意大利、罗马尼亚；第三类国家，即在宪法中规定禁止歧视，并且附带性地有一些在特定领域或针对特定种类的禁止歧视的法律规定，但是缺乏法律实施的记录的国家，有阿尔巴尼亚、俄罗斯、塞尔维亚、黑山、乌克兰；第四类国家，即在宪法上完全缺乏或只有充满缺陷的、不适当的有关歧视的规定，包含那些基于宗教法典化而存在局限的国家和尚未加入主要的国际文件的国家，没有统计到。从总体情况来看，欧洲所统计的国家具有一定的代表性，但是只能反映约 1/4 国家的情况，大多数国家没有被统计在内。其中，第二类国家的数量最多，第一类和第三类国家的数量较多，第四类国家没有统计到。这些数据显示了欧洲所统计的国家中，大多数国家已经有了专门的反歧视法律和法律实施机构，但是仍然缺乏充分的反歧视法律的实施经验。从分区情况来看，欧洲所统计的 12 个国家中包括 3 个西欧国家、1 个北欧国家、5 个南欧国家、1 个中欧国家、2 个东欧国家。这个粗略分布说明了欧洲所统计的国家基本涵盖了主要的 5 个地理区，其代表性在分区意义上也有一定的显著性。其中，西欧国家主要分布在第一类和第二类国家，北欧国家

---

① See Encyclopedia Britannica，*Britannica Concise Encyclopedia*，Chicago：Encyclopedia Britannica，Inc.，2007，p. 643.

主要分布在第一类国家，南欧国家主要分布在第二类和第三类国家，中欧国家主要分布在第二类国家，东欧国家主要分布在第三类国家。这个具体分布展示了欧洲各个地理区中一些典型国家的禁止歧视制度和实践的发达程度：西欧和北欧典型国家的反歧视立法及其实施都比较完备；南欧和中欧典型国家有比较完备的反歧视立法，但是在实施方面有所不足；东欧典型国家目前还比较缺乏专门的反歧视立法。① 综上所述，Dimitrina Petrova 对欧洲的反歧视法及其实施情况的统计具有一定的代表性，这种代表性在总体数量上不够充分，在分区意义上则有一定的典型性。按照 Dimitrina Petrova 的观点，这同时也基本显示了欧洲及其各个地区在反歧视理念方面的发展水平。即欧洲的反歧视理念的总体发展水平比较高，其中西欧和北欧最高，南欧和中欧次之，东欧相对不足。以下将对欧洲的禁止歧视理念、制度和实践进行更具体和深入的探讨，看看是否符合上述结论。

2 源远流长、多元融合的欧洲禁止歧视理念

欧洲的禁止歧视理念很早就产生了，可以一直追溯到欧洲文明起源的古代希腊和罗马时期。在古代希腊和罗马，哲学家们如苏格拉底、柏拉图、亚里士多德、西塞罗等，最早集中地表述了后世的人们所信奉的一些经典的平等理论。在这些哲学家中，亚里士多德的观点可能是最著名的。亚里士多德在讨论有关公正的问题时表述了他对于平等的观点："在不均等的事物之间存在着一个中点，这个中点就是均等，因为任何行为中都存在着多或少，所以也就存在着中庸。如若不公正就是不均等，那么公正就是均等，这个道理不用说，人人都会明白。"可见，在亚里士多德的观点中，平等（即均等）就是公正，而且是在相对更多和更少之间的一个中点。进一步地，亚里士多德还区分了两种不同含义的平等：比例上的平等与数

---

① See Dimitrina Petrova, Implementing Anti-discrimination Law and the Human Rights Movement, *Helsinki Monitor*, 2006, 17 (1), pp. 19—38.

禁止歧视：理念、制度和实践

目上的平等。在描述比例上的平等时，他指出，"公正就是比例"。在描述数目上的平等时，他说道："公正就是在非自愿交往中的所得和损失的中庸，交往以前和交往以后所得相等。"总结来说，亚里士多德认为，平等有两种：数目上的平等与依据价值或才德的平等。数目上的平等，是指在数量或大小方面相同或相等；依据价值或才德的平等，则指比例上的平等。① 因此，根据亚里士多德的观点，平等可以分为两个类型：第一种是作为一种绝对平等类型的数目上的平等。这种平等类型聚焦于数量或规模的平等，通常发生在为权利受侵害者提供救济的场合。它意味着所有人无论有何不同，都应当受到相似的对待。第二种是作为一种相对平等类型的比例上的平等。这种平等类型着眼于比例的平等，通常发生在分配公共福利或服务的场合。它意味着所有人都应当根据其不同而受到不同的对待。这两种平等的类型是互补的。亚里士多德的平等观念对欧洲乃至全世界后来的平等和反歧视理论都有着极为深远的影响。至今，人们在说到平等问题时，最常用的描述仍然是："对相同的情况进行相同的对待，对不同的情况进行不同的对待。"这种说法也为法律上的禁止歧视制度所广泛认可。不过，亚里士多德关于平等的观点通常不被认为与后世提出的"人人平等"的观点相同。因为他所说的"平等"并不是完全彻底的，而是仍然存在着阶级和性别等的重要差异。在亚里士多德生活的时期，古希腊在法律制度上仍然不把奴隶和女性当作自由人对待。也就是说，奴隶和女性与自由人不"相似"，不能依据他们的身份获得与自由人同等的对待。不过，这主要是由于古希腊时期社会发展的固有局限性所导致的，并不影响亚里士多德所提出的平等理念在当时和现在的重要意义。

中世纪之后，随着基督教文明的逐渐兴盛，欧洲人所抱持的禁止歧视理念发生了一些重要的改变，主要是发展了宗教意义上的平等观念。在这一时期，占据统治地位的欧洲哲学基本上是建立在基督教思想的基础上的。基于基督教思想所信奉的"上帝至高无上"这一前提，思想家如奥古斯丁和阿奎那等将平等和反歧视的理论发

---

① See Aristotle, *The Complete Works of Aristotle* (*the Revised Oxford Translation*), Vol. 2, Princeton: Princeton University Press, 1991, pp. 70—100.

第二章
欧洲禁止歧视理念、制度和实践

展成了特定的上帝面前的平等理念。特别是阿奎那,他在讨论"人在无罪的状态下是否平等"时提到了平等的问题。根据阿奎那的观点,"无罪的状态"是指人在堕落之前还没有遭到上帝惩罚的状态。这是《圣经》中所描述的人类的一种理想状态。一般的基督教观念认为,人们在这种理想状态下是不存在性别、种族、民族、阶级、财产等方面的冲突和对立的。这种理想状态的证据是《圣经》的旧约中所描述的上帝创造的人类亚当和夏娃在伊甸园中快乐地共同生活,甚至对自身之间的性别差异没有产生明确的意识。这种理想状态在亚当和夏娃偷食禁果之后发生了改变。随着禁果带来的智慧启迪,人类改变了懵懂的状态,萌发了羞耻之心。然而,由于偷食禁果的行为本身违背了上帝的意志,人类犯下了堕落的"原罪",被赶出了伊甸园,进入充满苦痛和艰难的人世生活。在人世生活中,性别、种族、民族、阶级、财产等方面的矛盾不可避免地发生了,人们彼此之间不再平等,而是充斥着高下之别,总有一部分人对另一部人形成压迫。《圣经》的新约中又进一步提出,人类要想重新回到理想状态,摆脱"原罪"带来的种种苦难,就要接受耶稣的拯救。通过耶稣为人类所流的血赎清"原罪",人类就能再次进入天国,回到共同沐浴圣恩的充满喜乐的理想状态。因此,一般的基督教观念认为,人在无罪的状态下是平等的,尽管这种平等不是通过人类自身的力量所创造的。然而,阿奎那对这种普遍的无罪状态下的平等观念提出了质疑。他说:"我们必须承认,即使在堕落以前,人们之间也非有某种悬殊不可,至少就两性的关系来说就是如此。因为如果没有两性,就不会有生育。关于年龄也是这样的情况……无论就判断还是知识来说,本来也会有精神能力上的差异。因为既然人在行动、意愿和认识方面能够或多或少地运用他的能力,就不会由于盲目需要而是会根据自由的选择做出行动。因此,有些人就会在道德和知识上比别人进步更大。"阿奎那相信人与人之间的悬殊可能来自"自然",因为"有一个人比其余的人聪明和正直"等原因,"统治权可以在无罪状态下的人与人之间存在"。[①] 阿奎那的平等理论

---

① See Thomas Aquinas, *Aquinas: Political Writings*, Cambridge: Cambridge University Press, 2004, pp. 1—4.

不同于一般的基督教观念,认为即使在人类理想的无罪状态下,也存在着天然的不平等。虽然阿奎那并没有一概否定平等,但是他的这种理论事实上支持了欧洲中世纪的封建统治者对人民的普遍剥削和压迫。通过这种理论,封建统治者不仅可以在世俗层面上宣称自己是上帝在人间的代表,而且能够合理地根据人类在无罪状态下已经产生的差别而颁行很多高压政策。因此,欧洲中世纪在基督教思想基础上发展起来的平等理念存在着多种面向,既有对人人在上帝面前平等的承认,也有对封建等级制度在事实上的维护。对于今天的欧洲禁止歧视制度来说,中世纪的平等理念所造成的公平正义缺失的后果要远远大于其所带来的好处。

欧洲的禁止歧视理念在漫长、黑暗的中世纪发展得比较缓慢,直到经历了文艺复兴、宗教改革等运动后,在启蒙时期才有了实质性的飞跃。在这一时期,怀着对中世纪的"君权神授"理论、封建等级高压制度等的不满,欧洲的哲学家如洛克、卢梭、孟德斯鸠等勇敢地挑战了基督教的权威思想,发展了新的平等和反歧视的理论。在资本主义兴起时,这些哲学家将他们对平等的解释与对自由的追求较好地结合起来。他们普遍将平等视为一种自然赋予的权利,而不再认为平等植根于神学的戒律。卢梭是这些哲学家中比较激进的一位代表,他承认人类存在着两种不平等:一种可以称之为"自然或生理上的不平等",因为它是由自然造成的,包括年龄、健康状况、体力以及心理或精神素质的差别;另一种可以称之为"伦理或政治上的不平等",因为它取决于一种协约,这种协约是由人们的同意确立的,或者起码是人们许可的,并且这种协约是由某些人专门享受且往往有损于他人的各种特权(如比他人更富有、更高贵、更有权势,甚至要求他人服从于己)组成的。但是,他认为这两种不平等不是天然存在联系的,自然或生理上的不平等不能成为伦理或政治上的不平等的决定因素。在探索人类不平等的起源和基础时,卢梭强调:"在自然状态下,几乎觉察不出不平等现象存在。"他将不平等在各种变革中的发展进程分为以下三个主要的阶段:法律和财产所有权的确立是第一阶段;行政官职位的设立是第二阶段;第三阶段即最后阶段,就是合法权力向专制权力的转变。其中,第一

第二章
欧洲禁止歧视理念、制度和实践

阶段认可富与穷的分野,第二阶段认可强与弱的分野,第三阶段则认可奴隶主与奴隶的分野。卢梭认为,第三阶段"便是最大程度的不平等了,这个阶段是其他一切阶段的归宿,直到新的一轮变革彻底摧毁这个政府,或者恢复它的合法制度"。这三个阶段中,产生不平等的关键是最初人们在财产占有上的不平等,这种不平等引起了之后的权力不平等和阶级不平等。因此,卢梭提出,要建立更高级的社会公约意义上的平等,即"社会契约论"。人们在平等的基础上自愿协商,共同让渡出一部分权利而组成社会,并将让渡的权利交给随时受人们监督的民选的公务人员行使,保持社会中不由于财富和权利的过度集中而产生压迫。① 卢梭有关平等的学说第一次明确地提出了人类社会发展进程中各种不平等的阶段,并从财产、阶级的意义上进行了分析。他的学说是动摇封建统治者"君权神授"理论合法性的有力武器,对法国大革命和随后世界各国的独立斗争都产生了积极的影响。不过,卢梭有关平等的学说没有提出要普遍地废除财产的私有制度,而是在维护私有制的基础上,通过加强对社会财富、权利等的均衡分配,保持人与人之间的相对平等,因此与同样强调阶级不平等的社会主义和共产主义的平等理念存在着较大的差别。

到了19世纪,欧洲的禁止歧视理念开始呈现出新的发展趋势。这一时期,尽管封建等级制度已经在很大程度上消亡了,但是工业革命的出现和资本主义的快速发展仍然促成了新型的社会不平等。欧洲的政治家和学者们进一步发展了平等和反歧视的理论,以批判或理解新形势下的社会不平等。其中,共产主义的奠基人马克思、恩格斯等对以前人们所持有的平等的基本概念和原则进行了比较彻底的批判和扬弃。例如,马克思、恩格斯批评蒲鲁东的平等原则一点儿也不神圣,作为一个抽象的原则,并不能说明更多的问题;还提出平等不过是德国人的公式"自我—自我"译成法国语言即政治语言罢了,甚至谈到"对哲学神话中的二位女神——正义和平

---

① See Jean-Jacques Rousseau, *Rousseau, The Social Contract and Other Later Political Writings*, Cambridge: Cambridge University Press, 1997, pp. 163—231.

等——没有一句赞扬或叹赏、崇拜或抱怨的言辞"。马克思、恩格斯认为,平等不能是一个旧的和片面的政治口号,真正的平等应当建立在现实的基础上,与当前的生产力和生产关系相适应。按照共产主义理论,真正的平等不是在个人需要和日常生活等方面保持平等,而是彻底地消灭阶级。在推翻了资本家以后,一切劳动者都能平等地摆脱剥削,解放生产力;生产资料为全社会所公有,人们都能平等地废除生产资料私有制;按照每个人的能力,人们都有劳动的平等义务和按需分配的平等权利。① 马克思、恩格斯的平等理念彻底推翻了过去的各种平等思想,指出这些平等思想都是形式意义大于实质意义,没有从根本的阶级斗争层面上认识不平等,与现实脱节。以"平等"为口号并取得了很大成功的法国大革命也在马克思、恩格斯的批判之列,他们认为这一革命很大程度上只服务于资产阶级的权利需要,忽视了无产阶级的平等要求。马克思、恩格斯的平等理念从无产阶级的实际需求出发,强调消灭阶级和解放生产力的重要性,在此基础上,人们才能享有真正的平等,并且这种真正的平等不仅重视平等的权利,也重视平等的义务。这种共产主义的平等理念具有划时代的意义,与过去社会的所有平等和反歧视理念存在着根本的区别。共产主义的平等理念最初是在欧洲产生的,随着共产主义运动的蓬勃发展,这种理念之后传播到了世界各地,在19世纪末20世纪初来到中国,影响了中国的社会主义理论,成为中国如今的禁止歧视理念中非常重要的一部分。

不同于用比较激进的阶级平等理念挑战资本主义存在基础的共产主义者,欧洲的功利主义者如边沁、密尔等用功利的原理解释资本主义下的不平等,并且将平等理念与资本主义社会中所强调的资本自由紧密地联系起来。密尔在分析功利与正义的联系时讨论了平等,他比较直白地谈道:"每个人都坚持认为,平等是正义所必需的,而当他认为利益需要不平等的时候,便另当别论了。"因此,在功利主义者眼中,人们是存在对平等的普遍诉求的,但是对个人利

---

① See Karl Marx & Friedrich Engels, *Collected Works of Karl Marx and Friedrich Engels*, Vol. 42, New York: International Publishers Co., 2005, pp. 120—140.

第二章
欧洲禁止歧视理念、制度和实践

益的关注可以暂时性地压倒人们对平等的诉求,容忍一定程度上的不平等。这时,资本自由的价值超越了平等的价值而优先适用。由于每个人的个人利益千差万别,要尽量在满足大家个人利益的前提下保持社会平等,就不可能实质上给每个人成就平等的条件,而只能给大家提供一个建立在自由基础上的平等的机会。有了平等的机会,就可以让每个人有比较公平的环境,追求社会的共同资源和福利;同时,每个人可以尽可能地按照自己的最佳利益行事。密尔的功利原理进一步发展了边沁关于功利主义的早期思想,该思想力图寻求"最大多数人的最大幸福"。但是,"最大多数人的最大幸福"在哲学上是一个难题。边沁认为,只要每个人都追求和实现了个人利益的最大化,整个社会也就实现了最大的幸福。然而,这种思想没有充分考虑到当个人利益互相冲突时社会整体的幸福如何最大化,尤其是在这一过程中,少数人的基本权利和利益可能直接被社会牺牲。与边沁相比,密尔更仔细地考虑了人们在利己方面的区别,他强调:"每个人对幸福拥有平等的权利,蕴含着对获得幸福的一切手段也拥有平等的权利。不过,不可避免的人生状况以及包含每个人利益的公共利益,都对这个平等准则作了限制。当然,对这些限制应当予以严格的解释。"[1] 根据密尔的观点,否认少数人的权利和利益不能仅仅因为这些权利和利益不符合大多数人的权利和利益而被正当化。这一观点在边沁早期思想的基础上提出了对追求个人利益的限制,更符合社会现实的需要。欧洲功利主义者的观点深刻地影响了现代资本主义社会中主流的禁止歧视理念,尤其是在美国,比较强调个人自由和注重经济学分析的平等和反歧视理论。

20世纪,欧洲的禁止歧视理念进入更为多元的发展阶段;同时,随着欧洲一体化进程的加快,各种复杂多样的平等和反歧视观念也在一定程度上发生了融合。20世纪被一些人称为"平等的时代",在这个世纪中,平等逐渐成为整个欧洲社会所关注的焦点问题。二战后,平等和反歧视法作为一个重要的部门法在许多欧洲国家的国内

---

[1] John Stuart Mill, *Utilitarianism and on Liberty: Including Mill's "Essay on Bentham" and Selections From the Writings of Jeremy Bentham and John Austin*, 2nd Edition, Oxford: Blackwell Publishing, 2003, pp. 219—234.

禁止歧视：理念、制度和实践

法和欧洲地区的区域法中迅速发展起来。欧洲社会日益增长的复杂性使得这个时期的平等和反歧视理论更为多元，传统自由主义学派、分析实证主义学派、批判主义学派、社会主义学派、女性主义学派等通过不同的路径对平等作出新的阐释。

例如，哈耶克认为，自由是建立市场秩序的基本条件和社会公正的前提价值。泛泛而论的平等是不现实和没有价值的，平等只能是法律面前的平等。基于一般性的法律规范和行为规则的平等，是自由能够在现代社会中实现的保证。从这个角度出发，哈耶克主张在法律上制定最为必要的平等规则，政府应尽量减少对市场自由运行的干预。

托尼指出，平等观念要在现实中经过衡量和检验，人人平等是一种不切实际的信仰。他认为，人的天赋确实是不平等的，平等所关注的不是人的各种天赋和生理现象，而是人的精神或心理之间的联系以及在这种联系的基础上产生的行为。他反对平均主义的平等观念，认为平等对待不是用同样的方式满足不同的需求，而是要根据特定的具体需求选择相应的方式尽量予以满足。

哈特谈到，社会中负责分配利益的法律要做到"对相同的情况予以相同的对待"才是正义的。道德通过禁止以损害他人为目的使用具有优越性的力量，保持强者与弱者的平等地位。一旦强者损害了弱者的利益，破坏了这一道德上的平衡，就要通过法律弥补这种失衡状态。法律通过要求强者赔偿或补偿弱者的损失，间接地实践了"对相同的情况予以相同的对待"这一原则。

柯亨提出了社会主义的机会平等主张。他认为，应当通过追求可得利益的平等，消除一切并非出于人们自愿选择的初始运气对人的影响。可得利益的平等不同于利益机会的平等，要求在个人能力不足的情况下，仍然有同等的机会获得社会中具有价值的目标。人们无法自愿选择的初始运气包括那些身体或人格的特征。因此，这种机会平等主张比资本主义的机会平等主张更为激进和理想化。

波伏娃分析了性别不平等的根源、意义和内容，探讨了女性在人类文明的历史进程中，在男性统治地位的压迫下逐渐沦为"他者""第二性"的过程。她认为，女性不是天生的，而是后天造就的。女

第二章
欧洲禁止歧视理念、制度和实践

性应当通过诚实地面对自我，更加勇敢地作出选择，努力改变自己的不利处境，全面参与塑造过去一直由男性所塑造的世界。波伏娃的这一观点成为欧洲性别平等运动的重要旗帜。①

上述欧洲当代学者对平等和反歧视理念的阐释各自具有鲜明的特色。不过，在今天的欧洲社会中，这些理念在某种程度上相互妥协，共同构成了现有的禁止歧视制度的思想基础。

3 与一体化进程联系紧密的欧洲禁止歧视制度和实践

由于欧洲的禁止歧视理念产生很早，因此其禁止歧视制度在实践中也很早就发展起来了。欧洲的禁止歧视制度主要是随着各个国家的宪法和法律承认人们拥有平等的权利和自由、禁止对人们进行各种不平等的对待而逐步发展起来的。人们在讨论欧洲的禁止歧视制度的起源时，有时会上溯到1215年签订的英国《大宪章》。当时，英国国王约翰在贵族们施加的压力下，被迫签署了《大宪章》。《大宪章》的主要内容是申明贵族和教会的权利和自由不受国王的干扰和侵犯，其中包括一些对贵族的自由和权利的法律保护，蕴含了一些平等的思想。例如，《大宪章》宣告："任何自由人，如未经其同级贵族之依法裁判，或经国法判，皆不得被逮捕、监禁、没收财产、剥夺法律保护权、流放或加以任何其他损害。"② 这条规定中载明了"任何自由人"都享有不受法律之外权力任意裁判的权利，表明自由人平等地享有这一权利。这条规定应该是今天法律中较为常见的"人人享有法律公正审判的权利"原则的雏形。有些人据此认为，《大宪章》是英国法律也是欧洲法律中平等保护人们的自由和权利这一制度的起源。但是，这种观点对《大宪章》的意义可能有些高估。《大宪章》在当时出现的背景是，英国国王和贵族们之间出现了争夺

---

① See Sandra Fredman, Discrimination, in Peter Cane & Mark Tushnet (eds.), *The Oxford Handbook of Legal Studies*, Oxford: Oxford University Press, 2003, pp. 202—203.

② British Library, Treasures in Full: Magna Carta, http://www.bl.uk/treasures/magnacarta/index.html, last visited on Oct. 31, 2017.

权力的激烈斗争。贵族们逼迫国王签署这一文件的主要目的是限制国王的权力，增加贵族和教会的权力，而不是给贵族和教会以外的英国平民增加自由和权利的法律保护。在这条规定中，除提到"一切自由人"外，还写明了"经其同级贵族之依法裁判，或经国法裁判"，其目的主要是在公正裁判这一事项上，在贵族们和国王之间、贵族和贵族之间实现一定程度的平等。"其他自由人"只是这一条款附带提到的。如果仅仅根据这一条款就认定《大宪章》是英国法律也是欧洲法律中平等保护人们的自由和权利这一制度的起源，说服力不很充分。不过，《大宪章》要求限制国王权力和尊重贵族自由的精神还是比较积极的，客观上影响了后来在欧洲和美洲的资产阶级革命中提出限制封建统治者权力与尊重资产阶级权利和自由的口号。

与英国《大宪章》相比，更够得上资格被称为欧洲的禁止歧视制度起源的是1789年通过的法国《人权和公民权宣言》。当时，法国人民在启蒙思想的影响下，召开了三级会议，攻占了巴士底狱，发动了著名的法国大革命。之后，制宪会议颁布了《人权和公民权宣言》，作为法国大革命的纲领性文件。《人权和公民权宣言》在正文开头就开宗明义地宣称："人生来就是而且始终是自由的，在权利方面一律平等。社会差别只能建立在公益基础之上。"这一条款是有关人的平等权利和禁止歧视的最根本、最核心的条款，从权利来源上说明了人的平等权利是天然存在的，不能任意对人进行差别对待，进行差别对待只能以公益为理由。《人权和公民权宣言》还包括其他一些比较具体的涉及公民的平等权利或平等义务的条款。例如，"法律面前人人平等条款"规定："法律是公意的表达。每一个公民皆有权亲自或由其代表去参与法律的制定。法律对于所有的人，无论是施行保护还是惩罚都是一样的。在法律的眼里一律平等的所有公民皆能按照他们的能力平等地担任一切公共官职、职位与职务，除他们的德行和才能以外，没有任何其他差别。""公共赋税平等分摊条款"规定："为了公共武装力量的维持和行政的开支，公共赋税是不可缺少的。赋税应在全体公民之间按其能力平等地分摊。"此外，在"主权条款""自然权利条款""法无明文规定不处罚条款""法律程序条款""无罪推定条款""宗教信仰自由条款""言论自由条款"

第二章
欧洲禁止歧视理念、制度和实践

"公务人员报告工作条款""财产权利条款"等条款中也包含或多或少的平等意蕴。① 因此,把《人权和公民权宣言》称为一份写满了"平等"的权利宣言也不为过。后世的各种人权或权利宣言,许多以《人权和公民权宣言》为蓝本。特别是1945年发布的世界核心人权文件之一——《世界人权宣言》,也在正文开头借鉴了《人权和公民权宣言》的内容,提出:"人人生而自由,在尊严和权利上一律平等。他们赋有理性和良心,并应以兄弟关系的精神相对待。"因此,《人权和公民权宣言》不仅为欧洲的禁止歧视制度未来的发展奠定了基石,而且在很大程度上影响了全世界的禁止歧视制度的发展。

19世纪之后,随着法国大革命在欧洲乃至世界范围内产生很大影响,欧洲各个国家的资产阶级革命大多也以"平等"为主要口号之一,并且在作为革命果实的各种法律文件尤其是宪法中明确规定人们拥有平等的权利和自由等内容,使欧洲的禁止歧视制度得以向前发展。同时,共产主义在此时逐渐兴起,对资产阶级革命的"平等"口号进行了批判,提出了构建更为彻底地解放生产力和发展生产力的共产主义社会的设想,使无产阶级的广大人民群众享有实质上的平等。构建实质平等的共产主义社会的设想经过《共产党宣言》和其后的许多共产主义文件的发展,在1871年爆发的巴黎公社革命斗争中得以部分实现。巴黎公社建立政权后实行的主要政策包括:政教分离,给予妇女选举权,免除在围城期间所欠的房租,废除数以百计的巴黎面包店的夜班,向在服务期间死亡的国民自卫军的未婚伴侣及子女发放抚恤金,由城市当铺免费发还所有在围城期间被抵押的工人的工具以及最高价值20法郎的生活用品,推迟商业债务的偿还并废除借款利息,由工人接管并运营被原主人放弃的企业并保证将来他们可以接受补偿,废除官员的高薪制等。其中,属于真正实现无产阶级平等权利的,至少包括:给予妇女与男性平等的选举权利,给予普通工人与官员平等的工资,使劳动者享有平等的工作时间和工作条件,取消不平等的债务,在公民之间平等地分配社

---

① See Yale Law School Lillian Goldman Law Library the Avalon Project, Declaration of the Rights of Man 1789, http://avalon.law.yale.edu/18th_century/rightsof.asp, last visited on Oct. 31, 2017.

会福利。① 尽管这些力图实现实质平等的措施随着巴黎公社革命斗争被镇压而失去了效力，但是作为世界上第一个无产阶级专政政权实施的措施，对以后的社会主义革命的影响是巨大的，也是后来各个社会主义国家很多含有禁止歧视内容的法律和政策的前身。例如，1918年通过的《俄罗斯苏维埃联邦社会主义共和国宪法》规定："俄罗斯苏维埃联邦社会主义共和国于承认公民不分种族及民族享有平等权利的同时，宣布在这一基础上规定或容许任何特权或特许，以及对于少数民族的任何压迫或对其平等权利的任何限制，均属违背共和国的各项根本法律。"同时，巴黎公社革命斗争也对欧洲资本主义社会造成了震动，迫使欧洲的资产阶级更加严肃地对待无产阶级所提出的各种争取实际的平等权利和自由的要求，并将这些实际的平等权利和自由部分写入宪法和法律之中。例如，1919年通过的德国《魏玛宪法》规定："德国人民在法律面前一律平等。原则上，男女均有同等之公民权利及义务。公法特权及不平等待遇由出生或阶级来看，概行废止。"因此，共产主义的早期实践运动对推动欧洲的禁止歧视制度在近现代进一步发展起到了一定作用，在资本主义的宪法和法律中增加了一些具有实质意义的平等权利和自由的内容。

二战后，随着人权保护运动在全球的兴起，欧洲各个国家在最新制定或者重新修订的宪法中纷纷写入保障平等和禁止歧视的法律规定，并且许多国家把这些规定作为宪法中最重要的原则之一。例如，1946年通过的《法兰西第四共和国宪法》在序言中规定："自然人，无论种族、宗教信仰，拥有不可转让的、神圣的权利"；"法律保障妇女在所有领域享有与男子相同的权利"。1949年通过的《德意志联邦共和国基本法》规定："法律之前人人平等。男女有平等之权利，国家应促进男女平等之实际贯彻，并致力于消除现存之歧视。任何人不得因性别、出身、种族、语言、籍贯、血统、信仰、宗教或政治见解而受歧视或享特权。任何人不得因其残障而受歧视。"此外，该法还规定："所有德国人民在各邦均有同等之公民权利与义

---

① See John Merriman, *Massacre: The Life and Death of the Paris Commune*, New York: Basic Books, 2014, pp. 23—201.

第二章
欧洲禁止歧视理念、制度和实践

务。所有德国人民应其适当能力与专业成就，有担任公职之同等权利。市民权与公民权之享有，担任公职之权利及因担任公务而取得之权利，与宗教信仰无关。任何人不得因其信仰或不信仰某种宗教或哲学思想而受歧视。"在各个国家各自努力的基础上，1950 年，以西欧和北欧国家为主导的 10 个欧洲委员会成员国共同签署了《保护人权与基本自由公约》，明确规定："应当保障人人享有本公约所列举的权利与自由。任何人在享有本公约所规定的权利与自由时，不得因性别、种族、肤色、语言、宗教、政治的或者是其他见解、民族或者社会出身、与少数民族的联系、财产、出生或者其他地位而受到歧视。"该公约还规定，设立欧洲人权委员会和欧洲人权法院，以确保公约得以有效执行。① 由于欧洲人权委员会和欧洲人权法院可以受理因为缔约国一方破坏公约所规定的权利而致受害的任何个人、非政府组织或者是个人团体提出的申诉，《保护人权与基本自由公约》的各个缔约国中各种歧视的受害者能够比较便利地直接将案件提交到欧洲人权委员会和欧洲人权法院进行审查。这给各缔约国造成了相当大的压力，促使它们修改完善国内的相关法律和制度，加强禁止歧视在国内法中的实施力度。② 此外，由于加入欧洲委员会比加入欧洲联盟的门槛要低得多，许多中欧、南欧、东欧的国家也陆续加入欧洲委员会，签署了《保护人权与基本自由公约》。于是，《保护人权与基本自由公约》所确立的保护平等和禁止歧视的法律义务进一步扩展到中欧、南欧、东欧的一些国家，给这些国家的歧视受害者们提供了与其他欧洲国家同等的甚至在一定程度上超越了其本国国内法的较为完善的法律保护，使欧洲的禁止歧视制度在更大范围内得到了实施。

欧洲的禁止歧视制度和实践在此后的发展中，与欧洲一体化进程产生了更为紧密的联系。随着欧洲一体化进程的不断推进，欧洲各国的禁止歧视制度逐渐具体和深化，并且在欧洲层面上产生了许

---

① 参见刘小楠主编：《反就业歧视的理论与实践》，法律出版社 2012 年版，第 355—414 页。

② See Stephen Istvan Pogany, Interview About the European Court of Human Rights, Coventry, Apr. 27, 2013.

禁止歧视：理念、制度和实践

多的共同标准。1951年，德国、意大利、法国、荷兰、比利时和卢森堡共同签订了《欧洲煤钢共同体（巴黎）条约》，之后又建立了欧洲煤钢共同体法院，审查各国在平等适用条约及其相关法律方面的问题，正式开启了欧洲一体化进程。欧洲的禁止歧视制度的建设随之也在很大程度上得到了推动。最初，在欧洲的禁止歧视制度建设中，人们对性别歧视尤其是男女同工不同酬的问题表示了集中的关切。1957年，欧洲煤钢共同体的6个成员国共同签订了《欧洲经济共同体（罗马）条约》。当时，6个成员国中只有法国已经在国内法中明确禁止男女同工不同酬。法国担心其他5国利用廉价的女性劳动力在自由市场中对本国企业构成不正当竞争，因此极力主张在这一条约中加入男女同工同酬的条款。最终，《欧洲经济共同体（罗马）条约》第119条规定："各成员国应保证在第一阶段内实施并在以后继续实施男女工人同工同酬的原则"；"不因性别而加以歧视的同等报酬包括：（1）对同样工作所给予的计件报酬应按同样的计量单位计算；（2）对工作所给予的计时报酬对同一工种应一样"。这是欧洲第一次在共同体的层面上对禁止性别歧视中的男女同工不同酬问题作出明确规定。同时，当时的欧洲经济共同体法院确认了欧洲经济共同体的条约及其相关法律具有直接效力原则和最高效力原则，即欧洲经济共同体的条约及其相关法律应当直接在成员国得到适用，并且当欧洲经济共同体的条约及其相关法律与任何成员国的国内法产生冲突时，应当优于任何成员国的国内法而进行适用。由于直接效力原则和最高效力原则的存在，欧洲经济共同体的各成员国有直接的法律义务将男女同工同酬写入国内法并进行适用。1965年，欧洲经济共同体的各个成员国签订了《欧洲共同体（布鲁塞尔）条约》，在合并以前的3个共同体组织的基础上升格为欧洲共同体。从1973年起，欧洲共同体的成员国范围逐步扩大，起初向西欧、北欧的英国、爱尔兰、丹麦等国，后来向南欧的希腊、西班牙、葡萄牙等国扩展。20世纪70年代中期，欧洲的禁止歧视制度出现了一个发展的高峰。1975年，欧洲共同体发布了第一个专门保护平等权利、禁止歧视的指令——《关于男女同工同酬的指令》，规定在所有领域的工作报酬中禁止性别歧视。《关于男女同工同酬的指令》的发布既

第二章
欧洲禁止歧视理念、制度和实践

标志着《欧洲经济共同体（罗马）条约》中规定的男女同工同酬条款有了更详细的法律实施方案，也标志着欧洲的禁止歧视制度从条约走向了条约和指令并行的阶段。1976年，通过欧洲共同体法院受理的 Gabrielle Defrenne v. Société Anonyme Belge de Navigation Aérienne Sabena 案，《欧洲经济共同体（罗马）条约》和《关于男女同工同酬的指令》所确立的男女在所有工作领域同工同酬的原则正式落到了实处，成为欧洲共同体的各成员国必须保护的法律权利。[1]

20世纪70年代中期之后，在欧洲共同体的各成员国中，掀起了在禁止男女同工不同酬的具体事项和禁止性别歧视的一般事项上进行立法的热潮。例如，英国在1970年制定了第一部反歧视单行法律——《平等工资法》，就是专门针对男女同工同酬问题的立法，而后又在1975年制定了更为一般性地禁止性别歧视的《性别歧视法》。荷兰也在1975年制定了消除男女之间工资差异的《男女平等工资法》，并且在1980年制定了保障男女之间更为一般性的就业平等权利的《男女就业平等待遇法》。欧洲共同体也持续发布了一系列有关禁止性别歧视的指令，指引各成员国在这方面的立法，其中比较著名的有1976年的《关于男女平等待遇的指令》、1979年的《关于逐步实行男女在社会保险事务方面平等待遇的指令》、1986年的《关于在就业社会保险计划中实行男女平等待遇原则的指令》、1986年的《关于在农业从业人员、独立创业人员和从事个体职业女性在孕期和抚养子女方面实行男女平等原则的指令》、1992年的《关于采取措施改善孕期、产后和育儿期职工安全和健康状况的指令》、1996年的《关于执行联合国关于育儿假的框架协议的指令》、1997年的《关于性别歧视案例中举证责任的指令》、2002年重新修改的《关于男女平等待遇的指令》、2004年的《关于在货物和服务的取得和供应方面实行男女平等原则的指令》、2006年将之前的有关男女同工同酬和就业计划等方面的平等指令整合而形成的《关于在就业和职业领域男女

---

[1] 参见周长征：《欧盟反就业歧视法律制度》，载李薇薇、〔美〕Lisa Stearns 主编：《禁止就业歧视：国际标准和国内实践》，法律出版社2006年版，第185—216页。

平等待遇的指令》等。从时间跨度上看，欧洲共同体颁布的这些指令不仅贯穿了欧洲共同体存在的整个时期，而且一直延续到1992年的《欧洲联盟（马斯特里赫特）条约》签订之后欧洲共同体更名为"欧洲联盟"的整个时期。因此，禁止性别歧视是欧洲共同体始终关注的一个立法重点。同时，欧洲共同体通过欧洲共同体法院所下达的各种审查决定也对这些指令在各成员国中的适用进行了指导。据统计，在欧洲共同体法院目前关于社会政策的80多项初裁决定中，有超过40项初裁决定涉及禁止性别歧视的问题，尤其是经过不断修改的《关于男女平等待遇的指令》的适用问题。在20多项初裁决定中，欧洲共同体法院认为各成员国的国内法违反了欧洲共同体的法律，因而裁定各成员国必须修改其国内法。其中，比较著名的案件有 Sabine von Colson and Elisabeth Kamann v. Land Nordrhein-Westfalen 案、Eckhard Kalanke v. Freie Hansestadt Bremen 案、Hellmut Marschall v. Land Nordrhein-Westfalen 案、J. P. Jenkins v. Kingsgate (Clothing Productions) Ltd. 案、Carole Louise Webb v. EMO Air Cargo (UK) Ltd. 案等。① 这些案件确保了在欧洲共同体的层面上各个国家在禁止性别歧视方面至少具有一个共同的最低法律标准，各国国内法只能在这个最低标准之上行事。由此可见，禁止性别歧视是欧洲的禁止歧视制度中最受关注的问题，甚至可以说集中体现了欧洲的禁止歧视制度发展的最重要经验。

到了20世纪90年代之后，由于欧洲一体化的程度不断加深，欧洲的禁止歧视制度从对性别歧视的集中关切逐渐扩展到对其他领域歧视问题的更多关注。在1989年东欧剧变、苏联解体后，欧洲一体化的方向由原来主要局限在西欧、北欧、南欧国家，逐渐向接纳更多的中欧和东欧国家发展。1992年，欧洲共同体的各成员国签署了《欧洲联盟（马斯特里赫特）条约》，正式决定将欧洲共同体更名为"欧洲联盟"。1997年，欧洲联盟的各成员国在对《欧洲联盟（马斯特里赫特）条约》进行修改的基础上，又签署了《欧洲联盟（阿

---

① 参见孙亮：《欧盟反歧视的立法与实践》，载蔡定剑、张千帆主编：《海外反就业歧视制度与实践》，中国社会科学出版社2007年版，第27—72页。

第二章
欧洲禁止歧视理念、制度和实践

姆斯特丹）条约》，其中加强了对欧洲联盟的公民权利及其保护的规定。《欧洲联盟（阿姆斯特丹）条约》第13条规定："在不和本条约其他条款冲突，并符合理事会对共同体授权限制的条件下，理事会根据委员会相关建议并参考欧洲议会的意见后，可一致同意采取适当的行动以制止基于性别、种族或民族出身、宗教或信仰、残疾、年龄或性取向的歧视。"这是欧洲层面上第一个提出在性别、种族、民族、宗教、信仰、残疾、年龄、性取向等方面广泛地禁止歧视的条约。之后，随着2000年《欧洲联盟（尼斯）条约》的签订，包括《欧洲联盟（阿姆斯特丹）条约》在内的欧洲联盟的禁止歧视制度开始向广大的中东欧国家扩展。2000年，欧洲联盟又颁布了两个重要的禁止歧视指令以具体实施《欧洲联盟（阿姆斯特丹）条约》第13条的规定：《关于实施不论种族或民族背景对个人平等对待的原则的指令》和《关于禁止在就业领域（不包括社会保险和其他社会保护领域）基于宗教信仰、残疾、年龄或性取向的歧视的指令》。虽然这两个重要的禁止歧视指令意在使基于种族或民族背景、宗教信仰、残疾、年龄或性取向的歧视得到与性别歧视同样的法律制约，但是后一个指令所针对的基于宗教信仰、残疾、年龄或性取向的歧视仅仅在就业领域受到明确禁止，而没有扩展到社会保险和其他社会保护领域，比如教育领域和取得商品、服务的领域。这主要是由于当时欧洲联盟的各成员国之间对基于宗教信仰、残疾、年龄或性取向的歧视意见很不一致，有些国家的国内立法还完全没有对这些方面的歧视加以禁止，有些国家的国内立法甚至还对诸如性取向歧视等在法律上予以认可。① 因此，在欧洲层面上的禁止歧视制度中，禁止基于宗教信仰、残疾、年龄或性取向的歧视的力度还远远不及禁止性别歧视的力度。

不过，《欧洲联盟（阿姆斯特丹）条约》的签署和《关于实施不论种族或民族背景对个人平等对待的原则的指令》《关于禁止在就业领域（不包括社会保险和其他社会保护领域）基于宗教信仰、残疾、

---

① See Evelyn Ellis, *EU Anti-discrimination Law*, Oxford: Oxford University Press, 2005, pp. 1—42.

年龄或性取向的歧视的指令》的颁布以及它们酝酿准备的整个过程，还是在整体上促进了欧洲联盟的各成员国扩大国内禁止歧视立法的范围，构建起更为全面的禁止歧视国内法律体系。当然，对如何具体适用上述条约和指令，在各成员国之间存在不太一致的情况。

首先，有的国家在上述条约和指令还在酝酿准备的阶段就出台了相关的国内法，以自己的国内法实施情况为上述条约和指令的起草提供了宝贵的经验，并且在上述条约和指令出台后主要通过对原有的国内法进行修改完善的方式予以实施。例如，法国在1972年颁布了《反种族歧视法》，又在1990年出台了《打击种族主义、反犹和排外行为法》。英国在1976年颁布了《种族关系法》，又在1995年出台了《残疾歧视法》。在禁止种族歧视、残疾歧视的问题上，这两国是欧洲各国中较早进行专门立法的，对于上述两个指令的出台贡献了许多国内法实施的经验。它们在上述两个指令出台后，基本上没有对原有法律进行大的变动，而是小修小补后继续实施。

其次，有的国家原本在国内法中没有对某些歧视问题进行专门规制，在上述条约和指令签署和颁布后迅速增加这方面的专门立法，通过新颁布法律的方式使国内法和欧洲联盟的禁止歧视标准达到一致。例如，荷兰在2003年颁布了《平等待遇（残疾或慢性疾病）法》，又在2004年出台了《平等待遇（年龄歧视）法》。挪威在2005年制定了《民族和宗教歧视法》。这里值得一提的是，无论是提前出台禁止歧视的相关国内法的前一种国家，还是紧随欧洲联盟的禁止歧视要求进行国内立法的后一种国家，都在开展国内禁止歧视的立法活动时注重考虑如何更好地针对本国的特定歧视问题进行立法。比如，法国1990年的《打击种族主义、反犹和排外行为法》就把禁止种族歧视的范围扩展到本国比较严重的排斥犹太人的问题上；荷兰2003年的《平等待遇（残疾或慢性疾病）法》则把荷兰人民普遍关心的因为慢性疾病而使平等权利受到影响的问题纳入禁止歧视的法律保护范围。

最后，有的国家出于各种原因，对上述条约和指令没有及时遵从，即没有在规定的时限内制定或修改本国的相关国内法以达到欧洲联盟禁止歧视的最低共同标准，导致欧洲联盟采取一系列的具有强制力的程序，敦促它们尽快实施上述条约和指令。例如，2004年，欧洲联盟委员会宣布对奥地利、德国、芬兰、希腊、卢森堡、比利时启动指控程序，因为它们没有按时将上述两个指令转化为国内法。指控程序要求这6个国家在两个月内向欧洲联盟委员会作出未能履行义务的合理解释，否则欧洲联盟委员会将把争议提交到欧洲法院进行裁决。2005年，由于德国未能在规定的时限内作出未能履行义务的合理解释，欧洲法院宣布德国没有及时完成相关国内立法的行为违反了欧盟法律。

最终，通过这一系列的具有强制力的敦促程序，欧洲联盟的各成员国均在本国的国内法中实施了上述条约和指令。[1] 一方面，这一系列的具有强制力的敦促程序说明欧洲联盟的禁止歧视立法本身具有很强的执行力。在欧洲联盟的法律体系中，条约是"在欧洲联盟的成员国之间有约束力的协议"，一经签署生效就自动成为成员国的法律义务；而指令则是"表明所有欧洲联盟国家必须达成的目标的立法文件，可由每个成员国决定如何达成目标"，一般必须有相应的国内法专门规定具体地说明如何实现所有欧洲联盟国家必须达成的目标。条约和指令在具体实现方式上存在的不同，正是各个国家在实施上述禁止歧视条约和指令的过程中采取不同方式的一个重要原因。尽管存在具体实现方式上的不同，但是条约和指令都是欧洲联盟有法律约束力的文件，各成员国都有义务使其体现在国内法中。另一方面，这一系列的具有强制力的敦促程序也显示欧洲法院在推动欧洲联盟的禁止歧视立法实施方面具有比较强大的司法权威作用。除了对欧洲联盟的各成员国的禁止歧视争议案件进行直接审查之外，欧洲法院还能就欧洲联盟的各成员国违反禁止歧视法律标准的行为直接提起监督程序。这就迫使欧洲联盟的各成员国更加认真地对待欧洲联盟所制定的禁止歧视法律标准，并且努力将其在本国法中进行适用。[2]

---

[1] See European Commission, Tackling Discrimination, http://ec.europa.eu/social/main.jsp?catId=423&langId=en, last visited on Oct. 31, 2017.

[2] See Mark Bell, Interview About the European Court of Justice, London, Oct. 21, 2013.

除了颁布更多禁止歧视方面的专门立法和禁止歧视的范围不断扩大之外，欧洲一体化程度的加深对欧洲的禁止歧视制度也带来了其他的一些影响。例如，欧洲的禁止歧视制度中有关歧视的定义不断扩展，从单纯的禁止直接歧视发展为禁止包括直接歧视、间接歧视、骚扰、报复、拒绝提供合理便利在内的各种形式的歧视；欧洲的禁止歧视制度不仅从法律上规定禁止歧视，而且在政策措施中发展出多种多样的推进平等的积极行动，以配合禁止歧视法律的实施；等等。当然，这些影响不仅仅是由于欧洲一体化进程的加快，也是来自各国自身的禁止歧视的现实需要，甚至来源于其他国家和地区尤其是美国的禁止歧视制度的发展要求。在所有这些影响中，最为显著的应当是在欧洲联盟的禁止歧视条约和指令的要求下，欧洲各国的禁止歧视国内立法及其实施机构呈现出统一化的趋势。

首先，在根据欧洲联盟的统一要求和针对本国的特定情况陆续出台了多部禁止在某一个或某几个方面与领域进行歧视的国内法之后，一些国家感到国内现有的禁止歧视法律制度过于杂乱，在实施过程中可能会出现混乱状态，甚至发生法律之间的冲突和矛盾，因此考虑在现有的多部禁止歧视专门法律的基础上制定一部统一的禁止歧视法律。这样一部统一的禁止歧视法律旨在整合所有现有的禁止歧视单行立法，在国内法层面上形成一个更加系统的、内在和谐的禁止歧视法律制度。英国是采取这种做法的典型国家之一。英国在历史上曾经先后通过了1970年的《平等工资法》、1975年的《性别歧视法》、1976年的《种族关系法》、1986年的《性别歧视法》、1995年的《残疾歧视法》、1995年的《职业养老金计划（平等待遇）规章》、2002年的《性别歧视（选举候选人）法》、2003年的《就业平等（宗教或信仰）规章》、2003年的《就业平等（性取向）规章》、2003年的《1995年〈残疾歧视法〉（养老金）规章》、2005年的《职业养老金计划（平等待遇）(修改)规章》、2006年的《就业平等（年龄）规章》、2007年的《平等法（性取向）规章》、2008年的《性别歧视（立法修改）规章》等整部法律都是禁止歧视内容的单行立法，还颁布了1988年的《地方政府法》、1989年的《就业法》、1989年的《社会保障法》、1995年的《养老金法》、1999年的《大伦敦机构法》、2004年的《民事伴侣状况法》、2004年的《教育（学习额外支持）（苏格兰）法》等包含一部分禁止歧视内容的单行立法。2006年，英国决定集中整理上述与禁止歧视直接相关或者间接相关的法律，总共统计出超过100部的相关国内立法，于是专门制定了一部《平等法》，对这些法律之间的相互关系及其适用问题进行规定。然而，在2006年的《平等法》出台后，随着欧盟不断颁布新的指令，英国仍然需要不时对上述法律进行修改。因此，英国议会最终决定制定一部整合上述所有法律中禁止歧视内容的新法。以后一旦有新的欧盟指令发布，只需对这部新法进行统一的修改即可，比较简单易行。2010年，英国的这部新的《平等法》正式出台，在当时被誉为"可能是世界上最先进、最引人注目的国内平等立法"。荷兰的做法与英国稍有不同。荷兰曾经先后颁布了1975年的《平等工资法》、1980年的《（男女）就业平等待遇法》等禁止歧视的单行国内立法。1994年，响应欧洲联盟的号召，荷兰通过了《平等待遇法》，把之前主要禁止歧视的单行立法统一整合在这部法律之中。在这部《平等待遇法》实施之后，遇到其他需要修改或者补充的内容，尤其是欧洲联盟后来发布的各个指令中规定各成员国必须达到的禁止歧视的具体目标时，通过为这部《平等待遇法》添加补充法律的形式予以实现。因此，荷兰在1994年之后颁布的禁止歧视相关立法，主标题的前半部分都是"平等待遇法"，而在主标题的后半部分则用括号分别标明每次补充立法所规定的内容。这些补充立法主要包括：1996年的《平等待遇（工时）法》和《平等待遇（长期雇佣和短期雇佣）法》、2003年的《平等待遇（残疾或慢性疾病）法》、2004年的《平等待遇（年龄歧视）法》等。[①] 当然，采取不同的国内统一禁止歧视立法形式与欧洲联盟的各成员国自身的法律传统、现实需要等因素都有关系。

其次，在欧洲联盟发布的禁止歧视条约和指令中，往往要求各成员国设置专门的实施机构，负责推进禁止歧视条约和指令在国内

---

① 参见蔡定剑、刘小楠主编：《反就业歧视法专家建议稿及海外经验》，社会科学文献出版社2010年版，第33—52页。

禁止歧视：理念、制度和实践

法上贯彻实施。例如，2000年的《关于实施不论种族或民族背景对个人平等对待的原则的指令》明确指出，欧洲联盟的各成员国必须建立专门的实施机构，通过监督、通报和咨询机制促进平等待遇，为歧视受害者提供独立帮助，包括独立地收集证据、信息和提供法律援助。这里仍然主要以英国和荷兰为例进行说明。英国在欧洲联盟的上述指令发布之前，分别根据1975年的《性别歧视法》、1976年的《种族关系法》和1995年的《残疾歧视法》的实施需要，建立了平等机会委员会、种族平等委员会、残疾人权利委员会3个专门的禁止歧视法律实施机构，就每部法律所要求的禁止歧视内容分别开展活动。但是，在欧洲联盟的上述指令发布之后，英国通过了2006年的《平等法》，决定协调以前颁布的所有禁止歧视的单行立法，并且将之前的3个专门的禁止歧视法律实施机构合并，成立统一的禁止歧视法律实施机构——平等和人权委员会。该委员会拥有一项推动和监督人权的立法授权，保护、实施和促进以下几个"受保护"方面的平等：年龄、残疾、性别、种族、宗教和信仰、怀孕和生产、婚姻和民事伴侣关系、性取向和性别转换，性质上属于非政府部门的公共机构，独立于政府而存在。平等和人权委员会在禁止歧视方面的主要工作包括：执行各种禁止歧视的法律；统一整合歧视方面的各种信息；对歧视问题展开调查和质询；协助受害者处理具体的歧视争议；提供禁止歧视的实务守则等。荷兰在1994年的《平等待遇法》通过之前，虽然已经颁布了一系列的禁止歧视单行国内立法，但是还没有成立一个禁止歧视法律实施机构。为了响应欧洲联盟的指令要求而在1994年出台的《平等待遇法》不仅成为荷兰第一个统一的禁止歧视国内立法，而且首次提出要建立一个统一的禁止歧视法律实施机构。平等待遇委员会作为一个1994年建立的独立组织，致力于促进和监督《平等待遇法》及其后颁布的补充立法的施行。平等待遇委员会在禁止歧视方面的主要工作包括：接受有关歧视问题的投诉，针对问题进行调查，举行听证，作出裁决；公布有关歧视问题的调查结果，向有关部门提供咨询意见；独立向法院提起有关歧视问题的诉讼等。在其他一些国家，禁止歧视法律的专门实施机构的名称各异。例如，法国的反歧视促平等高级公署、德国的联邦反歧视局、奥地利的平等待遇委员会、芬兰的平等委员会等。① 这些禁止歧视法律的专门实施机构的职能根据各国法律也存在一些差异，不过大体上都符合欧洲联盟的上述指令的要求，因此具有一些共同的基本职能。

　　进入 21 世纪之后，欧洲一体化进程对欧洲的禁止歧视制度的影响更呈现出一种复杂化的趋势。一方面，欧洲一体化在总体上继续推进，有利于欧洲的禁止歧视制度进一步扩大其影响范围，并且继续深化和发展。其中，比较重要的事件包括以下一些：2004 年，欧洲联盟第五次扩大，首次将 10 个全部属于较不发达地区的中欧、南欧、东欧国家，尤其是苏联解体后独立出来的一些共和国，纳入欧洲联盟的范围，使欧洲联盟的禁止歧视法律得以正式在这些地区进行适用。这些国家以前主要是依靠欧洲委员会制定的《保护人权与基本自由公约》保护公民的平等和不受歧视权利，仅仅允许公民向欧洲人权法院提起个人的反歧视诉讼，而缺乏本国法律必须与《保护人权与基本自由公约》内容相一致的压力，因此之前的禁止歧视制度不太完善。在加入欧洲联盟之后，这些国家就与其他欧洲联盟的成员国有着同等的适用欧洲联盟的禁止歧视条约和指令的法律义务，这促使其开展禁止歧视制度的专门建设。例如，匈牙利在 2004 年专门制定了《反歧视法》，以达到欧洲联盟统一禁止歧视立法的要求。② 2007 年，欧洲联盟又颁布了旨在保障欧洲联盟公民权利的《欧洲联盟基本权利宪章》。该宪章的第三章标题就是"平等"，用整章 7 个条文来规定各种禁止歧视事项，其中主要包括以下内容：第 20 条"法律上平等"——法律之前人人平等；第 21 条"禁止歧视"——禁止任何基于性别、种族、肤色、血缘或社会出身、基因特性、语言、宗教或世界观、政治或其他观念立场、属于少数族群、财产、出生、身心障碍、年龄或性取向之歧视，不管欧盟各条约有什么特别规定，皆禁止因国籍而歧视；第 22 条"文化、宗教、语言

---

① 参见蔡定剑、刘小楠主编：《反就业歧视法专家建议稿及海外经验》，社会科学文献出版社 2010 年版，第 106—116 页。

② See Stephen Istvan Pogany, Interview About the Hungary Anti-discrimination Law, Budapest, Nov. 16, 2012.

的多样性"——欧洲联盟应当尊重文化、宗教、语言的多样性；第23条"男女平等"——男性、女性在所有领域，包括就业、工作和工资方面皆平等，平等原则的奉行与因某一性别在该领域代表性不足而实施的补强措施不冲突；第24条"儿童的权利"——儿童有受保护的权利以及受照料以使其身心幸福的权利，儿童有表达意见的自由，儿童在涉及他们的事务上的意见应适度依其年龄及成熟度而纳入考量，在涉及全体儿童的事项上，不论公家或私人机构，都必须以儿童的福祉为优先考量，除非与其福祉冲突，每个儿童都有权利与其父母皆保持经常的私人往来以及直接接触；第25条"老人的权利"——欧洲联盟确认并尊重老人享有尊严且无须依赖地生活，参与社交及文化的生活；第26条——"身心障碍人士的融入"——欧洲联盟确认并尊重身心障碍人士享有融入社会参与社交和职业的权利。① 《欧洲联盟基本权利宪章》的上述内容对保障欧洲联盟公民的平等权利而言是一个新的重要进展，代表了当前欧洲的禁止歧视制度发展的高峰。

另一方面，在欧洲一体化的进程中，也出现了一些反复和摇摆，甚至在局部地区发生了脱离欧洲联盟的尝试，这对欧洲的禁止歧视制度的发展在一定程度上产生了消极的影响。欧洲一体化进程出现反复和摇摆的问题在《欧洲联盟宪法条约》的生效过程中集中地爆发出来。2004年，欧洲联盟各成员国的领导人共同签署了《欧洲联盟宪法条约》。但是，后来由于遭到法国和荷兰的全民公决否决，《欧洲联盟宪法条约》没有生效。2007年，欧洲联盟各成员国又签署了《欧洲联盟（里斯本）条约》，取代被否决的《欧洲联盟宪法条约》。虽然《欧洲联盟（里斯本）条约》成功签订了，但是其中的很多内容，尤其是加强欧洲一体化的各项规定已经被删减掉了。《欧洲联盟宪法条约》的失败标志着欧洲一体化进程的放缓，欧洲的禁止歧视制度由此也减慢了向欧洲其他国家扩展的步伐。2008年，世界金融危机在全球爆发，希腊等国产生了债务危机，在欧洲各国引发

---

① See Dagmar Schiek, Lisa Waddington & Mark Bell (eds.), *Cases, Materials and Text on National, Supranational and International Non-discrimination Law*, Oxford: Hart Publishing, 2007, pp. 9—13.

第二章
欧洲禁止歧视理念、制度和实践

了财政紧缩政策。在此政策下,欧洲各国的禁止歧视专门机构很多被削减了经费,尤其是对歧视受害者进行法律援助的经费,因而无法较好地继续履行实施禁止歧视法律的职能。从2015年开始,难民潮席卷欧洲,造成了欧洲难民危机,使得一些原本比较具有宽容精神的欧洲国家对外来移民加强了限制。它们所采取的限制措施在很大程度上违背了欧洲的禁止歧视制度的规定。2016年,英国国内通过脱欧公投,成为第一个正式决定退出欧洲联盟的国家。2017年,英国正式启动脱欧程序,并且与欧洲联盟达成脱欧协议。由于英国一贯在禁止歧视立法和法律实施方面比较积极,甚至可以说是欧洲禁止歧视领域的一个标杆,英国退出欧洲联盟对欧洲的禁止歧视法律制度也产生了一些不利影响。根据2017年英国反歧视法协会提供的最新信息,目前英国正在反思之前根据欧洲联盟的禁止歧视条约和指令的要求,将国内的禁止歧视立法和法律实施机构统一化是不是一个适当的做法。有法律界人士提出,英国根据欧洲联盟的禁止歧视条约和指令的要求通过的2010年《平等法》与建立的平等和人权委员会存在着一些缺陷。其中,英国原本专业化水平较高的各项禁止歧视立法和发展较为完善的各个禁止歧视专门委员会合并之后,反而使得英国禁止歧视的整体水平有所下降,在各个具体的禁止歧视领域,无论是立法规定还是机构职责,都存在着模糊不清的情况。因此,有专家建议英国废止2010年《平等法》,撤销平等和人权委员会,回到过去在各个禁止歧视领域单独立法和单独设立实施机构的情况。① 如果这个建议得到采纳,无论英国是否已经在法律上正式脱离欧洲联盟,都势必会对欧洲联盟其他各成员国的禁止歧视国内立法和法律实施机构统一化进程造成冲击,从而影响欧洲的禁止歧视制度在整体上的统一化趋势。

在欧洲的禁止歧视制度的整个发展过程中,欧洲的公民社会产生了重要的影响。首先,在禁止就业歧视中,雇主和员工组织即劳资双方是最重要的社会参与方。欧洲联盟下设的经济和社会委员会

---

① See Discrimination Law Association, DLA Annual Conference 2017 Report, http://www.discriminationlaw.org.uk/conferences, last visited on Oct. 31, 2017.

是劳资双方就社会政策立法进行协商交流的正式场所。欧洲联盟的各项条约中,为劳资双方提供了三个层次的具体参与方式:第一,经济和社会委员会在提出社会政策草案提交立法机构审议之前,必须依法听取劳资双方的意见。第二,如果劳资双方联合提议,政府可以把欧洲联盟有关指令的执行工作委托给双方。第三,在协商过程中,劳资双方可以通知经济和社会委员会以谈判方式达成协议,而不采取传统的欧洲联盟立法的方式。劳资双方的集体协议可以通过欧洲联盟理事会决议的方式上升为欧洲联盟的法律。目前,欧洲联盟关于保护兼职员工、保护固定期限合同工、享受育儿假等法律就是通过劳资双方集体协议的方式产生的。在这些法律的执行过程中,劳资双方所在组织也承担了更多的实施工作。其次,关注平等和反歧视事项的社会团体,尤其是反歧视积极分子和学者,对欧洲联盟的禁止歧视政策的实施情况进行了监督和报告。欧洲联盟实行了一项专门的反歧视行动计划,主要资助对象是各种非政府组织,其中最大的是欧洲社会非政府组织平台。该平台囊括了欧洲各国1700多个服务于社会弱势群体的志愿组织,对欧洲联盟的禁止歧视政策经常进行监督,提出批评。2004年,反歧视行动计划资助成立了欧洲反歧视领域法律专家网络,由来自各成员国的30名法律专家组成。欧洲反歧视领域法律专家网络对各成员国转化欧洲联盟的禁止歧视法律的情况提供详细的报告,并向欧洲联盟委员会提供独立的意见。① 最后,在个人向欧洲联盟及其各成员国的禁止歧视法律实施机构和法院的申诉或起诉中,出现了许多经典的禁止歧视案例,在实践中推进了欧洲联盟的禁止歧视法律制度的完善。② 因此,非政府组织、专家学者、法律工作者、个人等都积极地参与到欧洲的禁止歧视制度建设过程中,推动了欧洲禁止歧视的立法、行政、司法等工作向前发展。

---

① 参见孙亮:《欧盟反歧视的立法与实践》,载蔡定剑、张千帆主编:《海外反就业歧视制度与实践》,中国社会科学出版社2007年版,第27—72页。

② See Kay Hampton, Interview About the Voluntary Sector Perspective on Anti-discrimination Cases, Edinburgh, Oct. 21, 2011.

第二章
欧洲禁止歧视理念、制度和实践

4 欧洲禁止歧视理念、制度和实践的启示

综上所述,欧洲的禁止歧视理念源远流长,并在当代呈现出多元融合的总体趋势,而欧洲的禁止歧视制度和实践则与欧洲一体化的进程联系紧密。根据笔者对欧洲的禁止歧视理念、制度和实践的不完全分析,Dimitrina Petrova 的统计可能由于开展的时间较早,数据还是不够全面,尤其是未能充分地体现出欧洲一体化的进程对欧洲的禁止歧视理念、制度和实践的影响。欧洲的禁止歧视理念在当代多元融合、相互妥协的特点也影响到其禁止歧视制度和实践,使之在当前的表现不像 Dimitrina Petrova 的统计那样差异较大。在 Dimitrina Petrova 的统计中,欧洲的反歧视制度及其实施的总体情况较好。其中,荷兰、瑞典、英国有着相对先进和完备的反歧视法律、政策、实践和有关平等方面已经存在的案例法,并且反歧视法律和政策已经过至少 5—7 年活跃状态的实施;保加利亚、匈牙利、法国、意大利、罗马尼亚在最近的 5—7 年内通过了比较完备的平等法律,并且组成了专门的实施机构以推进平等法律的执行,但是还没有或者很少有实施平等法律的经验,案例法的数量极少;阿尔巴尼亚、俄罗斯、塞尔维亚、黑山、乌克兰在宪法中规定禁止歧视,并且附带性地有一些在特定领域或针对特定种类的禁止歧视的法律规定,但是缺乏法律实施的记录。这也相应地反映了欧洲的反歧视理念总体发展水平比较高。其中,荷兰、瑞典、英国的反歧视理念发展水平最高,保加利亚、匈牙利、法国、意大利、罗马尼亚次之,阿尔巴尼亚、俄罗斯、塞尔维亚、黑山、乌克兰的反歧视理念发展水平比较一般。然而,由于荷兰、瑞典、英国与保加利亚、匈牙利、法国、意大利、罗马尼亚都是欧洲联盟的成员国,受到欧洲联盟的相关禁止歧视条约和指令的统一规制,它们至迟在 2004 年都已经通过了专门的立法,建立了专门的机构以禁止歧视,如今至少有了十余年的相关经验积累。因此,今天保加利亚、匈牙利、法国、意大利、罗马尼亚在发展禁止歧视制度和实践方面与荷兰、瑞典、英国

的差距不再那么大。例如，如前所述，法国在所有欧洲联盟的成员国中最早倡议在法律中写入男女同工同酬的原则，并且在1972年颁布了《反种族歧视法》，1990年出台了《打击种族主义、反犹和排外行为法》，2004年成立了反歧视、求平等高级公署。反歧视、求平等高级公署在成立后一年内，就收到1822件申诉案件，其中审结了626件申诉案件。① 这一数字足以说明法国的禁止歧视制度和实践也是发展较早和进步较快的。随着东欧国家在2004年大规模地加入欧洲联盟，保加利亚、匈牙利、罗马尼亚和欧洲其他地区之间禁止歧视制度和实践的发展水平存在的差异也不再那么显著。

具体而言，欧洲的禁止歧视理念、制度和实践给中国带来了以下一些启示：

首先，欧洲的禁止歧视理念在历史上一直积极引领着欧洲发展水平较高的禁止歧视制度和实践，并且在当代比较重视多元融合，配合欧洲一体化的发展，使欧洲的禁止歧视制度在实践中能够统一贯彻实施。这表明，较为先进、符合时宜的禁止歧视理念对禁止歧视制度和实践能够起到比较良好的引领作用，为禁止歧视制度和实践的发展提供充分的思想基础。欧洲的禁止歧视理念从古希腊时期就开始了，亚里士多德经典的平等理论直到今天仍然影响着欧洲乃至整个世界的平等和反歧视制度的建设。在欧洲的各个历史时期，尤其是动荡变化的年代，禁止歧视理念总是以社会变革甚至革命的急先锋角色出现，带领广大人民除旧布新，典型的如卢梭较为激进的平等思想对法国大革命及其后的资产阶级革命的影响。欧洲历史上最为彻底的禁止歧视理念当属共产主义的平等理念，马克思、恩格斯的彻底解放生产力、消灭阶级、实行公有制和按劳分配的无产阶级平等理论奠定了社会主义国家的发展基石，也指导着中国今天及未来的社会发展方向。正是在多元融合的禁止歧视理念的推动下，欧洲各国建立起共同体合作机制，共同遵循欧洲联盟的反歧视条约和指令，并且接受欧洲联盟法院的统一管辖。尽管东欧地区的一些

---

① 参见张莉：《法国反歧视制度与实践》，载蔡定剑、张千帆主编：《海外反就业歧视制度与实践》，中国社会科学出版社2007年版，第125—160页。

第二章
欧洲禁止歧视理念、制度和实践

国家加入欧洲联盟的时间较晚，但是由于有多元融合的禁止歧视理念作为铺垫，它们在欧洲共同标准下发展自身的禁止歧视制度还是比较自觉和主动的。

其次，欧洲当前的禁止歧视制度和实践与欧洲一体化的进程联系紧密。随着欧洲一体化程度的加深，欧洲的禁止歧视制度在多方面得到了深化和发展。这体现了比较强有力的地区禁止歧视机制对加快各国的禁止歧视制度和实践的发展是一个重要的外部推动力量。同时，禁止歧视制度在更多的欧洲国家得以建立，而且在各国的统一标准逐步提高，实施力度逐渐加强。这具体表现为，欧洲联盟敦促各国出台专门的禁止歧视立法并向着统一立法的方向迈进，还颁布了一系列条约和指令，对各国的反歧视法律法规提出了最低的共同要求。在禁止歧视立法中，关于歧视的定义、理由、类型、领域等的规定也不断地扩展。同时，欧洲联盟要求各国建立统一的、专门的禁止歧视机构，并且成立了对各成员国及其个人具有直接效力和最高效力的法院，负责管辖反歧视案件。不过，由于各国对歧视问题的看法不同，导致禁止歧视立法对一些歧视问题的规制程度比另一些歧视问题更加严格。由于各国本身的法律传统和禁止歧视制度的发展水平很不一致，因此在实施禁止歧视立法方面也采取了不同的方式。有时因为各国不积极实施禁止歧视立法，甚至会引起欧洲联盟采取一系列的具有强制力的程序进行催促。当欧洲一体化的进程遭受挫折时，各国的禁止歧视制度和实践也会受到不利影响。比如，随着《欧洲联盟宪法条约》的失败，欧洲一体化的进程放缓，较高标准的禁止歧视制度也由此减慢了向欧洲其他国家扩展的步伐。在财政紧缩政策下，欧洲各国的很多禁止歧视专门机构因经费问题而无法较好地继续履行实施禁止歧视立法的职能。此外，推行地区禁止歧视机制对各国的禁止歧视制度建设及其实施并不一定都能产生好的效果。各国根据本国实践中遇到的特定歧视问题和本国反歧视制度的发展状况，可能认为地区禁止歧视机制不是最理想的解决方案。例如，英国认为在国内采取统一的反歧视立法和单一的反歧视机构反而使得其禁止歧视的整体水平有所下降，甚至提出在退出欧洲联盟后恢复本国原有的禁止歧视制度。

禁止歧视：理念、制度和实践

最后，欧洲的禁止歧视制度和实践是在立法、行政、司法等官方层面的行动和非政府组织、个人等从事的非官方层面的行动的共同努力下持续向前推进的。其中，立法行动使得禁止歧视的制度，尤其是反歧视的法律法规得以出台；行政行动通过设置专门的禁止歧视机构、采取推进平等的暂行特别措施等方式，促进了反歧视法律法规的实现；司法行动对反歧视案件进行裁判，惩罚歧视行为，为受害者提供救济；而非官方行动则是推动各种官方行动的主要催化剂。这显示了一个内容较为完备、运转相对较好的禁止歧视制度不是单方面的努力便可以实现的，需要在各种相关力量的共同影响下充分发挥作用。第一，在立法行动方面，各国的立法者在欧洲联盟的推动下，不断出台新的禁止歧视立法，或者将现有的禁止歧视立法整合统一，针对欧洲共有的和本国特有的歧视问题进行规制。欧洲共有的歧视问题中，最重要的是性别歧视问题，在这一问题上，各国发布的立法与欧洲联盟颁布的条约和指令数量最多；其次是基于种族或民族背景、宗教信仰、残疾、年龄或性取向的歧视问题。关于本国特有的歧视问题，一个例子是荷兰对慢性疾病歧视进行了专门法律规制。总体上，各国立法不断发展与歧视的基本理论和救济机制相关的各种内容，尤其是扩展歧视的定义、理由、类型、领域等。第二，在行政行动方面，各成员国主要是在欧洲联盟的要求下建立专门的实施机构，通过监督、通报和咨询机制促进平等待遇，为歧视受害者提供独立帮助，包括收集证据、信息和提供法律援助。此外，各国政府在政策措施中发展出多种多样的推进平等的积极行动以配合禁止歧视立法的实施。第三，在司法行动方面，通过许多经典的反歧视案件，各国法院和欧洲联盟的法院将禁止歧视立法真正落实为现实中的平等权利，并且通过案例法促进禁止歧视立法不断完善，以加强对平等权利的保障。第四，在非官方行动方面，广泛的欧洲群众实践活动推动了禁止歧视制度的建设和实施。比如，巴黎公社的革命斗争促进了平等分配的制度在法国产生，欧洲联盟的非政府组织、专家学者、法律工作者、个人积极地参与到欧洲禁止歧视的立法、行政、司法等各项工作之中。

第三章

美洲禁止歧视
理念、制度和实践

1 概　　述

　　美洲，全称"亚美利加洲"，分为北美洲和南美洲。北美洲是世界第三大洲，人口85％集中在美国。南美洲近一半的人口居住在巴西。美洲的历史虽然悠久，但在殖民者到来之后才正式开启有据可查的文明史。在古代，印第安人在美洲建立了灿烂的古文明。在近代，欧洲人对美洲进行了长期的殖民统治，直到美国独立之后才渐渐退出。在现代，美国成为美洲的霸主，在美洲大陆具有决定性的影响。在当代，美国继续保持超级大国的地位，其他国家也逐渐崛起并形成了美洲的统一组织。在政治方面，美洲各国的政治影响力主要集中于美国，形成了以美国为中心的美洲国家组织的结盟关系。在经济方面，美洲的经济发展十分不平衡，美国与加拿大两国是发达国家，其他国家大多数还是发展中国家。在社会方面，美国、加拿大都是典型的移民社会，但是先到来的欧洲白人移民与后到来的有色人种、其他移民以及本地的印第安人之间的冲突较为激烈。在文化方面，占主导地位的是美国主流社会的白人文化，各种移民文化与本土文化之间存在着冲突与融合。美洲共有35个独立国家。北美大陆中北部有美国、加拿大，是北美洲最重要也是最发达的国家。中美洲、加勒比地区陆地上有墨西哥、危地马拉、萨尔瓦多、伯利兹、洪都拉斯、尼加拉瓜、哥斯达黎加、巴拿马，海洋上有巴哈马、古巴、牙买加、海地、多米尼加、安提瓜和巴布达、多米尼克、圣卢西亚、圣文森特和格林纳丁斯、巴巴多斯、格林纳达、特立尼达和多巴哥、圣基茨和尼维斯，紧靠美国，以发展传统经济为主。南美北部包括哥伦比亚、委内瑞拉、圭亚那、苏里南，地理位置上靠近中美洲、加勒比地区，发展情况也相似。安第斯山地中段包括厄

禁止歧视：理念、制度和实践

瓜多尔、秘鲁、玻利维亚，历史上是美洲文明的发源地，现在正努力恢复经济。南美南部包括智利、阿根廷、巴拉圭、乌拉圭，二战后经济发展比较迅猛。南美东部为巴西，是南美洲面积最大也是综合实力最强的国家。①

根据 Dimitrina Petrova 的统计，美洲的反歧视法及其实施的主要情况如下：第一类国家，即有着相对先进和完备的反歧视法律、政策、实践和有关平等方面已经存在的案例法，并且反歧视法律和政策已经过至少 5—7 年活跃状态的实施的国家，包括加拿大、美国；第二类国家，即在最近的 5—7 年内通过了比较完备的平等法律，并且组成了专门的实施机构以推进平等法律的执行，但是还没有或者很少有实施平等法律的经验，案例法的数量极少的国家，包括墨西哥、巴拿马、秘鲁；第三类和第四类国家，即在宪法中规定禁止歧视，并且附带性地有一些在特定领域或针对特定种类的禁止歧视的法律规定，但是缺乏法律实施的记录的国家，以及在宪法上完全缺乏或只有充满缺陷的、不适当的有关歧视的规定，包含那些基于宗教法典化而存在局限的国家和尚未加入主要的国际文件的国家，没有统计到。从总体情况来看，美洲总共统计了 5 个国家，占美洲国家总数的 10%。这个比例表明了美洲所统计的国家具有一定的代表性，但是其代表性非常有限，只能反映 1/10 国家的情况，绝大多数国家没有被统计在内。其中，第二类国家的数量最多，第一类国家的数量较多，第三类和第四类国家没有统计到。这个数量显示了美洲所统计的国家中，大多数国家已经有了专门的反歧视法律和法律实施机构，但是仍然缺乏充分的反歧视法律的实施经验。从分区情况来看，美洲所统计的 5 个国家中包括 2 个北美洲中北部地区的国家、2 个中美洲地区的国家、1 个南美洲安第斯山脉地区的国家。这个粗略分布说明，美洲所统计的国家主要涵盖了北美洲，对整个南美洲的涵盖非常有限，其代表性在分区意义上也存在较大的不足。其中，北美洲中北部地区的国家主要分布在第一类国家，中

---

① See Encyclopedia Britannica, *Britannica Concise Encyclopedia*, Chicago: Encyclopedia Britannica, Inc., 2007, p. 57.

第三章
美洲禁止歧视理念、制度和实践

美洲地区的国家主要分布在第二类国家，南美洲安第斯山脉地区的国家主要分布在第二类国家。这个具体分布展示了美洲各个地理区中一些典型国家的禁止歧视制度和实践的发展程度：北美洲中北部地区的典型国家的反歧视立法及其实施都比较完备；中美洲地区和南美洲安第斯山脉地区的典型国家有比较完备的反歧视立法，但是在实施方面有所不足。① 综上所述，Dimitrina Petrova 对美洲的反歧视法及其实施情况的统计，比较欠缺代表性，这种代表性在总体数量和分区意义上都存在较大瑕疵。对上述部分典型国家的统计显示，美洲的反歧视法及其实施情况总体较好，大多数国家有专门的反歧视法和实施机构，但是缺乏充分的反歧视法实施经验。按照 Dimitrina Petrova 的观点，这也基本显示了美洲及其各个地区在反歧视理念方面的发展水平，即美洲的反歧视理念总体发展水平比较高，其中北美洲中北部地区的反歧视理念发展水平最高，中美洲地区和南美洲安第斯山脉地区的反歧视理念发展水平较高。以下将对美洲的禁止歧视理念、制度和实践进行更具体和深入的探讨，看看是否符合上述结论。

2 后来居上、与自由主义激烈碰撞的美洲禁止歧视理念

相较欧洲而言，美洲的禁止歧视理念发展较晚。尽管在欧洲殖民者到来之前，在美洲已经有印第安人等土著居民居住，但是这些土著居民的思想文化并没有能够比较完整地传承下来。这主要是因为欧洲殖民者在到达美洲之后，对土著居民采取了比较残酷的种族灭绝和种族隔离政策，使土著文明几乎断绝，直到 20 世纪之后才缓慢地恢复发展。可以说，美洲现有的禁止歧视理念最早是在 15 世纪之后的欧洲移民及其后代中产生的，因而不可避免地受到欧洲禁止

---

① See Dimitrina Petrova, Implementing Anti-discrimination Law and the Human Rights Movement, *Helsinki Monitor*, 2006, 17 (1), pp. 19—38.

禁止歧视：理念、制度和实践

歧视理念的深刻影响。直到今天，欧洲与美洲之间有关平等和反歧视的思想仍然联系得极为紧密，交流十分活跃。不过，美洲的平等和反歧视思想也有自己的鲜明特色，即特别注重在谈论平等和反歧视的问题时加入对自由、独立、民主、权利等话题的探讨。从18世纪美洲最重要的国家美国建立以来，其政治家、思想家们引领了美洲的平等和反歧视思想的发展。18世纪后期，以华盛顿、杰斐逊、麦迪逊等为代表的美国独立战争的领袖们在反抗英国殖民统治、追求美国人民独立的斗争中，将平等作为美国人民重要的共同信念树立起来。杰斐逊在起草1776年美国《独立宣言》时，在宣言的开头部分就指出："在有关人类事务的发展过程中，当一个民族必须解除其和另一个民族之间的政治联系，并在世界各国之间依照自然法则和自然之造物主的意旨，接受独立和平等的地位时，出于人类舆论的尊重，必须把他们不得不独立的原因予以宣布。我们认为这些真理是不言而喻的：人人生而平等，造物者赋予他们若干不可剥夺的权利，其中包括生命权、自由权和追求幸福的权利。"[1] 杰斐逊在这里所提到的平等，包括抽象意义上的平等和具体意义上的平等两个方面。抽象意义上的平等是指每个人生来所具有的人与人之间的平等，这种平等主要是由于天赋人权而自然享有了平等地位。具体意义上的平等则是指当时作为被殖民者的美国民族与作为殖民者的英国民族之间的平等，这种平等主要是由于美国民族在独立的基础上拥有了与英国民族平等的地位。之后，《独立宣言》中所宣扬的平等信念也为1787年《美利坚合众国宪法》（以下简称"美国《宪法》"）所继承和发扬。例如，美国《宪法》第5条指出："任何一州，不经其同意，不得被剥夺它在参议院的平等投票权。"由此，平等从国家对外方面的殖民国与被殖民国之间的平等进一步发展到国家对内方面的州与州之间的平等。正是在州与州之间平等的思想基础上，美国最终成功地建立起各州联合组成的统一的联邦制国家，较好地实践了欧洲启蒙思想家们所提出的"人民主权""社会契约"等治国理

---

[1] Thomas Jefferson, *Thomas Jefferson: Writings: Autobiography, Notes on the State of Virginia, Public and Private Papers, Addresses, Letters*, New York: Library of America, 1984, pp. 821—824.

第三章
美洲禁止歧视理念、制度和实践

念。总的来说,这一时期,美洲的禁止歧视理念在美国建国的过程中得到了初步的发展。美国的政治家们以平等思想立国,将抽象意义上的平等和具体意义上的平等结合起来。其中,前者是美国战胜殖民统治,获得独立自主的重要观念基础;后者是美国各州联合,建立联邦国家的主要思想纽带。这一时期,美洲的禁止歧视理念虽然取得了很大的成就,具有反封建、反专制等先进的特征,但是仍然存在许多缺陷。例如,抽象意义上的人人平等观念尚未具体化,因而无法在现实中转化为受保护的法律权利,社会中仍然存在着对黑人、印第安人等群体的强烈歧视,甚至不把他们当作与白人平等的"人"而作为奴隶对待。

到了19世纪,黑人所经历的长期痛苦遭遇引发了人们对黑人奴隶制度的强烈抨击。这一时期,美洲的禁止歧视理念主要围绕着废除黑人奴隶制度、争取黑人与白人的平等公民地位而产生。自19世纪20年代起,美国社会中的废奴运动逐渐高涨,戴维·沃克尔、弗雷德里克·道格拉斯、威廉·加里森等废奴主义的领导人提出了多种黑人争取自由和彻底解放的主张。19世纪50年代中期,美国北方各州基本上废除了黑人奴隶制度,而在传统上非常依赖黑人奴隶发展种植园经济的南方各州则反对废除黑人奴隶制度。双方的巨大分歧引发了南方各州宣布独立,并挑起了南北战争。在这场美国内战进行到中途的时候,节节失利的北方决定正式在全国废除黑人奴隶制度,以争取获得更多黑人的支持。1862年,以美利坚合众国总统林肯为代表的北方废奴派发表了《解放黑人奴隶宣言》,之后又正式颁布命令,实施了这一宣言。1863年,林肯总统在《葛底斯堡演说》的开篇中谈道:"87年前,我们的先辈在这个大陆上建立起一个崭新的国家。这个国家以自由为理想,奉行所有人生来平等的原则。我们正在进行一场伟大的国内战争。我们的国家或任何一个有着同样理想与目标的国家能否长久存在,这场战争是一次考验。"[①] 黑人奴隶获得解放后,帮助北方政府在1865年赢得了南北战争。随后,美

---

① Abraham Lincoln, *Lincoln: Speeches and Writings: 1859—1865*, New York: Library of America, 1989, pp. 440—442.

禁止歧视：理念、制度和实践

国《宪法》作了进一步的修改，从法律上确保黑人具有自由和平等的公民地位。这一时期，美国《宪法》的修改主要涉及1865年通过的第13条修正案"废除奴隶制度"，1868年通过的第14条修正案"国籍、众议员选举，公民享有平等被保护权"，1870年通过的第15条修正案"公民不得受到（除性别之外的因素造成的）选举权的限制"。其中，第14条修正案第1款又被称为"平等保护条款"，对美国历史产生了深远的影响，有"第二次制宪"之说。通过这一条款，黑人正式获得了与白人平等的公民身份和最基本的法律保护，废奴思想得到了现实的肯定。然而，"平等保护条款"的诞生并没有完全解决黑人与白人权利平等的问题，在各种具体的权利如受教育权、就业权、社会公共服务权等的享有中，黑人与白人仍然存在着制度所允许的巨大差异，这种差异直到20世纪之后才有所改变。同时，除了黑人之外的其他许多群体，如印第安人、华人等，此时仍然没有得到法律的明确保护。美国《宪法》第15条修正案还公然限制男性以外的公民享有平等的选举权。这些局限推动了人们进一步发展平等和反歧视思想，以争取更广泛和更彻底的平等权利。

20世纪，美洲的禁止歧视理念的发展更为多元化，各种平等和反歧视的观念作为有力的思想武器，向着现实中仍然存在的各种社会不平等问题出击。例如，在伊丽莎白·凯迪·斯坦顿、苏珊·安东尼、爱丽丝·保罗等女权主义运动领导人的影响下，美国的女性展开了与男性争取平等地位的斗争，尤其是在法律上争取平等的投票权利。安东尼曾经谈到，她相信美国的所有女性终将被给予投票权："这一时刻会到来的……这是不可避免的。就像我们不能永远地奴役黑人一样，我们也不能永远地剥夺一半人民的自治权。这不会被解放奴隶的同一股力量完成，但是将会被完成。"1920年，美国《宪法》通过了第19条修正案，规定："合众国公民的选举权，不得因性别而被合众国或任何一州加以剥夺或限制。"从此，美国的女性拥有了宪法所保护的与男性平等的投票权，并从这一政治权利出发，继续追求其他方面的平等权利，到今天仍然没有停止斗争的脚步。比如，麦金农在进入20世纪70年代后陆续提出了"性骚扰""对女性的暴力"等法学概念，认为这些行为强化了男女之间的不平等，

第三章
美洲禁止歧视理念、制度和实践

构成了对女性的歧视，使得"在我们这个世界，女性还不被当成一个跟男人一样平等的人看待"。她的观点被美国禁止歧视的专门机构平等机会委员会采纳，影响了一系列有关性别平等的立法。20 世纪中叶，经过多次争取黑人平等权利的斗争失败之后，以以利亚·穆罕默德、马尔科姆·艾克斯、马丁·路德·金等黑人领袖为代表，美国黑人发起了民权运动，反对种族歧视和种族压迫，争取在政治、经济和社会等方面享有与白人平等的权利。马丁·路德·金在著名的《我有一个梦想》的演讲中指出："现在是从种族隔离的荒凉阴暗的深谷攀登种族平等的光明大道的时候，现在是向上帝所有的儿女开放机会之门的时候，现在是把我们的国家从种族不平等的流沙中拯救出来，置于兄弟情谊的磐石上的时候……我梦想有一天，这个国家会站立起来，真正实现其信条的真谛：'我们认为这些真理是不言而喻的，人人生而平等'。"在这种思想的带动下，民权运动在美国轰轰烈烈地开展起来，吸引了上百万黑人和白人同情者的参与，最终迫使国会先后于 1964 年和 1965 年通过了《民权法》和《选举权利法》，正式以国会立法的形式结束了黑人在选举权方面受到的额外限制以及在使用各种公共设施和服务方面受到的种族歧视和种族隔离。这一成功激励了其他的有色人种，包括美洲的土著居民印第安人和华人等，争取平等权利的思想和实践。例如，骆家辉、赵小兰、朱棣文等美籍华人经过长期奋斗，进入美国政府担任内阁部长。赵小兰曾经谈到，自己经历过移民家庭的痛苦，品尝过种族歧视的滋味，所以要尽最大的努力，消除种族歧视，帮助移民家庭实现他们的梦想。进入 20 世纪 60 年代后，以莫马迪、厄德里克、西尔克等为代表的印第安文学家掀起了印第安文艺复兴运动，对当代印第安文明进行了全新的宣传，鼓励印第安人在保留地政策下坚持自己的生活方式，争取与美国主流社会人群同等的政治、经济和文化自由。① 这些活动反映了美洲尤其是美国的禁止歧视理念在 20 世纪结出了一些成功的思想果实，引领着各种歧视受害者们争取平等权利

---

① See J. R. Pole, *The Pursuit of Equality in American History*, Revised and Subsequent Edition, Oakland: University of California Press, 1993, pp. 174—454.

的斗争。

随着美国在 20 世纪逐渐成为一个超级大国和世界文明的中心，美洲在禁止歧视理念的提出方面也逐渐超越了欧洲，成为世界范围内平等和反歧视理论的研究中心。这一时期，重要的平等和反歧视理论的提出者包括约翰·罗尔斯、罗纳德·德沃金、罗伯特·诺齐克等。作为新自由主义思潮的代表人物，罗尔斯最为重视的社会价值是正义，并且是一种融会了丰富的平等内涵的"公正的正义"。他的正义论构建在两个核心的基本理论之上：第一，每个人都应当享有平等的自由权利。公正的正义建立在公平合理的社会基础之上，而这个社会应当是每个人平等地享有自由权利的社会。第二，社会的分配应当具有合理性。分配的正义早在亚里士多德的学说中就已经被提出，使人们之间的利益分配公平合理是实现社会公平合理的手段。在这两个基本理论中，都包含平等的元素。罗尔斯公开宣称，平等属于一种正义，正义总是意味着或者代表着某种平等。进一步地，罗尔斯认为，"平等"概念一般在三种水平上进行应用：第一种水平上的应用是指作为公共规则体系的制度的管理，要求人们公正地按照规则行事；第二种水平上的应用是指正义原则所规定的对人们基本权利的保障，要求对哪些人应当获得正义的保障作出区分；第三种水平上的应用是指有道德的人应当获得正义的保障，要求对有道德的人实行平等对待。为了实现公正的正义，罗尔斯提出了两个重要的基本原则。第一个原则是：每个人都应当有平等的权利去享有与人人享有的类似的自由权体系相一致的最广泛的、平等的基本自由权总体系。这一原则主要考虑了传统的自由的保障问题，力图确保对自由的享有受到法律的充分保护。第二个原则是：一方面，社会和经济不平等的安排应当符合地位最不利的人的最大利益，符合"正义的储蓄"原则；另一方面，在公平的机会均等的条件下，应当与向所有人开放的官职和职务联系起来。这一原则主要考虑了财富和收入的分配问题。罗尔斯指出，社会和经济的不平等，如财富和权利的不平等，只要其结果能够给每一个人，尤其是那些最少受惠的社会成员带来补偿利益，就是正义的。因此，公正的正义的两个基本原则可以用于检验分配社会和经济的权利和利益的合法性。

第三章
美洲禁止歧视理念、制度和实践

对于这两个基本原则应当如何实现,罗尔斯提出了两条优先规则。第一条优先规则也被称为"自由权优先"规则,要求公正的正义的两个基本原则按照词汇序列安排,因此自由权只有为了自由权本身才能受到限制。这里存在两种情况:第一,不太广泛的自由权应当能够使人人享有的自由权总体系得到加强;第二,不太平等的自由权必须是具有较少自由权的那些人能够接受的。第二条优先规则也被称为"正义优先于效率和福利"规则,要求公正的正义的第二个基本原则在词汇序列上优先于效率原则和最大限度提高利益总量原则,而公平机会优先于差别原则。这里也存在两种情况:第一,机会的不平等必须扩大具有较少机会的那些人的机会;第二,过高的储蓄率在总体上能够减轻为此而受苦的人的负担。[①] 总的来看,罗尔斯的公平的正义论是一种极为重视平等的正义论,对功利主义的正义观进行了严厉的批评,指出"最大多数人的最大幸福"是一种谬论,很容易牺牲社会中少数人尤其是最无能为力者的利益;而公平的正义论则强调在社会平等的基础上使人们享有自由和实现利益,对社会中处于最不利处境的人实行最优先的保护。可以说,罗尔斯的公平的正义论对美洲乃至全世界学者们后来提出的许多平等和反歧视理论都有重要影响,许多理论是在对这一理论的赞成或反驳的过程中逐渐发展起来的。

现代自由主义的另一位主要"旗手"德沃金就在对罗尔斯的质疑中提出了自己的平等理念。德沃金坚信政治哲学的根本意义在于反映政治,因此他注重强调政治理论与实践论争之间存在着相互依存的关系。德沃金提出的主要的政治哲学观点是:"平等不但与自由相容,而且是珍惜自由者都会予以珍惜的一个价值。"他认为自己的这一观点与当代自由主义理论最强大的两股势力在精神实质上相反,一股是以赛亚·柏林的价值多元论,另一股就是罗尔斯的政治自由主义。德沃金把平等称为一种"至上的美德",他在阐释平等时把自由与平等更为紧密地联系起来。德沃金指出,在当前社会中,平等

[①] See John Rawls, *A Theory of Justice*, Revised Edition, Cambridge: The Belknap Press of Harvard University Press, 1999, pp. 10—53.

禁止歧视：理念、制度和实践

是所有政治理想中一个面临着巨大困境的理念："就在几十年前，凡是自称自由主义者甚至中间派的政治家都会同意，真正平等的社会即便带有乌托邦色彩，也至少是一个理想。可是现在，甚至自称中间偏左的政治家也在拒绝平等的理念。"德沃金明确反对这种政治理想中对平等感到不屑的倾向。对平等的关切要求政府致力于实现某种形式的物质平等，这种物质平等被德沃金称为"资源平等"，也就是"在个人私有的无论什么资源方面的平等"。他提出，资源平等的核心理论与主要方法包括以下内容：第一，选择非人格资源和人格资源作为平等的主要衡量尺度；第二，把他人付出的机会成本作为衡量任何人占有非人格资源的尺度；第三，以一个虚拟的保险市场作为再分配税收的模式。资源平等分配的前提是存在某种形式的经济市场。在经济市场中，要区分人们自愿选择的运气和被命运无情击中的运气。人们自愿选择的运气及其导致的相应不平等结果应当得到市场的认可，而被命运无情击中的运气及其导致的相应不平等结果则可以通过保险市场的措施加以应对。因此，德沃金认为："一方面，我们必须承受违反平等的痛苦，允许任何特定时刻的资源分配对志向敏感……但是，另一方面，我们不能允许资源分配在任何时候对禀赋敏感。"他指出，罗尔斯的差异原则可以作为对资源平等的一种解释，但是这一原则并不具备进一步实行微调的功能。德沃金进一步讨论了分配平等与自由的关系，指出："被我们视为至关重要的自由权利，是分配平等的一个部分或一个方面，因此只要做到了平等，它们也会自动受到保护。自由的优先性得到保障，不是通过牺牲平等，而是以平等的名义。"[1] 在这个意义上，德沃金的平等观念可以说比罗尔斯的平等理念更为"亲近"自由的概念。在罗尔斯对公正的正义的论述中，每个人都应当享有平等的自由权利；同时，社会的分配应当具有合理性，这种合理性不是通过对自由的追求本身实现的。德沃金在对资源平等的解释中，则把自由直接看作分配平等的一个部分或一个方面，是通过分配平等实现的。因此，

---

[1] Ronald Dworkin, *Sovereign Virtue: The Theory and Practice of Equality*, Trade Paperback Edition, Cambridge: Harvard University Press, 2002, pp. 1—247.

第三章
美洲禁止歧视理念、制度和实践

在对"要自由还是要平等"这一问题的考问中,德沃金倾向于认为自由和平等是内在和谐的,自由可以通过平等实现,把它们对立起来的做法并不符合政府对平等的关切要求。

被誉为二战后最重要的古典自由主义代表人物的诺齐克也对罗尔斯的平等理念进行了批判。与德沃金不同,诺齐克的平等理论更加强调平等和自由之间具有不可逾越的分野,而且在两者的相互关系上,自由占有绝对优势的地位。诺齐克的政治哲学的全部出发点是个人的权利和自由。在他看来,个人拥有绝对的权利和自由,这种权利和自由的边界,如果没有经过权利和自由的所有者的自愿同意,是任何国家权力都不能任意逾越的。每个人的权利和自由都不受国家权力的制约,只受到他人的权利和自由的制约。在个人的权利和自由与国家的作用之间,个人的权利和自由拥有更为根本的、优先的地位。个人的权利和自由决定了国家的性质、职能及其合法性,而不是由国家的性质、职能及其合法性决定个人能够享受多少权利和自由。根据这一原理,任何侵犯个人权利和自由的国家行为都是不正当的、非正义的。由于国家是在人格上平等的个人共同组成的,因此国家必须在所有平等的个人之间保持中立。在个人之间的活动产生纠纷时,国家的角色最多只能是进行调停的仲裁者,而不能是擅自决定个人之间利益得失的审判者和不请自来的执行者。哪怕国家是出于最善意的动机,也不能为了一部分个人的利益而强行剥夺或损害另一部分个人的利益。在国家中,任何利益和福利的转移都只能基于个人的自愿行为,否则,最善意的动机可能会导致最卑鄙的恶行。诺齐克指出,人们常常发现财富的分配是不平等的,于是自然而然地讨论起如何使财富的分配更加平等的问题。然而,他坚信一个人的人身及其劳动力都是个人的财产,因而个人有决定如何支配自己的人身及其劳动力的自由,也有收获劳动成果的权利。强迫一个人为他人的利益而工作是不正当、不正义的。国家不可以采用强制手段迫使一些公民帮助另一些公民,也不能采用强制手段禁止人们从事推进他们自身利益或进行自我保护的活动。由于没有任何一个人或是机构有权力控制所有的物品,因此中央权力机关无权把一切物品集中起来进行分配。他强调,不能把一个人的东西以

禁止歧视：理念、制度和实践

任何动听的理由从他那里剥夺过来。① 诺齐克的平等理念基本上把平等和自由概念对立了起来，认为国家重新分配财产的任何行为都有可能构成对个人权利和自由的侵犯，反对国家对个人的行为进行任何不必要的介入，包括为了实现平等目标而作出的任何干涉。他的平等理念是当今时代最彻底的自由主义观点之一，与当今资本主义世界中大部分的平等思想相比更加回归传统，也与社会主义、共产主义的平等观念几乎完全形成了对立。在社会主义、共产主义的基本观点中，人们虽然在社会主义初级阶段实行按劳分配，却同时要兼顾公平，努力实现共同富裕；到了社会主义高级阶段和共产主义阶段，就更要实行按需分配，不再维持个人财产制度。整体而言，诺齐克完全反对财富再分配的平等理念是比较极端的自由主义的表现，即使在当今的资本主义社会中也是基本上无法实现的。

3　探索效率与公平均衡整合的美洲禁止歧视制度和实践

美洲的禁止歧视制度在很大程度上受到美国的禁止歧视制度的主导，尤其是在早期的历史发展过程中，与美国的建国和发展史具有非常紧密的联系。如前所述，美国的建国和发展史中有许多重要的历史文件含有要求平等和禁止歧视的内容。这些文件构成了美国乃至美洲的禁止歧视制度早期发展的重要基石。例如，在美国人民反抗英国殖民统治、争取独立的斗争中所发布的1776年的《独立宣言》，在开头即谈到了殖民者和被殖民者的平等地位以及人人生而平等的基本真理，其中包括生命权、自由权和追求幸福的权利。殖民者和被殖民者的平等地位是美国独立并与英国进行平等交往的基础，而人人生而平等则是后来的美国《宪法》保障公民平等权利和禁止歧视的前提。美洲的禁止歧视制度第一次在法律中正式确立起来就

---

① See Robert Nozick, *Anarchy, State, and Utopia*, Reprint Edition, New York: Basic Books, Inc., 2013, pp. 232—276.

第三章
美洲禁止歧视理念、制度和实践

是在1787年美国颁布的世界上第一部成文宪法中。1787年美国《宪法》第5条规定："任何一州，不经其同意，不得被剥夺它在参议院的平等投票权。"这里虽然谈到的是州和州之间在联邦参议院享有平等的投票权利，但是州和州之间享有平等的投票权利的基础正是"人人生而平等"，其中贯彻了《独立宣言》的平等要求，隐含了不得歧视的原则。这一原则更为明确地体现为宪法中的个人权利是在1791年通过的《宪法》第5条修正案中。该修正案又被称为联邦的"正当程序条款"，规定："除根据大陪审团的报告或起诉书外，任何人不受死罪或其他重罪的审判，但发生在陆、海军中，发生在战时，或出现公共危险时服役的民兵中的案件除外；任何人不得因同一犯罪行为而两次遭受生命或身体的危害；不得在任何刑事案件中被迫自证其罪；不经正当法律程序，不得被剥夺生命、自由或财产。不给予公平赔偿，私有财产不得充作公用。"联邦的"正当程序条款"主要涉及个人享有平等的公正审判权利和平等的生命、自由、财产保护权利等内容，构成了以后美洲各国的宪法和法律对个人的自由、财产等权利进行平等保护，禁止歧视的雏形。① 然而，尽管1787年美国《宪法》的最初条款及其后发布的一系列修正案已经对个人的上述权利提供了基本的平等保护，但是这些平等保护在当时未能提供给被作为奴隶看待的广大黑人群体。黑人仍然被视作一种特殊的货物，可以像其他商品一样进行买卖。

19世纪，随着美国《宪法》的不断发展，美洲的禁止歧视制度逐渐扩大了其适用范围。这一变化主要体现在19世纪中期美国废除黑人奴隶制度的行动中。在美国南北战争期间，林肯总统于1862年发表了《解放黑人奴隶宣言》，宣布正式废除黑人奴隶制度，使黑人至少在名义上享有了和白人平等的美国公民地位和权利。美国政府在这一时期推动了《宪法》修改，以确保黑人的平等公民地位和权利得到宪法的专门保障。这些修改包括1865年通过的第13条修正

---

① See The US National Archives and Records Administration, The Constitution, http://www.archives.gov/exhibits/charters/print_friendly.html?page=constitution_content.html&title=The%20Constitution%20of%20the%20United%20States, last visited on Oct. 31, 2017.

案、1868年通过的第14条修正案和1870年通过的第15条修正案。其中，第13条修正案第1款规定："在合众国境内或受合众国管辖的任何地方，奴隶制和强迫劳役都不得存在，但作为对依法判罪者犯罪之惩罚，不在此限。"这一条款直接在宪法上否定了黑人奴隶制度的合法性，是黑人获得平等的美国公民地位和权利的基础。第14条修正案第1款规定："所有在合众国出生或归化合众国并受其管辖的人，都是合众国和他们居住州的公民。任何一州，都不得制定或实施限制合众国公民的特权或豁免权的法律；不经正当法律程序，不得剥夺任何人的生命、自由或财产；在州管辖范围内，也不得拒绝给予任何人平等法律保护。"这一条款又被称为"平等保护条款"和州的"正当程序条款"，是美国《宪法》中最直接和明确规定给予公民平等法律保护的条款。根据统计，这一条款是整部美国《宪法》中涉及具体案件最多的条款之一，而援引了这一条款的许多案件都要求法律对公民权利给予平等保护。在美国的禁止歧视专门立法出台之前，几乎所有的禁止歧视案件都通过这一条款在法院得到受理。因此，将"平等保护条款"视为当时美国乃至整个美洲的禁止歧视制度中最重要的法律规定亦不为过。直到今天，"平等保护条款"仍然在实践中继续发挥作用，只不过较多地是作为各个具体领域中的禁止歧视专门立法的补充而存在。当某一案件无法适用某个具体领域中的禁止歧视专门立法时，"平等保护条款"可以作为宪法的禁止歧视普遍原则而在案件中得到援用。第14条修正案第2款进一步规定："众议员的名额应按各州人口比例进行分配，每州人口统计包括该州除未纳税的印第安人之外的全部人口。但是，在选举合众国总统和副总统选举人、国会议员、州行政和司法官员或州议会议员的任何选举中，一州的年满21岁并且是合众国公民的任何男性居民，如其上述选举权被剥夺或受到任何方式的限制（因参加叛乱或其他犯罪而被剥夺者除外），则该州代表权的基础应按以上男性公民的人数占该州年满21岁男性公民总人数的比例核减。"由于第14条修正案第1款在《宪法》中具有举足轻重的地位，第14条修正案第2款的内容较少受到人们的集中关注。这一条款是关于各级议会议员与重要的行政和司法官员的选举规定，粗看上去规定了各州人民享有

第三章
美洲禁止歧视理念、制度和实践

平等的选举权，事实上却包含了对印第安人和女性的选举权进行歧视的内容。在分配众议员名额时，印第安人由于被认为未纳税而不被包含在各州的人口统计数字中；而在选举各级议会议员与重要的行政和司法官员时，女性自始至终被排除在外。第 15 条修正案中也存在着对女性的平等的选举权的歧视，其第 1 款规定："合众国公民的投票权，不得因种族、肤色或曾被强迫服劳役而被合众国或任何一州加以剥夺或限制。"这里虽明确提出平等的选举权不得因种族、肤色或曾被强迫服劳役而受限制，但同时指出性别因素不是构成限制的理由。通过上述 3 条修正案，美国《宪法》废除了黑人奴隶制度，在名义上给所有公民提供了平等的法律保护，却在选举权利方面对印第安人和女性进行公然的歧视。同时，虽然上述 3 条修正案已经确认了黑人与白人在宪法上具有平等的公民地位和权利，但是黑人始终未能在现实中取得与白人平等的权利。在南方许多州，通过立法设立了层出不穷的种族歧视和种族隔离政策，在就业、教育、公共设施、公共福利等方面对黑人进行不利对待。在 1896 年的 Plessy v. Ferguson 案中，美国联邦最高法院甚至确认了臭名昭著的"隔离但平等"原则，认为种族隔离政策虽然将黑人和白人强迫分开，但是并未造成黑人和白人之间的不平等，所以并不违反宪法。①因此，19 世纪以美国《宪法》为主导的美洲的禁止歧视制度虽然在提供平等法律保护，尤其是在赋予黑人平等的公民地位和权利方面取得了重大进步，但是保留了对印第安人和女性的一些歧视性规定，对黑人平等权利的保护也没有能够落到实处。

到了 20 世纪，美洲的禁止歧视制度和实践都得到了极大发展。这主要体现在 20 世纪 60 年代美国的民权运动达到高峰之后。在此之前，受到印第安人和女性争取平等权利的斗争的影响，美国《宪法》通过修改逐步消除了对女性和印第安人平等选举权利的歧视性规定。1920 年通过的第 19 条修正案规定："合众国公民的选举权，不得因性别而被合众国或任何一州加以剥夺或限制。"这一条款正式

---

① 参见邱小平：《法律的平等保护——美国宪法第十四修正案第一款研究》，北京大学出版社 2005 年版，第 1—103 页。

禁止歧视：理念、制度和实践

在宪法上禁止对女性的平等选举权利进行歧视。1964年通过的第24条修正案规定："在总统或副总统、总统或副总统选举人、国会参议员或众议员的任何预选或其他选举中，合众国公民的选举权不得因未交纳人头税或其他税而被合众国或任何一州加以剥夺或限制。"这一条款正式在宪法上禁止对印第安人的平等选举权利进行歧视。不过，在《宪法》之外的其他法律和现实生活中，印第安人和女性仍然遭遇了许多形式的歧视，他们继续通过各种形式进行抗争。二战后，美国黑人发起了大规模的民权运动，反抗持续存在的种族隔离和种族歧视，争取在各方面真正享有与白人平等的权利。在1954年的 Brown v. Board of Education of Topeka 案中，美国联邦最高法院推翻了"隔离但平等"原则，认为"隔离即不平等"，种族隔离措施使黑人产生了低人一等的自卑感，造成了黑人和白人的不平等，因而违反了宪法。1956年，通过黑人女性帕克斯发起的巴士抵制运动，美国联邦最高法院又裁定在公共汽车上进行种族隔离违反宪法。1963年，在马丁·路德·金的领导下，25万黑人向华盛顿进发，要求立即取消种族隔离，通过有效的民权法。在巨大的压力下，美国国会最终在1964年通过了《民权法》，在1965年通过了《选举权利法》，正式结束了黑人在选举权利方面受到的额外限制以及在使用各种公共设施和服务方面受到的种族隔离和种族歧视。其中，1965年的《选举权利法》禁止负责选举事务的州政府假借任何理由不让少数族裔选民投票，并且要求在保护非洲裔美国人以及其他少数族裔选举权利方面尤为不力的南方的一些州，在制定或修改投票程式时必须先获得联邦政府的同意。1964年的《民权法》是当时美国甚至全世界在禁止歧视方面最早和最重要的单行立法，通过11个章节的1100多个条文，详细地规定了以下一些与禁止种族歧视有关的主要内容，包括：平等的投票权，禁止在提供公共货物或物品、服务、设施中的歧视，废除公共设施方面的种族隔离，消除公共教育中的种族隔离，成立民权委员会以保障公民的平等权利，在联邦资助的项目中禁止歧视，平等的就业机会，禁止在登记和投票统计中的歧视，司法介入和民权案件移转后的程序，建立公众关系服务机构以为歧视受害者提供帮助等。① 该法是 20 世纪 60 年代美国的民权运动达到高峰的标志,为之后半个多世纪美洲的禁止歧视制度的飞速发展拉开了序幕。

20 世纪 60 年代之后是美洲的禁止歧视制度和实践实现根本性飞跃的时期。这一时期,美洲的禁止歧视制度和实践发生的主要变化包括:积极参与构建美洲的禁止歧视制度和推动其实施的国家由美国一国扩展到了加拿大等其他国家,各个国家之间逐渐加强合作以共同推进禁止歧视的目标。美洲的禁止歧视制度的形式由宪法条款发展到了其他法律条款、专门单行立法等,并且在禁止歧视的制度中规定了更具包容性的歧视的定义、理由、分类和领域等内容。与此同时,美洲的禁止歧视制度的实施也不断丰富和深化,不仅设立了功能更为强大的禁止歧视的专门机构,设置了更加注重保障实质平等的歧视救济和惩罚措施,而且加强了公民社会在实施禁止歧视制度中发挥的作用和影响。这些变化在发生的过程中,受到了与自由主义碰撞较为激烈的美洲禁止歧视理念的影响。美洲的禁止歧视制度及其实践比较注重在追求平等、禁止歧视的各种行动中,整合社会公平和经济效率的不同要求,保持两者的均衡发展。在这一点上,美洲的禁止歧视制度比欧洲的禁止歧视制度更为注重效率和公平的权衡。如前所述,欧洲的禁止歧视制度在发展早期就对公平问题特别关注,尤其是各国之间适用禁止歧视法律的公平。欧洲共同体形成之后,其各项禁止歧视条约和指令对各成员国更是具有直接效力和最高效力,并且可以通过欧洲共同体的法院在各成员国中强制执行。因此,公平的精神较为充分地体现在欧洲的禁止歧视制度及其实践之中。甚至在有些时候,欧洲的一些国家,如稍晚加入欧洲联盟的东欧国家,还会抱怨欧洲的禁止歧视制度过于注重公平性,而忽略了对效率性的考虑,维持禁止歧视制度及其实施所要耗费的公共资源数量巨大,对各国造成了比较沉重的负担。在经济危机引发的财政紧缩政策的影响下,许多国家削减了负责实施禁止歧视法

---

① 参见俞冰:《美国反就业歧视立法及其实践》,载蔡定剑、张千帆主编:《海外反就业歧视制度与实践》,中国社会科学出版社 2007 年版,第 213—262 页。

禁止歧视：理念、制度和实践

律的专门机构的经费，以此解决经济效率方面的不足，但是难免会对社会公平造成一定影响。相比之下，以美国为主导的美洲的禁止歧视制度从一开始就比较重视对经济效率和社会公平进行权衡，选择了比较谨慎地逐步推进，而没有不遗余力地建设一个庞大的、全面的禁止歧视制度体系，在禁止歧视制度的具体实施方面也采取了比较灵活的平衡歧视受害者和歧视加害者之间利益的多种措施。①

首先，在20世纪60年代之后，积极参与构建美洲的禁止歧视制度和推动其实施的国家由美国一国扩展到了加拿大等其他国家，各个国家之间逐渐加强合作以共同推进禁止歧视的目标。美国在这一时期继续担当美洲的禁止歧视制度及其实践中的主导角色，通过1972年的《平等机会法》等法律和平等就业机会委员会等机构，持续推动本国的禁止歧视制度和实践向前发展。加拿大在20世纪70年代之后加入美国的行列，也开始积极地发布专门的禁止歧视法律，设立专门的禁止歧视机构，甚至在一定程度上比美国更加激进地追求平等，反对歧视。在发布专门的禁止歧视法律方面，加拿大在1978年通过了《人权法》，1982年通过了《权利和自由宪章》，1986年通过了《就业平等法》等。其中，1978年的《人权法》禁止在就业过程中基于种族、民族、出生地、肤色、出身、国籍、信仰、性别、性倾向、年龄、犯罪记录、婚姻状况、家庭状况、残疾等理由歧视前来应聘工作的申请者，并提出设立人权委员会以监督《人权法》得到有效落实。1982年的《权利和自由宪章》第15条规定："每一个人在法律面前和法律之下一律平等，并且享有平等的法律保护和平等的权益，不受歧视，基于种族、民族、出身、肤色、宗教、性别、年龄或者身心缺陷等原因而进行歧视的法律无效。前款规定并不排斥旨在改善由于种族、民族、出身、肤色、宗教、性别、年龄或者身心缺陷而处境不利的个人或者集体的条件而制定的法律、规划或者活动。"这一条文不仅明确地规定了人们享有法律的平等保护和不受歧视的权利，而且开创性地提出了为了改善歧视性的状况

---

① See Allison Chen, Interview About the US Anti-discrimination Law, Boston, Apr. 12, 2012.

第三章
美洲禁止歧视理念、制度和实践

而制定的法律、规划或者活动为法律所许可。为了改善歧视性的状况而制定的法律、规划或者活动在美国和其他国家又称为"暂行特别措施""肯定性行动"或者"积极行动",是政府为了加速实现平等而在一定时期内针对特定弱势群体所实施的优惠照顾措施。当时,美国国内还在为要不要对长期遭受种族歧视的黑人实施暂行特别措施而争执,加拿大则已经通过《权利和自由宪章》第15条将暂行特别措施普遍合法化了。这较好地体现了加拿大虽然在禁止歧视方面起步较晚,但是步子迈得较大较快。加拿大1986年的《就业平等法》规范了公共服务机构、雇员超过100人的雇主和合同金额超过20万加元的雇主,确保其用人政策没有利用资格和能力之外的因素在就业中进行歧视,尤其是提高女性、原住民、少数民族和残疾人在就业者中的比例。这一法律正是加拿大采取暂行特别措施推进女性、原住民、少数民族和残疾人的平等权利的一个例子。同时,这一法律也说明,加拿大的禁止歧视立法注重效率与公平的均衡。除了公共服务机构之外,只有雇员超过100人的雇主和合同金额超过20万加元的雇主受到这一法律的规制。这是因为,在规模过小的企业中禁止歧视不仅事实上难以实施,而且会不恰当地增加企业的负担。[①]

除了美国和加拿大之外,其他的美洲国家,尤其是南美洲的发展中国家,也积极参与禁止歧视制度的建设。例如,1988年通过的《巴西联邦共和国宪法》中规定,禁止联邦、州、联邦区、各地区和市在巴西人之间制造差别,或偏袒一部分具有内部公共权利的人,而歧视另一部分人。该法保证巴西公民和住在巴西的外国人的生命、自由、安全和财产的权利不受侵犯。不分性别、种族、工作、宗教信仰和政治态度,法律面前人人平等,惩罚种族偏见。阿根廷在反艾滋病歧视的制度建设方面比较积极,1992年在内务部的人权秘书处下创建了一个专门的国家机构——不歧视艾滋病病毒感染者委员

---

① See Sharyn He, Interview About the Canadian Anti-discrimination Law, Toronto, Dec. 24, 2012.

会，以对基于艾滋病的歧视进行规制。① 不过，总的来说，与美国和加拿大相比，美洲的其他国家在发展禁止歧视的制度及其实践方面取得的专门经验还比较有限，影响力也比较小。目前，美洲各国之间逐渐加强合作，以共同推进禁止歧视的目标实现。1948年，美洲国家组织正式宣告成立，并通过了《美洲人的权利和义务宣言》。该宣言在序言中确认了在尊严和权利方面，人人生来自由和平等；在正文中指出，美洲国家应当保障个人在法律面前的平等权利，没有种族、性别、语言、宗教信仰或任何其他因素的区别。1969年，美洲国家组织的各成员国又签署了《美洲人权公约》。该公约明确规定了法律面前人人平等的权利，并且要求各缔约国承诺尊重公约所承认的各项权利和自由，保证在它们管辖下的所有人都能自由地、全部地行使这些权利和自由，不因种族、肤色、性别、语言、宗教、政治见解或其他主张、民族或社会出身、经济地位、出生或其他任何社会条件而受到任何歧视。该公约还分别设立了美洲国家间人权委员会和美洲国家间人权法院，以实施公约的规定。通过美洲国家间人权委员会和美洲国家间人权法院对公约的实施，可以推进《美洲人权公约》所建立的美洲的禁止歧视共同标准切实地贯彻到各个国家的具体实践中。

其次，在20世纪60年代之后，美洲的禁止歧视制度的形式由宪法条款发展到了其他法律条款、专门单行立法等，并且在禁止歧视的制度中规定了更具包容性的歧视的定义、理由、分类和领域等内容。如前所述，美国到20世纪60年代已经通过《宪法》的第5条和第5、13、14、15、19、24条修正案，在宪法上保护公民的平等权利和禁止歧视。然而，在许多围绕这些宪法条文，尤其是援引第14条修正案"平等保护条款"所提出的诉讼案件，如United States v. Cruikshank案、Hodges v. United States案等中，美国联邦最高法院坚持认为宪法所提供的平等保护仅仅局限于州或者联邦政府的行为，而对私人行为中的禁止歧视未能加以规制。因此，通

---

① 参见金俭：《国外反歧视立法与借鉴》，载《求索》2004年第7期，第98—100页。

过宪法以外的立法对歧视问题,尤其是发生在私人领域的歧视行为进行规制势在必行。于是,美国在此后颁布了一系列与禁止歧视有关的立法,包括1963年的《平等工资法》、1964年的《民权法》、1967年的《就业年龄歧视法》、1972年的《平等机会法》、1973年的《康复法》、1978年的《怀孕歧视法》、1990年的《美国残疾人法》、2008年的《禁止基因信息歧视法》、2009年的《公平酬劳法》等。这些与禁止歧视有关的立法可以分为两类:一类是禁止歧视的专门立法,包括要求男女同工同酬的《平等工资法》、禁止就业年龄歧视的《就业年龄歧视法》、要求男女平等的《平等机会法》、禁止女性怀孕歧视的《怀孕歧视法》、禁止利用人们的基因信息进行歧视的《禁止基因信息歧视法》、普遍消除薪酬歧视的《公平酬劳法》。另一类是规定特定公民权利的立法,并且在其中包含重要的禁止歧视条款,包括规定黑人权利和禁止种族歧视的《民权法》、规定残疾人权利和禁止残疾歧视的《康复法》和《美国残疾人法》。上文提及的加拿大禁止歧视的相关立法,也大致可以作出这样的分类。[①] 可以发现,美洲的禁止歧视立法不像欧洲的禁止歧视立法那样追求统一化,即把所有禁止歧视的相关立法整合到一部平等或反歧视法中。这主要是因为以美国为代表的美洲国家认为本地的禁止歧视法律目前已经能够较好地维护公民的平等权利,实现社会公平正义,不需要多此一举地将法律进行专门的重新编纂,否则反而会影响效率。这再次体现了美洲的禁止歧视制度非常重视公平和效率的统一,总是从实用出发,用较小的社会成本换取人们可以接受的社会正义,而不是为了实现平等就牺牲个人和社会的经济效率。通过上述立法及相关案例,有关歧视的定义、理由、分类和领域等内容也在宪法的基础上不断扩展。目前,美国的禁止歧视制度中,将歧视界定为由于个人的各种因素,对个人实施限制、隔离、归类、拒绝等不利待遇或对个人造成不利影响;歧视的理由包括种族、肤色、性别、宗教信仰、国籍、年龄、残疾等;歧视的分类包括差别影响歧视、个体

[①] 参见蔡定剑、刘小楠主编:《反就业歧视法专家建议稿及海外经验》,社会科学文献出版社2010年版,第52—72页。

性差别待遇歧视、系统性差别待遇歧视等；歧视的领域包括教育、就业、住房、社保、提供公共货物或物品、服务、设施等。加拿大的禁止歧视制度中，将歧视解释为一种区别对待，不管是故意还是非故意，基于个人特征或某一群体的特征，专门给该人或该群体带来了负担、义务和不利后果，或阻碍和限制该人或该群体应该与其他社会成员共同享有的机会、利益和好处；歧视的理由包括种族、国籍或民族、宗教、年龄、性别、性倾向、婚姻状况、家庭状况、残疾、犯罪记录等；歧视的分类包括直接歧视、间接歧视、骚扰、报复等；歧视的领域包括商品、服务、住宿设施提供、房地产交易、就业、雇主或者雇员组织的加入、订立合同、广告、通知、标牌或徽章、仇视言语、骚扰、报复等。两国的禁止歧视制度中有关歧视的定义、理由、分类和领域等内容的上述规定，基本上囊括了美洲甚至全世界的禁止歧视制度中对这些方面内容的主要规定，具有较大的包容性。

最后，在20世纪60年代之后，美洲的禁止歧视制度的实施不断丰富和深化，不仅设立了功能更为强大的禁止歧视的专门机构，设置了更加注重保障实质平等的歧视救济和惩罚措施，而且加强了公民社会在实施禁止歧视制度中发挥的作用和影响。其中，美国根据1972年的《平等机会法》，设立了平等就业机会委员会，作为禁止歧视法律的主要实施机构。平等就业机会委员会的主要职权包括：执法，向公众宣传法律，研究就业歧视的有关问题并公布研究报告，在一定范围内解释法律等。其中，在执法方面的权力尤为重要，可以处理投诉，开展调查，针对就业歧视纠纷以自己的名义提起民事诉讼等。据统计，平等就业机会委员会每年提起的诉讼达到400件左右，在推动美国禁止就业歧视方面功不可没。一般来说，在接到歧视受害者的书面申诉后，平等就业机会委员会先对歧视的事实进行调查。如果歧视的事实存在，可以通过会议、调解和说服等方式使双方达成和解。如果双方没有在规定时间内达成和解，可以通知歧视受害者向法院提起民事诉讼。诉讼程序可以应歧视受害者的申请，在法院的批准下中断，以便双方当事人继续达成和解。在纠纷协商无效或者歧视加害者坚持不予改正的情况下，可以由平等就业

第三章
美洲禁止歧视理念、制度和实践

机会委员会对歧视加害者提起民事诉讼。在整个歧视纠纷的处理过程中，平等就业机会委员会担当了歧视受害者的外部支持者和最后援助者的角色，非常尊重双方当事人尤其是歧视受害者的意见，采取各种灵活的方式以促成双方达成和解，既保证了案件得到公正的解决，又加强了处理歧视案件的效率，避免了司法资源的浪费。这又一次反映了美洲的禁止歧视制度对公平和效率的均衡考虑。如果法院判决歧视加害者故意歧视，可以下达禁制令，采取附带或不附带补发工资的积极措施，如复职或雇佣决定，以及任何其他的平衡救济。在这里，法院具有较大的自主性，可以决定歧视加害者是否需要给付以及给付多少补偿性或惩罚性的赔偿金，因此对歧视加害者进行任意的歧视构成了强大的威慑。例如，在 2017 年的 Berger v. Kargo 案中，受到性别歧视而被解雇的女性雇员获得了 4000 万美元的赔偿金，不仅在实质上保障了个人的平等就业权利，而且对雇主发出了足够的警示。同时，美国的公民社会在协助禁止歧视法律实施、保障公民平等权利方面也扮演了先锋的角色。例如，美国全国有色人种协进会采取法庭诉讼、争取民主立法和宣传教育等主要手段，以促进黑人民权，消除种族仇视和种族歧视。它在经典的 Brown v. Board of Education of Topeka 案以及其后的一系列旨在废除教育中的种族隔离制度的诉讼案件中，都帮助原告获得了胜诉。美国公民自由联盟通过诉讼、推动立法和社区教育等方式，力图捍卫和保护美国宪法与法律中所肯定的个人权利和自由，代表了许多平等权利受到侵害的个人，赢得了包括美国同性婚姻合法化标志性案件 United States v. Edith Schlain Windsor 案、Obergefell, et al. v. Hodges, Director, Ohio & Department of Health, et al. 案在内的一大批著名的平权案件。①

加拿大根据 1978 年的《人权法》，设立了人权委员会，负责处理各种歧视问题。人权委员会在禁止歧视方面的主要职权包括：解决歧视争议，调查有关歧视的申诉，对雇主进行审计，评估和检测

---

① See Patrick N. Cain & David Ramsey, *American Constitutionalism, Marriage, and the Family: Obergefell v. Hodges and U. S. v. Windsor in Context*, Lanham: Lexington Books, 2017, pp. 161—187.

077

禁止歧视：理念、制度和实践

有关项目，检验政策和立法的实施效果，开展防止歧视的项目等。其中，在解决歧视争议方面，加拿大设立了专门的平等裁判庭，进行以下工作：举行歧视争议的听证，以命令等形式作出裁决，对违反义务的歧视加害者实施财产处罚，决定经过法定程序获得法院判决的强制执行力等。一方面，人权委员会平等裁判庭的决定具有较强的法定强制执行力，只要联邦法院不进行司法审查，其决定就不得上诉到任何法院，有利于快速有效地解决歧视争议案件。另一方面，人权委员会平等裁判庭的决定也具有较直接的法定财产处罚权，能够自行决定对歧视加害者实施罚款，不需要经过其他机构认可或执行，有利于在禁止歧视问题上树立起专门的权威。在歧视案件的处理流程上，一般先由歧视受害者与歧视加害者自行协商，如果自行协商无法达成一致，可以向人权委员会提起申诉。如果人权委员会在审查后发现确实存在歧视的情况，可以代表歧视受害者与歧视加害者磋商；如果磋商无法达成一致，可以将争议案件提交人权委员会平等裁判庭裁决或人权法院判决。这一流程也给歧视受害者提供了较多的机会与歧视加害者自行协商或磋商，以达成对歧视受害者最有利的结果。如果人权委员会平等裁判庭认定歧视的事实成立，可以裁决停止歧视行为、恢复原状、给予赔偿以及不超过两万加元的精神赔偿。如果人权委员会平等裁判庭认为歧视加害者具有故意或者放任情节，可以再判处不超过两万加元的赔偿。相比美国的法院，加拿大的人权委员会平等裁判庭对歧视加害者的财产处罚具有一定限制。这样做也有其合理性，因为普通法院的判决能够上诉，而人权委员会平等裁判庭的裁决一般不能上诉。这也是禁止歧视制度的设计者在对效率和公平进行综合考量后，对人权委员会平等裁判庭裁决的终局性所作的必要制约。

此外，加拿大的非政府组织，尤其是各种权益保障组织，在实施禁止歧视的相关立法方面也起到了十分重要的推进作用。例如，女性工作行动组织专注于推进女性权益保障，在加拿大最高法院赢得了具有里程碑意义的反对制度性歧视、保障男女工作平等权利的 Action Travail des Femmes v. Canadian National Railway Company 案。全国种族关系城市联盟组织注重促进种族平等，在加拿大最高

第三章
美洲禁止歧视理念、制度和实践

法院提起了第一个反对制度性种族歧视的 National Capital Alliance on Race Relations v. Health Canada 案。[①] 总体上,美国和加拿大两国在实施禁止歧视的相关立法方面已经积累了比较丰富的经验,进一步促进了相关立法在实践中不断得到修改完善。

4 美洲禁止歧视理念、制度和实践的启示

综上所述,美洲的禁止歧视理念与欧洲相比发展较晚,但是后来居上,在进入 20 世纪后逐渐占据了世界中心的地位。同时,美洲的禁止歧视理念经常与自由、独立、民主、权利等话题共同进行探讨,在此过程中与自由主义思想发生了特别激烈的碰撞。美洲的禁止歧视制度和实践尤其注重探索效率与公平之间的均衡整合。根据笔者对美洲的禁止歧视理念、制度和实践的不完全分析,Dimitrina Petrova 的统计在一些重要论断上是基本正确的,但是这种正确性建立在本章的研究和 Dimitrina Petrova 的统计数据都比较有限的基础上。在 Dimitrina Petrova 的统计中,美洲的反歧视制度及其实施的总体情况较好。其中,加拿大、美国有着相对先进和完备的反歧视法律、政策、实践和有关平等方面已经存在的案例法,并且反歧视法律和政策已经过至少 5—7 年活跃状态的实施;而墨西哥、巴拿马、秘鲁则在最近 5—7 年内通过了比较完备的平等法律,并且组成了专门的实施机构以推进平等法律的执行,但是到现在为止还没有或者很少有实施平等法律的经验,案例法的数量极少。相应地,美洲的反歧视理念的发展水平较高。其中,加拿大、美国的反歧视理念的发展水平很高,墨西哥、巴拿马、秘鲁次之。笔者在本章中对美国和加拿大的禁止歧视理念、制度和实践的分析显示,两国尤其是美国的禁止歧视理念虽然出现较晚,但是在最近两百多年间发展非常迅速,甚至在进入 20 世纪后逐渐成为世界范围内平等和反歧视

[①] 参见蔡定剑、刘小楠主编:《反就业歧视法专家建议稿及海外经验》,社会科学文献出版社 2010 年版,第 125—130 页。

禁止歧视：理念、制度和实践

理论的研究中心；两国的禁止歧视制度和实践经历了比较快速的发展，早在 20 世纪六七十年代就已经通过了专门的禁止歧视立法，建立了专门的禁止歧视机构，并且两国法院都处理了一系列著名的平等权利保障案件。因此，加拿大、美国在禁止歧视理念、制度和实践的发展水平上确实非常先进，在全世界也可以说处于领先地位。但是，本章的分析和 Dimitrina Petrova 的统计对美洲其他国家情况的介绍都比较欠缺。Dimitrina Petrova 的统计没有具体地说明墨西哥、巴拿马、秘鲁的反歧视法及其实施情况。本章指出，在巴西，通过宪法对公民的平等权利和禁止歧视作了较为明确的规定；在阿根廷，设立了专门的国家机构以对基于艾滋病的歧视进行规制。不过，仅仅根据这些简单的介绍还不足以从整体上判断巴西和阿根廷两国以及它们所代表的南美东部地区和南部地区的禁止歧视理念、制度和实践的发展状况。总之，本章的分析验证了 Dimitrina Petrova 对加拿大、美国两国的禁止歧视理念、制度和实践的发展水平的评价，而对其他国家的情况则由于缺乏充分的数据支持，还是不能作出较为准确的判断。

具体而言，美洲的禁止歧视理念、制度和实践给中国带来了以下启示：

首先，美洲的禁止歧视理念虽然在历史上出现较晚，但是在短期内发展非常迅速，并且深受美洲人民争取独立自由和民主权利的斗争的影响，从一开始就坚持在自由主义的旗帜下发展禁止歧视理念。这表明，不管禁止歧视理念形成时间早晚，只要能够契合本地实际的需要，坚持本地特色进行发展，一样能够形成非常有力的禁止歧视理念，对本地的禁止歧视制度和实践进行充分的指导。美洲的禁止歧视理念直到 18 世纪后期才由以杰斐逊为代表的美国独立战争的领袖们在建国的过程中发展起来，并且从一开始就形成了对外要求殖民国与被殖民国之间平等和对内要求州与州之间平等两种指向，主要旨在建立平等、自由基础上的独立联邦国家。之后，对自由、独立、民主、权利的要求贯穿美洲的禁止歧视理念发展的整个过程，在 19 世纪中后期指导了解放黑人奴隶的斗争，在 20 世纪初期影响了女性获得与男性平等的投票权，在 20 世纪中后期带动了黑

第三章
美洲禁止歧视理念、制度和实践

人民权运动的胜利,开始消除种族歧视和种族隔离,并且激励了其他的有色人种(包括美洲的土著居民印第安人和华人)争取平等权利的实践。进入 20 世纪后,美洲的禁止歧视理念发展得极为活跃,甚至超过欧洲成为世界范围内平等和反歧视理论的研究中心。这一时期重要的平等和反歧视理论的提出者罗尔斯、德沃金、诺齐克都着重探讨了平等和自由的关系。其中,罗尔斯提出了公平的正义论,认为每个人都应当享有平等的自由权利,但是同时社会的分配应当具有合理性;德沃金提出了资源平等学说,认为自由和平等是内在和谐的,自由可以通过平等实现;而诺齐克的平等理论则更加强调平等和自由之间具有不可逾越的分野,而且在两者的相互关系上,自由占有绝对优势地位。这三种具有代表性的禁止歧视理念,无论哪一种都着力说明了平等和自由之间有着极为密切的联系。尽管有的理念支持平等优先,有的理念支持自由优先,有的理念认为平等和自由不应该对立起来,但是它们都较好地回应了当时美洲社会中人们利用禁止歧视理念争取实现平等、自由、民主、权利的现实要求。

其次,美洲当前的禁止歧视制度和实践非常重视探索效率与公平的均衡整合,在积极追求社会公平正义的同时,总是不忘考虑经济效率的现实要求,尽量保持两者的均衡发展。这体现了禁止歧视制度和实践的发展需要时时顾及社会现实的需要,不能只顾追求平等而不考虑追求平等的代价,一味追求平等的、失衡的禁止歧视制度和实践是无法走得长远的。这一点在欧洲的禁止歧视制度发展过程中曾经由一些国家提出,但是没有得到采纳。有些欧洲国家就采取了消极或积极对抗的形式,不认真履行禁止歧视的法律义务。例如,许多国家削减了负责实施禁止歧视立法的专门机构的经费,使这些专门机构难以对受到歧视侵害的人们进行法律援助的救济。美洲的禁止歧视制度则从一开始就比较重视对经济效率和社会公平进行权衡,选择了比较谨慎地逐步推进,而没有全力建设一个庞大的、全面的禁止歧视制度体系,在禁止歧视制度的具体实施方面也采取了平衡歧视受害者和歧视加害者之间利益的多种比较灵活的措施。例如,美洲的禁止歧视立法是根据需要一部一部出台的,之后没有经过专门的重新编纂而使之统一整合在一部平等或反歧视法中。美国、加拿大认为本地的禁止歧视法律目前已经能够较好地维护公民的平等权利和实现社会公平正义，如果将法律统一化，将是多此一举，反而会影响效率。这种实用主义的思路认同用较小的社会成本换取人们可以接受的社会正义，而不是为了实现平等就牺牲个人和社会的经济效率。此外，同样是设立了专门的禁止歧视机构以实施禁止歧视立法，美洲的禁止歧视机构在工作中更为注重提高工作效率。比如，美国的平等就业机会委员会在整个歧视纠纷的处理过程中，担当了歧视受害者的外部支持者和最后援助者的角色，非常尊重双方当事人尤其是歧视受害者的意见，采取各种灵活的方式以促成双方达成和解，既保证了案件得到公正的解决，又加强了处理歧视案件的效率，避免了司法资源的浪费。加拿大的人权委员会设立了平等裁判庭，其裁决结果对歧视加害者有一定的财产处罚权，但是也受到了相应的限制。由于在综合考量效率和公平后认为人权委员会平等裁判庭的裁决一般不能上诉，所以禁止歧视制度的设计者对其裁决的终局效力进行了必要的制约。

最后，美洲的禁止歧视制度和实践同样是在立法、行政、司法和非官方行动者的共同推动下发展前进的，但是其禁止歧视制度和实践在各个方面有着自身的特点。相较于欧洲，美洲的禁止歧视立法不算特别系统和富有条理，但是其行政机构的监管职能发挥得较为充分，司法系统的诉讼裁判机制也非常发达，整个禁止歧视制度的发展几乎完全是被国内人民各种争取平等权利的自发斗争活动带动的，而不是主要受到了外部力量的强制推动。虽然美洲也发展出了比较先进的禁止歧视的区域合作机制，但是不像欧洲的禁止歧视区域合作机制那样对各成员国具有强有力的效果。这说明，一个比较完整、有效的禁止歧视制度可以通过多种不同的途径达到，而不一定要依循某种固定的模式才能实现。本章前面已经谈到，美洲各国的禁止歧视立法没有学习欧洲进行系统化的重新编纂，而是根据需要因地制宜地开展立法。当然，美洲各国也经历了由宪法禁止歧视条款发展到其他法律禁止歧视条款，再到专门的禁止歧视单行立法的不同立法阶段，只不过没有在最后一个阶段继续追求统一的平等或反歧视法。在立法中，美洲的禁止歧视制度也发展了更具包容性的歧视的定义、理由、分类和领域等内容。同时，美洲各国在共同体的层面上也积极参与构建美洲的禁止歧视共同标准，只不过不像欧洲那样要求根据共同标准直接修改和提高国内立法的禁止歧视标准。与此同时，美洲的禁止歧视制度在实施中不断丰富和深化，设立了功能更为强大的禁止歧视的专门机构与更加注重保障实质平等的歧视救济和惩罚措施。比如，美国的平等就业机会委员会具有执法权，可以针对就业歧视纠纷以自己的名义提起民事诉讼。美国的法院在处理歧视案件时也具有较大的自主性，可以决定歧视加害者是否需要给付以及给付多少补偿性或者惩罚性的赔偿金，对歧视加害者具有比较强大的威慑力。此外，美洲的公民社会在实施禁止歧视制度中发挥的作用和产生的影响不可小觑。从摆脱殖民统治独立建国的战争到解放黑人奴隶的斗争，从女性争取平等投票权的活动到印第安人要求平等公民身份的抗议，从黑人消除种族歧视和种族隔离的民权运动到性少数群体追求平等婚姻权利的案件，美洲的非政府组织和个人实际上成为推动禁止歧视制度和实践向前发展的最大动力。

第四章

大洋洲禁止歧视理念、制度和实践

1 概　　述

大洋洲，是世界七大洲中面积最小的，也是除南极洲之外人口最少的一个洲。大洋洲的历史在很大程度上也是一部移民的历史。在古代，大洋洲产生了澳大利亚大陆的土著文明和三大群岛的文化圈。在近代，大洋洲先后沦为欧洲人和美国人的殖民地，世界各地的移民大规模地来到这里。在现代，大洋洲各国在澳大利亚、新西兰的带领下逐渐摆脱殖民统治，获得独立。在当代，大洋洲各国保持比较平稳的发展态势，并加强了太平洋地区的区域合作。在政治方面，大洋洲的主要国家澳大利亚和新西兰均为英联邦成员国，受到英国政治体制的影响较深，同时注重建立地区合作机制。在经济方面，大洋洲各国的经济发展水平差异比较显著，澳大利亚和新西兰的经济发达，而其他岛国比较贫穷落后。在社会方面，大洋洲是人口结构非常复杂的移民社会，历史上曾经发生移民之间以及移民与土著之间的严重冲突，不过现在人口中的包容度已经较大。在文化方面，大洋洲文化以欧洲移民的文化为主导，同时夹杂了其他地区移民的文化和本地的土著文化，呈现出一种融合共生的态势。大洋洲共有14个国家。其中，面积最大、人口最多和最有影响力的国家是澳大利亚。面积居于第二位和第三位的是巴布亚新几内亚和新西兰，但是与澳大利亚的影响力相去甚远。其他的11个国家是斐济、所罗门群岛、瓦努阿图、瑙鲁、基里巴斯、密克罗尼西亚、马绍尔群岛、帕劳、汤加、萨摩亚、图瓦卢，基本都是太平洋上的岛

禁止歧视：理念、制度和实践

国，面积很小，影响力也很弱。①

根据 Dimitrina Petrova 的统计，大洋洲的反歧视法及其实施的主要情况如下：第一类国家，即有着相对先进和完备的反歧视法律、政策、实践和有关平等方面已经存在的案例法，并且反歧视法律和政策已经过至少 5—7 年活跃状态的国家有 1 个，即占据大洋洲主体部分的澳大利亚；第二类、第三类和第四类国家，即在最近的 5—7 年内通过了比较完备的平等法律，并且组成了专门的实施机构推进平等法律的执行，但是还没有或者很少有实施平等法律的经验，案例法的数量极少的国家，在宪法中规定禁止歧视，并且附带性地有一些在特定领域或针对特定种类的禁止歧视的法律规定，但是缺乏法律实施的记录的国家，以及在宪法上完全缺乏或只有充满缺陷的、不适当的有关歧视的规定，包含那些基于宗教法典化而存在局限的国家和尚未加入主要的国际文件的国家，都没有被统计到。从总体情况来看，大洋洲总共只统计了 1 个国家，占大洋洲国家总数的 7%。这个比例表明，大洋洲所统计的国家十分单一，基本上只反映了典型国家的情况，代表性比较弱。不过，由于大洋洲国家的总数较少，澳大利亚在领土、人口、政治、经济、社会、文化等方面都占据绝对的优势地位，这种情况也是可以理解的。澳大利亚已经有了专门的反歧视法律和法律实施机构，并且有比较充分的反歧视法律的实施经验。从分区情况来看，大洋洲所统计的国家只有澳大利亚，没有关注其他国家，其代表性在分区意义上也比较欠缺。澳大利亚被列于第一类国家，这个具体分布展示了大洋洲典型国家的禁止歧视制度和实践的发达程度，即澳大利亚的反歧视立法及其实施都相对比较完备。② 综上所述，Dimitrina Petrova 对大洋洲的反歧视法及其实施情况的统计基本上不具有代表性。对上述唯一典型国家的统计显示，大洋洲的反歧视法及其实施情况总体较好。按照 Dimitrina Petrova 的观点，这同时也基本显示了大洋洲的唯一典型国家

---

① See Encyclopedia Britannica, *Britannica Concise Encyclopedia*, Chicago: Encyclopedia Britannica, Inc., 2007, p. 1395.

② See Dimitrina Petrova, Implementing Anti-discrimination Law and the Human Rights Movement, *Helsinki Monitor*, 2006, 17 (1), pp. 19—38.

第四章
大洋洲禁止歧视理念、制度和实践

在反歧视理念方面的发展水平,即澳大利亚的反歧视理念的总体发展水平比较高。以下将对大洋洲的禁止歧视理念、制度和实践进行更具体和深入的探讨,看看是否符合上述结论。

2 与多元移民文化共生共荣的大洋洲禁止歧视理念

大洋洲的禁止歧视理念在欧美殖民者到来之前就已经存在于当地土著居民的思想观念中了,但是由于受到与美洲类似的殖民统治,这些思想观念早期没有获得适当的表达机会。同样受到殖民者的长期剥削和压迫,直到20世纪之后,大洋洲的土著居民才有了明确表达其禁止歧视理念的机会。在此之前,从16世纪到20世纪,大洋洲的禁止歧视理念主要是由欧美移民及其后裔发展的。来自其他地区的移民如亚洲移民等,也是到了20世纪以后才有了更多自由发声的机会,得以宣扬自己的平等和反歧视思想。同时,在表达禁止歧视理念方面,占据主导地位的国家是拥有大洋洲全洲几乎所有陆地领土的澳大利亚。其他国家如新西兰等,在早期历史上与澳大利亚一样受到了殖民宗主国的很大影响,在进入现代之后又吸收了许多澳大利亚的思想和文化,许多禁止歧视理念都来源于英国和澳大利亚。大洋洲于18世纪被英国殖民者发现和占领,之后的上百年间,澳大利亚、新西兰等大洋洲的主要国家基本上处在英国的殖民统治和管辖之下。与美国类似,这些国家的禁止歧视思想最初也是在力争摆脱英国殖民统治、积极寻求国家独立自主的各种运动中发展起来的。最初,英国把大洋洲作为一个专门流放犯人的地方。这些犯人和其他的欧洲早期移民到达大洋洲之后,生活十分清苦,但是他们勇于克服种种困难,白手起家,在大洋洲开展了开垦荒地、建设新生活的努力。以帕特森等为代表的丛林诗人曾经以激昂的笔调撰写过《马蒂尔达》《雪上来客》等诗歌,描述了这段时期大洋洲早期移民的艰辛生活,突出了他们的不屈精神和坚强意志。经过长期开发,大洋洲的早期移民获得了开创美好新生活的希望,但是受到了英国殖民者的沉重剥削和掠夺,于是他们奋起反抗。以"澳大利亚

禁止歧视：理念、制度和实践

联邦之父"帕克斯等为代表的大洋洲的早期政治家们发起运动，反对英国继续将犯人送往大洋洲流放，并且倡议大洋洲的各个殖民地效仿美国进行独立斗争，摆脱英国殖民者的统治，联合组成一个新的国家。帕克斯曾经宣称："我们必须按照本国的精神建立自己的制度……我们的各个殖民地代表要联合起来，为了制定一部成立联邦议会、建立一个统一国家的宪法而奋斗……我们的统一国家可以命名为'澳大利亚联邦'。"[①] 经过长期反复的推动，这一设想终于在1891年之后逐渐成为现实。1901年，澳大利亚的6个原殖民地区域分别改称为州，统一建立起一个澳大利亚联邦，并且正式通过了《澳大利亚联邦宪法》。澳大利亚联邦的建立极大地鼓舞了大洋洲的其他地区反抗殖民统治、争取独立自主的斗争。1907年，新西兰也正式宣告独立。因此，这一时期，大洋洲的禁止歧视理念主要表现在早期移民反对英国殖民统治、争取独立自主建国的活动之中。其中，以澳大利亚为代表的新兴联邦国家拥有两个方面最为重要的平等思想：第一，在对外方面，与英国享有平等的国家地位；第二，在对内方面，各州平等地组成统一的联邦国家。不过，尽管澳大利亚、新西兰等大洋洲的前英国殖民地在20世纪初成功地建立起自己的国家，但是它们并没有在建国伊始就按照早期移民所向往的那样拥有完全的独立自主权。在澳大利亚、新西兰等国家建国初期，英国还把这些国家作为本国的"自治领"，在政治、经济、外交等方面继续控制着它们。直到1931年，英国议会才通过了《威斯敏斯特法案》，宣布这些"自治领"拥有完全的内政外交的独立自主权，不再从属于英国君主。之后，在确保主权独立的前提下，澳大利亚、新西兰等大洋洲国家加入英联邦，与英国和其他前英国殖民地国家开展平等基础上的交往，仅仅在名义上以英国君主作为英联邦的共同元首。因此，大洋洲早期移民的平等理念从理论真正走向实际还是经历了一段较长时间的艰苦斗争。

在大洋洲的早期移民争取独立建国时期，在涉及平等和反歧视

[①] Henry Parkes, *The Federal Government of Australasia：Speeches Delivered on Various Occasions*（*November*，*1889—May*，*1890*），Charleston：Nabu Press，2012，pp. 211—214.

第四章
大洋洲禁止歧视理念、制度和实践

的一些具体事项上,还是存在着复杂多样的思想观念。一方面,一部分人群如大洋洲本地的土著居民和来自欧洲以外的移民等仍然没有被当作平等的公民看待。例如,帕克斯在对待英国殖民统治的态度上,坚决要求实现澳大利亚与英国的独立平等地位,同时对一部分人群融入澳大利亚却抱有严格的排斥态度。1872—1891年,帕克斯曾5次出任新南威尔士州的总理,他将该州建成了一个自由贸易区,却限制中国移民的进入。澳大利亚本土文化的创始人之一劳森在澳大利亚建国的整个过程中,发表了很多充满现实主义、描绘社会底层工人生活的诗歌、散文与小说,反映了当时澳大利亚人民要求独立、自由、民主、平等的呼声。然而,也有人把劳森称为一个种族主义者,认为他的作品只集中关注欧洲移民的艰苦生活,而忽视了同时期其他人群如土著居民等更为悲惨的境遇。这一时期,虽然大洋洲人民的整体精神是追求独立、平等的,但是在对待本地土著居民和华人等欧洲以外移民的态度方面仍然存在着比较严重的歧视。这种带有一定局限性的独立、平等思想直到20世纪之后才在各种社会平权运动的冲击下缓慢地扭转过来。另一方面,其他一部分人群如女性等最初也不被当作平等的公民对待,但是在经过坚持不懈的斗争后,最终争取到了社会的平等对待。在女性获得与男性平等的选举权这一具体问题上,大洋洲人民思想观念的转变甚至比欧美等殖民宗主国的人民更为迅速,在全世界都达到了领先的水平。例如,澳大利亚早期的著名女作家、第一位女爵士吉尔摩为《澳大利亚工人报》的女性专栏撰写了许多文章,呼吁进行一系列广泛的社会和经济方面的改革,其中就包括女性获得与男性平等的地位方面的改革。她曾说:"小时候,我就看到妇女们砍柴、运水,甚至扶着丈夫拉的犁耕地,因为他们买不起一匹马。"[①] 她的叙说具有很强的感染力,推动了大洋洲社会对女性的观念转变。在吉尔摩等女权运动家的影响下,新西兰于1893年成为世界上第一个女性享有选举权的国家,澳大利亚于1902年成为世界上第一个女性同时享有选举

[①] Mary Cameron Gilmore, *Marri'd, and Other Verses*, Miami: Hard Press Publishing, 2013, pp. 2—12.

禁止歧视：理念、制度和实践

权与被选举权的国家，这对于尚未完全摆脱或者刚刚摆脱英国殖民地身份的两国来说都是一个非常了不起的成就。

20世纪，在澳大利亚、新西兰等国家的带动下，越来越多的大洋洲国家如巴布亚新几内亚等开始了反抗殖民统治、争取民族解放的斗争，并在二战后陆续获得了独立。独立后的大洋洲各国开始积极地专注于本国和本地区的发展，在此基础上延续了一部分从前的禁止歧视理念，同时也产生了一些新的平等思想。例如，在建国之后，澳大利亚联邦政府为了发展经济，大规模地鼓励外来移民。这一政策被认为是当今时代澳大利亚多元移民文化的重要来源。但是，在这一鼓励外来移民的政策刚刚开始实施时，所接受的主要还是来自欧洲的移民。对于其他的有色人种移民，澳大利亚联邦政府不仅不予以鼓励，还制定了专门的保护主义政策，限制他们移居到澳大利亚。受到限制的典型人群就包括来自中国的黄色人种移民和来自美拉尼西亚群岛的黑色人种移民。这种对外来移民进行区别对待的政策延续和扩大了帕克斯在新南威尔士州曾经采取的排斥华人措施，又被称为"白澳政策"。二战后，"白澳政策"因其强烈的种族主义色彩而逐渐变得臭名昭著，不仅引起了有色人种移民的大规模抗议活动，而且在澳大利亚的白人移民中也不得人心。1966年，在回顾了过去具有强烈歧视性的非欧洲移民政策之后，新的澳大利亚联邦政府许诺，将采取更加开放的移民政策，加快非欧洲移民和欧洲移民的平等化进程。时任澳大利亚移民局局长的欧佩尔曼曾经谈道："那些条件适合、被认为能够马上融入澳大利亚文化并且会对澳大利亚的国家发展有所助益的非欧裔申请人将被许可移民到澳大利亚。"① 这一许诺之后通过一系列法律上的变革得以实现。1973年，澳大利亚《移民法》增加了许多条阻止强化种族观点的修正案，确保所有移民都有资格在澳大利亚居住满3年之后获得公民权。1975年，澳大利亚《种族歧视法》进一步规定，官方制定的带有种族歧视色彩的规则是非法的。此后，随着非欧洲移民的大量涌入，平等而多元

---

① Cite From James Jupp, *From White Australia to Woomera: The Story of Australian Immigration*, 2nd Edition, Cambridge: Cambridge University Press, 2007, pp. 6—14.

第四章
大洋洲禁止歧视理念、制度和实践

的移民文化获得进一步的发展,来自不同地区的移民之间相互平等的思想观念得到巩固。当前,虽然实践中对特定地区移民进行排斥的个别事件还时有发生,但是大洋洲的社会主流观点是承认并推进移民的平等和多元化。

进入20世纪之后,除了在外来移民之间发展了新的禁止歧视理念之外,在大洋洲的外来移民与本地土著居民之间也第一次产生了真正意义上的平等观念。前文多次提到,无论是早期欧洲移民刚刚进入大洋洲的殖民时期,还是前殖民地国家纷纷独立建国后的初步发展时期,大洋洲的本地土著居民都没有能够获得足够的平等地位。在殖民时期,大洋洲的本地土著居民曾经被残酷地杀害、驱赶。到了初步发展时期,大洋洲的本地土著居民仍然没有被当作与外来移民平等的"人"看待。他们的权益在很长一段时间内被忽视了,无法在宣称注重社会融合和多元化、崇尚个人权利和自由保护的移民社会中获得足够的发声机会,甚至在法律上被剥夺了作为公民的基本身份。

例如,1901年通过的《澳大利亚联邦宪法》第127条规定,在统计联邦、一个州或联邦其他地方的人口时,土著居民不得被计算在内。这条规定从宪法层面上否定了澳大利亚的土著居民拥有公民权和最基本的人权,将他们归为"动物群体",是他们此后长期陷入悲惨境地的"法律元凶"。1910年,澳大利亚通过了一项专门的法令,以改善土著儿童的生活为由,将混血的土著儿童从土著家庭中强行带走,交给白人抚养或集中送到白人的保育场所和学校寄宿,以此同化土著儿童,使他们避免受到"低贱无知"的土著居民教育。那些被带走的土著儿童后来被称为"被偷走的一代"。1937年,澳大利亚通过了另一项法令,规定如果同化混血土著的行为遭到抵抗,甚至可以采取武力手段。

针对上述情况,大洋洲的本地土著居民奋起反抗,进行了长期艰苦的斗争。澳大利亚历史上第一个发表文章的土著居民作家乌奈庞是其中杰出的代表。他将自己视作公众生活中土著居民的代言人,经常应邀参与调查土著居民事务的皇家听证委员会的工作。他在1928年到1929年协助进行了对土著居民福利状况的调查,并于

禁止歧视：理念、制度和实践

1934年敦促澳大利亚联邦政府承担起对土著居民事务的责任，提出了建立一个土著居民事务委员会的建议。在澳大利亚土著居民之友协会成立后，乌奈庞多年作为这一协会的工作人员，到澳大利亚各州宣传土著居民的传奇人物和传统习俗，提倡在白人移民与土著居民之间应当进行"富有同情心的合作"，认为所有的澳大利亚人"不论其肤色如何，都应当享有同等的权利"。[①] 在以乌奈庞为代表的土著居民及其白人同情者的巨大压力下，澳大利亚联邦政府在二战后开始采取一系列措施，以将平等权利还给土著居民。

1967年，《澳大利亚联邦宪法》进行了重大修改，废除了第127条的规定，恢复了土著居民的基本公民身份及其权利，尤其是政治上的投票权。其后，澳大利亚联邦政府和各州、各领地的地方政府又相继出台了一系列有关土著居民土地、教育、文化等问题的立法，并修改了过去的相关歧视性立法，从法律、政策和措施上致力于保护土著居民的各项基本权利。其中，最重要的一些变化包括：1970年，废除了允许政府强行带走土著儿童的法令；1976年，立法承认了土著居民享有"北部地区"大片土地的所有权；1992年，废除了未受辖领土的政策；2013年，立法承认了土著居民和托雷斯海峡岛民是澳大利亚的第一代居民，为再次修宪明确承认土著居民的地位进行了准备。

在新西兰，以毛利人为代表的土著居民也经历了类似的土著文化复兴、土著居民争取平等法律权利实现的过程。自从1840年毛利人酋长与英国殖民者签订《怀唐伊条约》以来，毛利人与白人在法律层面上看似享有同等的地位和权利，实际上却没有真正得到实现。毛利人在上百年间失去了大量的土地，生活日益贫困。从1857年开始，在"毛利王"等的带领下，毛利人萌发了独立平等的民族意识，开展了反抗殖民者的斗争。经过长期反复的努力，新西兰在1970年后开始在法律上认可毛利人的平等地位，并采取措施振兴毛利文化：通过《新西兰日法令》，将《怀唐伊条约》的签订日定为新西兰的建

[①] See David Unaipon, *Legendary Tales of the Australian Aborigines*, Melbourne: Melbourne University Publishing, 2001, pp. 252—280.

国日;通过《毛利语言法案》,将濒临消亡的毛利语恢复为国家的官方语言;等等。通过上述活动,大洋洲的土著居民逐渐在思想上和实践中获得了与外来移民平等的地位,土著文化开始复兴。各种文化朝着既互相融合又互相独立、在彼此尊重中和睦相处的方向更加健康有序地发展。可以说,这一时期,大洋洲的禁止歧视理念发展到了新的高度,多元移民文化的综合影响不仅促进了外来移民之间平等相待,而且加强了外来移民与本地土著居民之间在平等的基础上和谐共处。

3 继受欧美经验、创新本土路径的大洋洲禁止歧视制度和实践

大洋洲的禁止歧视制度真正有所发展是在大洋洲的现代独立国家逐渐形成的时候。尽管在大洋洲的早期发展历史上曾经有过很多对大洋洲人民反抗殖民斗争的独立平等精神的歌颂,但是在现代独立国家形成之前,这些与平等有关的实践很难被称为正式的禁止歧视制度。大洋洲的现代独立国家形成的主要标志是,澳大利亚在1901年正式建立起一个较为独立统一的联邦国家,并且通过了第一部宪法。在澳大利亚建国前后,大洋洲的禁止歧视制度才在澳大利亚的主导下正式登上历史舞台。在澳大利亚建国之前,唯一称得上较为正式的大洋洲的禁止歧视制度是在立法中赋予女性平等选举权的制度。1893年,新西兰通过法律宣告女性享有选举权。澳大利亚也在1902年通过法律宣告女性享有选举权与被选举权。由此,两国成为世界上最早立法赋予女性平等选举权的国家,这主要是由于受到当时女权主义思想的影响。新西兰和澳大利亚都是典型的移民国家,女权主义思想的来源最初是欧洲和美洲的女权主义思潮。由于种种原因,欧美的女权主义思潮尽管在19世纪末20世纪初已经开始广泛传播,但是还没有能够在本国成功实现女性平等选举权制度的确立。这一思潮传播到新西兰和澳大利亚后,在吉尔摩等女权运动家的推动下,在全球率先实现了女性在法律上的平等选举权。这

禁止歧视：理念、制度和实践

一成就与当时大洋洲的现代独立国家正处在逐渐形成的过程中很有关系。在欧美各国，争取女性的平等选举权要冲破种种存在时间较久的制度桎梏，受到的阻力较大。相对而言，正处在争取独立过程中的大洋洲国家更加勇于打破各种殖民者以往设立的制度桎梏，女性争取平等政治权利受到的阻力较小。

可以说，大洋洲的禁止歧视制度的最初建立者们一方面吸取了欧洲和美洲等地的禁止歧视理念和制度中的先进经验，另一方面在本地需求的基础上勇于进行制度创新和制度开拓。这在大洋洲的禁止歧视制度的整个发展过程中不时得到体现，其中一个例子就是1901年通过的《澳大利亚联邦宪法》。当时，该法中规定主要在两方面禁止歧视。一方面，在贸易领域，禁止州或州立机关对铁路贸易进行歧视："议会得通过关于贸易或商业的法律，禁止任何州或州立机关，对铁路不适当、不合理或不公平地给予优惠权利或加以歧视。但是，该州在铁路建筑和维修方面的财政负担应给予适当考虑。除非经过州际委员会的裁夺，不得将某些优惠或歧视作为本条所称不适当、不合理或不公平地给予优惠权利或加以歧视。"另一方面，各州之间不得歧视其他州的公民："居住于任何州的女王的臣民，不受其他任何州的任何限制或歧视，如该限制或歧视并不同样适用于居住于该州的女王的臣民。"① 这两方面禁止歧视的规定主要是针对各州之间的贸易公平和公民的平等待遇作出要求，而不像同一时期的欧美国家那样对更加普遍的针对公民个人特征的歧视问题进行规制。这反映了当时在澳大利亚各州之间存在一些比较严重的区别对待，是当时的宪法所关注的本地的主要歧视问题，但是并不意味着澳大利亚法律不关注针对公民个人特征的歧视问题。后来，澳大利亚通过了更多禁止歧视的专门立法，对针对公民个人特征的歧视问题进行更好的规制。

20世纪60年代之后，欧洲和美洲的主要国家纷纷开始进行平等和反歧视法律的专门立法活动。这一变化也很快影响到大洋洲的禁

---

① Cite From Nicholas Aroney, *The Constitution of a Federal Commonwealth: The Making and Meaning of the Australian Constitution*, Cambridge: Cambridge University Press, 2009, pp. 185—332.

第四章
大洋洲禁止歧视理念、制度和实践

止歧视制度。不过,在大洋洲的禁止歧视制度中,专门立法最初的立法重点与欧洲和美洲有所不同。欧洲的禁止歧视单行立法最初关注的焦点问题是性别歧视中男女同工同酬的问题,美洲的禁止歧视单行立法最初关注的焦点问题是种族歧视中黑人享有平等权利和免受隔离的问题,而大洋洲的禁止歧视单行立法最初关注的焦点问题则是种族歧视或出身歧视中外来移民之间平等与外来移民和本地土著之间平等的问题。例如,在澳大利亚,自从建国后,政府就长期实行所谓的"白澳政策",主要鼓励来自欧洲的白色人种移民到澳大利亚,却对来自其他地区的有色人种移民进行排斥和限制。直到1966年,澳大利亚政府才正式反思过去强烈歧视非欧洲移民的政策,采取更加开放和平等的移民政策。同时,澳大利亚政府还改变了原先在法律上歧视本地的土著居民的规定。一方面,澳大利亚政府废除了一系列否定土著平等权利的规定,如1967年废除了《澳大利亚联邦宪法》第127条不将土著居民统计为联邦或州的人口的规定,1970年废除了同化土著儿童和武力同化混血土著的法令,1992年废除了未受辖领土的政策等。另一方面,澳大利亚政府出台了一系列有关土著居民享有平等的土地、教育、文化等权利的立法,如1976年立法承认了土著居民享有"北部地区"大片土地的所有权,2013年立法承认了澳大利亚土著居民和托雷斯海峡岛民是澳大利亚的第一代居民等。目前,澳大利亚政府准备再次修改宪法,明确承认土著居民在宪法上具有平等地位。

在新西兰,1970年之前,尽管根据《怀唐伊条约》的规定,毛利人的土地及其他资源的所有权应当归属毛利人所有,但是西方殖民者事实上不断侵占和掠夺毛利人的土地及其他资源,使毛利人的生活难以为继。1970年之后,新西兰政府开始出台各项单行立法,确认毛利人在法律上的平等地位和权利,如通过《新西兰日法令》,将《怀唐伊条约》的签订日定为新西兰的建国日;通过《毛利语言法案》,将濒临消亡的毛利语恢复为国家的官方语言等。[①] 通过上述

---

① 参见金俭:《国外反歧视立法与借鉴》,载《求索》2004年第7期,第98—100页。

禁止歧视：理念、制度和实践

专门立法活动，大洋洲的禁止歧视制度力图解决本地最主要的歧视问题——种族或出身歧视中的移民之间歧视和移民歧视土著的问题，并且已经取得一定的成效。尤其是在保护土著平等权利的问题上，大洋洲的有关禁止歧视制度已经较为先进，可以说达到了世界领先水平。

目前，大洋洲的禁止歧视制度除了关注本地最重要的种族或出身歧视问题之外，也将其他的歧视问题基本纳入规制范围，形成了比较完整的禁止歧视法律体系和相对完备的禁止歧视法律规定。例如，澳大利亚在联邦法的层面上，已经通过了诸如1975年的《种族歧视法》、1984年的《性别歧视法》、1986年的《人权与平等机会委员会法》、1992年的《残疾歧视法》、2004年的《年龄歧视法》等立法，禁止基于种族、性别、残疾、年龄等的歧视。从总体上看，澳大利亚的禁止歧视法律体系比较完整，系统性强。

同时，澳大利亚的禁止歧视立法中对歧视的定义、理由、分类、例外，歧视行为的举证责任，禁止歧视的暂行措施等的规定，也比较细致和完备。在歧视的定义方面，澳大利亚的禁止歧视立法对歧视的概念本身规定得相当宽泛。大体上，对某种个人特征的"歧视"，是指"如果是基于受害人的（个人特征）因素，个人（歧视的实施者）对他人（受害人）造成歧视，是由于以下原因：受害人的（个人特征）或者与受害人相同（个人特征）的人群的专有特征，或者一般可归诸与受害人相同（个人特征）的人群的特征。在相同的或者没有实质差别的环境下，歧视的实施者给予受害人的待遇差于其给予或者将要给予相反（个人特征）的人的待遇。如果实施歧视的人强加或者建议强加，对与受害人相同（个人特征）的人群产生或者可能产生不利影响的条件、要求或者惯例，歧视的实施者对受害人的歧视则是基于受害人的（个人特征）。"

在歧视的理由方面，澳大利亚的禁止歧视立法禁止基于种族、肤色、血统、国家或民族出身、性别、婚姻状况、怀孕或可能怀孕、家庭责任、残疾和年龄等因素的广泛的歧视。

在歧视的分类方面，澳大利亚的禁止歧视立法不仅划分了直接歧视、间接歧视、骚扰、迫害等各种类型的歧视，而且对如何认定各种类型的歧视作了较为细致的规定。例如,在衡量是否构成间接歧视方面,规定了专门的合理性测试标准,即"个人对他人强加或者建议强加对与受害人相同(个人特征)的人群产生或者可能产生不利影响的条件、要求或者惯例,如果该条件、要求或者惯例在当时的环境下是合理的。判断某条件、要求或者惯例在当时的环境下是否合理,应当考虑的因素包括:强加或者建议强加某条件、要求或者惯例所导致的不利后果的性质与程度,消除或者减轻该不利后果的可能性,以及该不利后果是否与强加或者建议强加某条件、要求或者惯例的人所追求的结果成比例"[①]。

在歧视的例外方面,澳大利亚的禁止歧视立法详细地规定了在法律上可以豁免的各种情形,明确了歧视行为与非歧视行为的界限。例如,规定某些基于性别的歧视不属于违法,具体可以包括以下情形:某人基于另一人的性别对其造成了歧视,规定员工、代理商或合同工职位只有另一人的异性才具有真实的职业资格。在不限制前款的一般性时,特定职位只有特定性别的人才具有真实的职业资格,如果:该职位的职责的履行只能靠具有特定身体素质(而非力量或体能上的素质)的人完成,且这一特定身体素质不为相关性别的异性所拥有;该职位的职责涉及戏剧性表演或其他娱乐角色扮演,因为其履行所需的真实性、美学或传统需要由相关性别的人完成;该职位的职责需要由相关性别的人履行,以便保持其庄重或隐私,因为涉及该性别的人的着装的合体性;该职位的职责包括相关性别的人的服饰或身体的调查行为;占有该职位的人被要求进入通常由相关性别的人使用的盥洗室;占有该职位的人被要求住在其雇主或校长所提供的房屋里,这些房屋没有为每一性别的人配备单独的卧室和卫生设施,或已经被相关性别的一人或多人使用,且没有被相关性别的异性的任一人使用。以下是不合理的:期望雇主或校长为每一性别的人提供单独的卧室和卫生设施;占有该职位的人被要求进入通常由相关性别的人使用的地方,当这些人是裸体的时候;为了

[①] 转引自刘小楠主编:《反就业歧视的理论与实践》,法律出版社2012年版,第355—414页。

实现本条的目的而制定的规章规定,某职位只有特定性别的人才具有与之相关的真实职业资格。

在歧视行为的举证责任方面,澳大利亚的禁止歧视立法明确地将举证责任交给做出有歧视嫌疑行为的主体承担,规定证明某行为不构成歧视的举证责任由该行为的主体承担。

在禁止歧视的暂行措施方面,澳大利亚的禁止歧视立法注重推进实现主体之间实质平等的暂行措施,规定:"如果一项措施的实施仅仅是为了实现主体之间的实质平等的目的,或者不仅为了这一目的,同时也为了其他目的,无论这一目的是否是主导性或实质性的,都属于合法的禁止歧视的暂行措施。"① 由此可见,澳大利亚的禁止歧视立法不仅体系较为完整,而且内容比较精细,将歧视可能发生的各种情形考虑得非常周全,尽可能地消除歧视行为,鼓励平等实践,对歧视受害者的平等权利保障相当重视,同时尽量保护正当的区别对待行为。上述规定的完备程度并不逊于欧洲和美洲较为先进的禁止歧视专门立法,甚至在有些方面如歧视的例外等比欧洲和美洲的禁止歧视专门立法更为详尽。

当然,在大洋洲的禁止歧视立法方面仍然存在一些问题,其中一个突出的问题是大洋洲一些国家的禁止歧视国内立法目前还存在一定的法律冲突。大洋洲的主要国家澳大利亚是实行联邦制的国家,有联邦法和州法两个层面的禁止歧视法律体系。如前所述,澳大利亚在联邦法的层面上,已经通过了一系列的禁止歧视单行立法,构成了比较完整、系统性强的禁止歧视法律体系。在州法的层面上,目前澳大利亚所有的 6 个州、首都地区和北方领土都通过了专门的禁止歧视立法。具体而言,新南威尔士州 1977 年通过了《禁止歧视法》,南澳大利亚州 1984 年通过了《平等机会法》,西澳大利亚州 1984 年通过了《平等机会法》,昆士兰州 1991 年通过了《禁止歧视法》,维多利亚州 1995 年通过了《平等机会法》,塔斯马尼亚州 1998 年通过了《禁止歧视法》,首都地区 1991 年通过了《歧视法》,北方

---

① 转引自刘小楠主编:《反就业歧视的理论与实践》,法律出版社 2012 年版,第 355—414 页。

第四章
大洋洲禁止歧视理念、制度和实践

领土1998年通过了《禁止歧视法》。澳大利亚的禁止歧视法律的一个重要特征是，各州在制定和实施禁止歧视法律方面具有较大的自主裁量权。根据宪法，澳大利亚的每个州都有自己的州宪法，可以通过有关不属于联邦控制事项的其他任何事项的法律。同时，在《澳大利亚联邦宪法》中有一条特殊的"保留条款"，这一条款认可州法只要能与联邦法同时运行就是有效的。因此，澳大利亚州层面的立法享有较大的自由裁量权，以决定特定的禁止歧视事项。虽然歧视被认为是澳大利亚为数不多的在联邦和州层面的立法适用几乎完全相同的法律领域之一，但是州层面的立法在特定的禁止歧视事项上仍然是多种多样的。例如，在残疾歧视事项上，各州根据不同的州立法，界定了不同的"残疾"概念。其中，对身体残疾的歧视在新南威尔士州、维多利亚州、南澳大利亚州和西澳大利亚州的州立法上被禁止。对智力残疾的歧视在新南威尔士州、西澳大利亚州和维多利亚州的州立法上被禁止。同样是禁止身体残疾歧视的州，新南威尔士州、维多利亚州、南澳大利亚州和西澳大利亚州对于何为"身体残疾"的理解也有很多差异。这种在联邦和州之间以及州和州之间有关禁止歧视特定概念的差异，导致了澳大利亚国内法上禁止歧视法律的不一致。具有某种医学情况的人可能在联邦的立法上被认作残疾人，在州的立法上却不被认作残疾人；或者在一个州的州立法上被认作残疾人，在另一个州的州立法上却不被认作残疾人。[①] 因此，澳大利亚的各州州法在制定禁止歧视法律方面具有相当大的自由裁量权，引发了关于联邦法和州法之间以及州法和州法之间在特定的禁止歧视事项上存在法律冲突的问题，从而影响了禁止歧视法律在各个地区正确、公平地实施。大洋洲的禁止歧视立法需要进一步处理好这种法律一致性方面的问题。

在实践中，大洋洲的各项禁止歧视法律基本上得到了比较有效的实施。一方面，法院在贯彻禁止歧视立法方面发挥了较为细致的司法审查作用。例如，澳大利亚高等法院通过 X v. The Common-

---

① See Michael Kirby, Discrimination—The Australian Response, *Commonwealth Law Bulletin*, 1993, 19 (4), pp. 1691—1699.

wealth 案、Purvis v. NSW 案等案件发展了残疾歧视的例外情况，指出在特殊环境或边缘情形下，可能不构成残疾歧视。比如，军队拒绝接受艾滋病病毒携带者入伍或者歧视受害者的行为等同于犯罪或者准犯罪。另一方面，禁止歧视法律的有效实施主要归功于负责实施这些立法的专门机构的良好运作。这里仍然主要以澳大利亚为例进行阐明。根据1986年通过的《人权与平等机会委员会法》，人权与平等机会委员会负责实施澳大利亚的各项禁止歧视法律，并且在更广泛的意义上领导澳大利亚人权的促进和保护，推动澳大利亚对个体和群体人权予以更广泛的关注、理解、尊重、推进和保障。人权与平等机会委员会是一个独立的机构，目前由1名主席与3名专员组成，其中1名专员为土著、保留地社会事务与反种族歧视事务专员，1名专员为反性别与年龄歧视事务专员，1名专员为人权与反残疾歧视事务专员。除了执行上述禁止歧视的专门立法之外，人权与平等机会委员会还负有特殊义务，执行1993年通过的《国民权利法》中有关"少数民族作为国民而享有的人权"方面的规定、1996年通过的《工作场所关系法》中有关"联邦奖励与平等报酬"方面的规定等。

在实施禁止歧视法律方面，人权与平等机会委员会的主要职责包括三个方面：宣传有关禁止歧视的法律，提供有关歧视问题的意见，处理有关歧视问题的投诉。首先，在宣传有关禁止歧视的法律方面，人权与平等机会委员会负责推动全社会对禁止歧视法律的正确认识。通常，人权与平等机会委员会与政府机关、商业企业、公共机构、社会团体、教育机构等单位开展合作，采取举办讲座、举行会议、教育培训、科学研究、公众咨询等方式，对政府机关工作人员、雇主、公共服务提供者、维权团体、律师、教师、学生等重要的相关人士进行有关禁止歧视法律的普及宣传。为达到这一目的，人权与平等机会委员会自身拥有丰富的资源，不仅通过专门的网站定期更新与禁止歧视法律有关的各种信息，而且通过专门的出版机构不定期地发行相关的禁止歧视出版物。其次，在提供有关歧视问题的意见方面，人权与平等机会委员会作为一个独立的机构，可以对立法、行政和司法机关就涉及歧视的各种问题提供具有权威性的

第四章
大洋洲禁止歧视理念、制度和实践

专家意见。对议会,人权与平等机会委员会可以就禁止歧视法律的草案发表意见。对政府,人权与平等机会委员会可以就如何实施各项禁止歧视法律、政策、措施进行监督并提出建议。对法院,人权与平等机会委员会可以作为"法庭之友"参与到涉及歧视的案件之中。这时,人权与平等机会委员会的角色是独立于原被告双方的,主要是为法庭本身提供专家意见。当然,人权与平等机会委员会参与案件需要经过法院的明确许可,并且需要遵循严格的操作指南。最后,在处理有关歧视问题的投诉方面,人权与平等机会委员会按照规定程序,可以接受投诉并进行调查、调解等工作。在接到个人提出的针对公共或私人组织的就业歧视投诉后,人权与平等机会委员会需要通过调查取得相关资料,以便决定终止投诉或者进行调解。如果决定进行调解,一般在人权与平等机会委员会的主持下私下进行。人权与平等机会委员会召集投诉方和被投诉方到场,双方充分阐述自己的意见,在人权与平等机会委员会的帮助下,尽量达成调解协议。不过,调解本身不具有强制性,所达成的调解协议也不具有司法强制力。如果调解失败,人权与平等机会委员会有权决定终止调解。投诉方在调解终止后 28 天内,可以向联邦法院或者其他有关部门提起诉讼。如果调解失败又不能提起诉讼,人权与平等机会委员会还可以向联邦议会上交报告并提出解决建议。①

总的来说,澳大利亚人权与平等机会委员会的设立依据、机构性质、人员配置、工作职责等都有较为明确的规定,在实践中便于运作。人权与平等机会委员会在实施禁止歧视法律方面的三个主要职责也相辅相成,并且具有一些自身的特色。第一,人权与平等机会委员会作为独立机构,地位比较超然,意见比较权威。一方面,人权与平等机会委员会不直接介入当事人之间作为某一方的代理人帮助解决歧视问题,而是作为调解的主持人居中协助当事人双方达成调解协议。另一方面,人权与平等机会委员会直接向联邦议会汇报工作,对议会、政府、法院等立法、行政、司法机关就各种歧视

---

① 参见王春光:《平等就业:部分国家和地区反就业歧视的立法与实践》,知识产权出版社 2011 年版,第 132—137 页。

问题提供权威的专家意见。当调解不能达成又不能起诉时，可以直接向联邦议会上报问题并提出建议。第二，人权与平等机会委员会的人员设置富有特色，信息和资源较为丰富，救济手段较为灵活。人权与平等机会委员会中，最具澳大利亚乃至大洋洲本地特色的是土著、保留地社会事务与反种族歧视事务专员，专门针对大洋洲最常见的种族或出身歧视问题设置，对解决这方面的问题具有举足轻重的作用。人权与平等机会委员会在宣传教育禁止歧视法律方面的资源尤为丰富，具有定期更新信息的专门网站与不定期发行出版物的专门出版机构。人权与平等机会委员会提供的歧视问题救济手段主要是调解，同时也不排除诉讼、报告等方式，因而灵活性较强。当然，人权与平等机会委员会也有其自身的局限性。其中，最突出的一点是，由于人权与平等机会委员会具有独立性质，不能更加深入地参与案件的解决过程甚至作出裁决，而只能尽量为当事人穿针引线，提供调解服务，对当事人所达成的调解协议无法强制执行，从而影响了调解的效力以及人权与平等机会委员会在禁止歧视制度中发挥的作用。同时，由于大洋洲不像欧洲、美洲那样在洲的层面上已经建立起比较具有执行力的保护人权、禁止歧视的专门机制，因此在禁止歧视制度的区域实施方面有些欠缺。不过，在现有的区域合作的基础上，已经出现了一些大洋洲各国共同应对歧视问题的尝试。例如，在2014年召开的太平洋共同体会议上，各成员国启动了"太平洋性别平等和气候变化问题一揽子方案"等措施，共同应对在大洋洲特定环境下的性别歧视问题。此外，公民社会在推进实施禁止歧视相关立法方面发挥了不可忽视的作用。例如，在Executive Council of Australian Jewry v. Scully案中，澳大利亚的犹太社区组织——澳大利亚犹太人执行理事会代表全国的犹太人，对被告散布仇恨犹太人材料的行为提起诉讼，最终帮助法院认定被告的行为构成对犹太民族的种族歧视，从而赢得了诉讼。①

---

① See Mia Lee, Interview About the Australian Anti-discrimination Law, Melbourne, Dec. 9, 2010.

4 大洋洲禁止歧视理念、制度和实践的启示

综上所述,大洋洲的禁止歧视理念与当地独特的历史所造就的多元移民文化呈现出比较明显的共生共荣的局面。大洋洲的禁止歧视制度和实践一方面在整体上继受了欧美的先进经验,另一方面在一些具体问题上开创了大洋洲本土的路径。根据笔者目前对大洋洲的禁止歧视理念、制度和实践的不完全分析,Dimitrina Petrova 的统计只涉及了大洋洲的一个国家——澳大利亚,尽管从其所代表的数量来看非常不足,但是考虑到澳大利亚在大洋洲占据了各方面的绝对主导地位,可以认为以澳大利亚的情况为代表,对大洋洲的禁止歧视理念、制度和实践进行大致的概括具有一定的合理性。澳大利亚拥有大洋洲几乎所有的陆地领土,在政治、经济、社会、文化等方面的影响遍及全洲。在大洋洲的早期历史中,澳大利亚和其他各国都是英、美等国的殖民地,都学习了殖民宗主国的一些禁止歧视理念、制度和实践。在现当代,大洋洲各国纷纷独立后,又以澳大利亚为模板,在其基础上发展自己的禁止歧视理念、制度和实践。在 Dimitrina Petrova 的统计中,澳大利亚有着相对先进和完备的反歧视法律、政策、实践和有关平等方面已经存在的案例法,并且反歧视法律和政策已经过至少 5—7 年活跃状态的实施。相对应地,澳大利亚的反歧视理念的发展水平非常高。这一概括与笔者在本章中对澳大利亚的禁止歧视理念、制度和实践的分析比较吻合。澳大利亚的禁止歧视理念受到多元移民文化的影响,在历史上一度偏向白人移民,而如今不断促进外来移民相互之间以及外来移民和本地土著居民之间平等相待。澳大利亚的禁止歧视立法在当下已经比较完备,并不逊于欧美较为先进的禁止歧视专门立法,并且在实践中得到了比较有效的实施。

此外,笔者在本章中还对新西兰的一些禁止歧视理念、制度和实践进行了介绍。新西兰的禁止歧视理念、制度和实践与澳大利亚具有许多相似之处。例如,新西兰也在争取独立建国的过程中决定

禁止歧视：理念、制度和实践

赋予女性与男性平等的选举权；同时，也在1970年之后开始出台各项单行立法，确认本地土著毛利人在法律上的平等地位和权利。这证明，以澳大利亚的禁止歧视理念、制度和实践的发展情况为典型代表，大致概括大洋洲的禁止歧视理念、制度和实践的整体水平，具有一定的合理性。

具体而言，大洋洲的禁止歧视理念、制度和实践给中国带来了以下启示：

首先，大洋洲的禁止歧视理念与当地特有的多元移民文化的整个发展过程共生共荣。随着多元移民文化的发展从具有较强的排外性转变为具有较大的包容性，大洋洲的禁止歧视立法及其实施得以冲破殖民者的单一影响，发展富有创新精神的、更为完备宽容的禁止歧视制度和实践。这表明，各种类型的国家都可以根据本国的特色发展相应的禁止歧视理念，即使是前殖民地和移民国家，也有机会形成自己较为先进的禁止歧视理念，引导本地建立良好的禁止歧视制度和实践。大洋洲最初的禁止歧视理念就是伴随着摆脱殖民统治、寻求国家独立的运动而发展起来的，主要在欧美移民及其后裔中产生了类似美洲建立独立国家时期的平等理念，即在对外方面与殖民国享有平等的国家地位，在对内方面各州平等地组成统一的联邦国家。在澳大利亚、新西兰等国家独立建国前后，大洋洲的禁止歧视理念在个人权利平等方面取得了重大的突破，在全世界率先提倡男女具有平等的选举权并通过法律实现。不过，在这一时期，由于过于注重鼓励白人移民，限制和排斥其他的有色人种移民和本地土著居民，大洋洲的禁止歧视理念的局限性还比较大。20世纪60年代后，由于政府转变观念，采取了更加开放的移民政策，平等而多元的移民文化随之获得了发展，来自不同地区的移民之间相互平等的思想观念得到了巩固。这一观念引导政府通过一系列的法律变革，废除了"白澳政策"，确保了来自不同地区的移民之间平等地享有公民权利。同时，在大洋洲的外来移民与本地土著居民之间，也产生了真正意义上的平等观念。土著文化开始复兴，土著居民逐渐在思想和实践中获得了与外来移民平等的地位。这一时期，大洋洲的禁止歧视理念发展到了新的高度，各种文化向着既互相融合又互相独

第四章
大洋洲禁止歧视理念、制度和实践

立、在彼此尊重中和睦相处的方向更加健康有序地发展。在多元移民文化的综合影响下，不仅外来移民之间平等相待，而且外来移民与本地土著居民之间在平等的基础上和谐共处。

其次，大洋洲的禁止歧视制度和实践在发展初期继受了一些欧美殖民宗主国的经验，并在此基础上根据本地的实际需要，创新发展了推进禁止歧视立法及其实施的本土路径。这体现了各国人民在推动本国的禁止歧视制度和实践方面有着充分的勇气、智慧和创新精神。对于别的国家所创造的良好的反歧视经验，尤其是那些与本国的适用条件相近的，可以大胆地拿来在本国进行尝试；对于那些与本国的适用条件不相符合甚至可能引起观念、实践方面冲突的反歧视经验，要以分外谨慎的态度参考借鉴；而对于本国自身比较有特色的歧视问题，需要结合本国的实际情况，勇敢地进行制度创新，走最适合本地实际的禁止歧视制度和实践发展道路。澳大利亚便是这样做的一个典型例子。在建国之初，澳大利亚主要受到欧美的女权主义思潮的影响，出现了女性享有与男性平等的选举权的强烈呼声。欧美各国由于历史上形成的各种思想和制度的桎梏，回应这一呼声受到的阻力较大。澳大利亚当时正在向殖民者以往所设立的各种桎梏进行勇敢的挑战，给予女性平等的选举权可以极大地提高女性在政治上的地位，形成与殖民者相抗衡的更强大的力量。于是，澳大利亚通过法律宣告女性享有选举权与被选举权，成为世界上第一个同时赋予妇女平等的选举权与被选举权的国家。20世纪60年代之后，在欧美各国的带动下，大洋洲也开始了禁止歧视的专门立法活动。在开展禁止歧视专门立法的过程中，大洋洲最初的关注焦点并不是欧洲的性别歧视中男女同工同酬的问题，也不是美洲的种族歧视中黑人享有平等权利和免受隔离的问题，而是本土当时最为严重的歧视问题——种族歧视或出身歧视中外来移民之间平等与外来移民和本地土著之间平等的问题。澳大利亚在20世纪70年代颁布了多部旨在消除移民歧视或土著歧视的专门立法，并通过在禁止歧视的专门机构——人权与平等机会委员会中设置专门的土著、保留地社会事务与反种族歧视事务专员，加强了这些立法的实施。到21世纪，在保护土著平等权利方面，大洋洲的有关禁止歧视制度及其

禁止歧视：理念、制度和实践

实施已经较为先进，甚至可以说达到了世界领先水平。

最后，大洋洲的禁止歧视制度和实践在立法、行政、司法和非官方行动者的共同推动下向前发展，而且具有较为鲜明的特色。由于大洋洲的禁止歧视制度和实践在整体上继受了欧美的先进经验，其禁止歧视的专门立法相对完整，系统性强，禁止歧视的专门机构设置得宜，运作较好。同时，大洋洲的禁止歧视制度和实践在一些具体问题上开创了大洋洲本土的路径，对于本地最重要的移民歧视或土著歧视的问题，禁止歧视的专门立法及其实施状况较好；而对于其他与歧视相关的问题，则可能没有规定得很周到或者实施得很缜密。这说明，国家在借鉴其他地方的经验发展本国的禁止歧视制度和实践时不是万能的，只能尽力契合当前社会的发展需要，推进禁止歧视的立法及其实施。在禁止歧视的立法方面，大洋洲现有的禁止歧视制度已经形成比较完整的禁止歧视法律体系和相对完备的禁止歧视法律规定。不过，在澳大利亚的禁止歧视立法中有个潜在问题，即在特定的禁止歧视事项上，存在联邦法和州法之间以及州法和州法之间的法律冲突。尽管有赖于法院发挥的较为细致的司法审查作用和禁止歧视专门机构的运作得宜，在实践中目前还没有导致出现严重的禁止歧视法律冲突案例，但是这一法律冲突的存在还是可能潜在地影响禁止歧视立法在澳大利亚各个地区正确和公平地实施。要解决这个问题，需加强禁止歧视立法及其实施的统一性。除了加强法院和禁止歧视的专门机构在这方面的行动之外，由于公民社会在推进大洋洲的禁止歧视立法及其实施方面也发挥了不可忽视的作用，因此可以通过非政府组织和个人提出反歧视诉讼的形式，从案例法上加强禁止歧视立法的统一实施。另外，也可以继续发展目前还不是很有影响力的大洋洲的地区禁止歧视机制，增强对禁止歧视统一标准的外部制约。

第五章

亚洲禁止歧视
理念、制度和实践

1 概　　述

亚洲，全称"亚细亚洲"，是世界上面积最大和人口最多的洲。亚洲的历史源远流长。在上古时代，东方的中国和西方的波斯都曾是强大的帝国。在中古时代，封建统治长期存在于亚洲，后期逐渐阻隔了亚洲和其他地区的交流，使亚洲落后于西方。在近代，许多国家沦为殖民地或半殖民地。在现代，二战后，亚洲各国逐渐摆脱殖民统治而获得独立。在当代，亚洲整体保持了较为稳定的发展，一些国家经济快速腾飞，但是局部地区战争不断。在政治方面，亚洲是世界的政治热点，政治情况非常复杂，还没有形成覆盖全洲的地区合作机制。在经济方面，亚洲国家发展情况很不一致，发展中国家占绝大多数，不过有些国家在短时间内实现了经济腾飞。在社会方面，亚洲的社会差异性很大，民主和非民主、单一民族和多民族、自给自足和对外贸易、资本主义和社会主义等不同类型的国家均有。在文化方面，亚洲的文化底蕴非常深厚，不过多样性也很强。亚洲共有48个国家，分为东亚、东南亚、南亚、西亚、中亚、北亚6个地理区。东亚包括中国、蒙古、朝鲜、韩国、日本，是亚洲经济最发达的地区。东南亚包括越南、老挝、柬埔寨、泰国、缅甸、马来西亚、新加坡、文莱、菲律宾、印度尼西亚、东帝汶，是经济发展最有活力和潜力的地区之一，一体化程度较高。南亚包括尼泊尔、不丹、孟加拉国、印度、巴基斯坦、斯里兰卡、马尔代夫，是世界上人口最多的地区，也是全球最贫穷的地区之一。西亚包括阿富汗、伊朗、阿塞拜疆、亚美尼亚、格鲁吉亚、土耳其、塞浦路斯、叙利亚、黎巴嫩、巴勒斯坦、以色列、约旦、伊拉克、科威特、沙特阿拉伯、也门、阿曼、阿拉伯联合酋长国、卡塔尔、巴林，是世界上

禁止歧视：理念、制度和实践

最大的石油产区，也是世界上局势最动荡的地区之一。中亚包括哈萨克斯坦、吉尔吉斯斯坦、乌兹别克斯坦、塔吉克斯坦、土库曼斯坦，历史上是苏联的加盟共和国。北亚包括俄罗斯的西伯利亚地区，经济发展水平不高。①

根据 Dimitrina Petrova 的统计，亚洲的反歧视法及其实施的主要情况如下：第一类国家，即有着相对先进和完备的反歧视法律、政策、实践和有关平等方面已经存在的案例法，并且反歧视法律和政策已经过至少 5—7 年活跃状态的实施的国家，只有南亚国家印度 1 个；第二类国家，即在最近的 5—7 年内通过了比较完备的平等法律，并且组成了专门的实施机构以推进平等法律的执行，但是还没有或者很少有实施平等法律的经验，案例法的数量极少的国家，没有统计到；第三类国家，即在宪法中规定禁止歧视，并且附带性地有一些在特定领域或针对特定种类的禁止歧视的法律规定，但是缺乏法律实施的记录的国家，有印度尼西亚、吉尔吉斯斯坦、塔吉克斯坦、土耳其；第四类国家，即在宪法上完全缺乏或只有充满缺陷的、不适当的有关歧视的规定，包含那些基于宗教法典化而存在局限的国家和尚且没有加入主要的国际文件的国家，有不丹、文莱、伊朗、约旦、科威特、黎巴嫩、马来西亚、沙特阿拉伯、阿拉伯联合酋长国、也门。从总体情况来看，亚洲总共统计了 15 个国家，占亚洲国家总数的 31%。这个比例表明，亚洲所统计的国家具有一定的代表性，但是只能反映 1/3 国家的情况，大多数国家没有被统计在内。其中，亚洲第四类国家的数量最多，第三类国家的数量较多，第一类国家的数量较少，第二类国家没有统计到。这个数量显示，在亚洲所统计的国家中，大多数国家在宪法上完全缺乏或只有充满缺陷的、不适当的有关歧视的规定，甚至可能由于宗教法典化的原因而在宪法上允许歧视的存在，或者由于尚且没有加入主要国际文件的原因，在法律上没有提出禁止歧视。从分区情况来看，亚洲所统计的 15 个国家中，包括 2 个南亚国家、3 个东南亚国家、2 个中

---

① See Encyclopedia Britannica，*Britannica Concise Encyclopedia*，Chicago：Encyclopedia Britannica, Inc.，2007，p. 116.

第五章
亚洲禁止歧视理念、制度和实践

亚国家、8个西亚国家。这个粗略分布说明，亚洲所统计的国家涵盖了主要的6个地理区中的4个，其代表性在分区意义上有一定的显著性，但是存在较大不足，主要是因为统计中漏掉了东亚和北亚地区。其中，南亚国家主要分布在第一类和第四类国家，东南亚国家主要分布在第三类和第四类国家，中亚国家主要分布在第三类国家，西亚国家主要分布在第三类和第四类国家。这个具体分布展示了亚洲各个地理区中一些典型国家的禁止歧视制度和实践的发达程度：南亚典型国家的禁止歧视制度和实践的发展程度差异较大，有的反歧视立法及其实施相对比较完备，有的连宪法的反歧视规定都有缺陷、不适当或不存在；东南亚典型国家的宪法的反歧视规定也有缺陷、不适当或不存在；中亚典型国家目前还比较缺乏专门的反歧视立法；西亚典型国家的宪法的反歧视规定也有缺陷、不适当或不存在。[①]

综上所述，Dimitrina Petrova 对亚洲的反歧视法及其实施情况的统计具有一定的代表性，但是这种代表性在总体数量上不够充分，在分区意义上也有较大的缺陷，漏掉了北亚地区和亚洲最发达、最文明的东亚地区。对上述部分典型国家的统计显示，亚洲的反歧视法及其实施情况总体较为一般，大多数国家不仅没有专门的反歧视法和实施机构，而且在宪法上没有充分禁止歧视，甚至可能鼓励歧视。其中，南亚个别国家的反歧视法及其实施比较完备；中亚比较缺乏专门的反歧视法及其实施；南亚部分国家以及东南亚、西亚在宪法上没有充分禁止歧视，甚至可能鼓励歧视。因此，这对东亚、北亚的反歧视法及其实施情况缺乏数据支持。按照 Dimitrina Petrova 的观点，这基本显示了亚洲及其各个地区在反歧视理念方面的发展水平，即亚洲的反歧视理念总体发展水平比较一般，其中南亚个别国家的反歧视理念发展水平最高，中亚次之，南亚部分国家以及东南亚、西亚相对不足。以下将对亚洲的禁止歧视理念、制度和实践进行更具体和深入的探讨，看看是否符合上述结论。

---

① See Dimitrina Petrova, Implementing Anti-discrimination Law and the Human Rights Movement, *Helsinki Monitor*, 2006, 17 (1), pp. 19—38.

禁止歧视：理念、制度和实践

2 传统文化与外来理念张力凸显的亚洲禁止歧视理念

亚洲的禁止歧视理念产生也非常早。在古希腊、古罗马文明辉煌兴盛的同时，在公元前8世纪到公元前3世纪的中国春秋战国时期的诸子百家中，以及在公元前11世纪到公元前4世纪的希伯来的先知们中，就已经出现亚洲的早期平等观念。由于本书将有一章专门讨论中国的禁止歧视理念、制度和实践，这里对中国诸子百家的禁止歧视理念不作赘述，先来谈谈希伯来先知们当时的平等思想。

希伯来先知们的平等思想在《圣经》尤其是旧约中有集中的记述。当时，希伯来先知们看到了社会中存在各种不平等的现实状况，认为这是不公正、不正义的，是对上帝犯下的罪恶，必然要迎来上帝的审判。上帝在对这些不平等的现实状况进行审判时，将毫无怜悯地摧毁这些罪恶，重新建立一个新的公正、正义的理想社会，让所有人能在其中平等、自由、和谐、快乐地生活。为了不在上帝面前继续犯罪，得到上帝的宽恕，希伯来先知们号召大家进行真心诚意的悔改，不再行那些不公正、不正义的事。例如，先知以赛亚说："可叹，忠信的城变为妓女。从前充满了公平，公义居在其中，现今却有凶手居住。……你的官长居心悖逆，与盗贼做伴。各都喜爱贿赂，追求赃私。他们不为孤儿申冤，寡妇的案件，也不得呈到他们面前。因此，主万军之耶和华、以色列的大能者说，哎，我要向我的对头雪恨，向我的敌人报仇。我必反手加在你身上，炼尽你的渣滓，除净你的杂质。我也必复还你的审判官，像起初一样；复还你的谋士，像起先一般。然后，你必称为公义之城，忠信之邑。锡安必因公平得蒙救赎，其中归正的人，必因公义得蒙救赎。但悖逆的和犯罪的，必一同败亡；离弃耶和华的，必致消灭。"先知阿摩司也指出："耶和华如此说，以色列人三番四次地犯罪，我必不免去他们的刑罚。因他们为银子卖了义人，为一双鞋卖了穷人。他们见穷人头上所蒙的灰也都垂涎。他们阻碍谦卑人的道路。……他们在各坛

第五章
亚洲禁止歧视理念、制度和实践

旁,铺人所当的衣服,卧在其上。他们又在神的庙中,喝受罚之人的酒。……你们这使公平变为茵陈,将公义丢弃于地的,要寻求那造昴星和参星,使死荫变为晨光,使白日变为黑夜,命海水来浇在地上的,耶和华是他的名,他使力强的忽遭灭亡,以致保障遭遇毁坏。……惟愿公平如大水滚滚,使公义如江河滔滔。"① 希伯来先知们的这些平等思想是非常宝贵的,反映了在当时社会矛盾日益尖锐、贫苦人民备受欺压的环境下,人们渴望改变不平等的社会现实、建设更加公平正义的国家这一强烈的愿望。这种平等思想后来为基督教的创立者们所大量吸收,成为基督教教义中十分重要的一部分,影响了"在上帝面前,人人都是平等的"这一基督教最根本的平等理念的形成。

作为世界三大宗教佛教、基督教、伊斯兰教的发源地,亚洲的禁止歧视理念在发展早期就受到了世界三大宗教的强烈影响。在亚洲各国,尤其是各大宗教的发源地和流行地的禁止歧视理念中,已经深刻地融入世界三大宗教的平等思想。

首先,佛教在公元前6世纪左右诞生,创始人是古印度迦毗罗卫国(在今天的尼泊尔境内)的王子乔达摩·悉达多。佛教从尼泊尔、印度、巴基斯坦一带开始传播,之后发展到斯里兰卡、缅甸、泰国、柬埔寨、老挝、越南、西域三十六国等地,后来又扩散到中国、朝鲜、日本、蒙古等地。在东南亚的一些国家,如泰国等,佛教至今仍然被尊奉为国教。"平等"在佛教的经典著作中是一个经常出现的词语,来自于梵文"Upeksa",一般是指共性、空性、唯识性、真如性等方面,一切现象不存在高下、深浅、等级、亲近等的差别。在许多佛教的经典著作中,对"平等"的含义进行了描绘。例如,《金刚般若波罗蜜经》中谈到佛法对一切众生来说是平等的,无高无下:"是法平等,无有高下,故名无上正等菩提。以无我无众生无寿者无更求趣性,其性平等,故名无上正等菩提。"《大宝积经》中则讲法的平等,不增不减:"文殊师利言。善男子。若法不增不减

---

① International Bible Society, *Holy Bible*, New International Version, Colorado: International Bible Society, 1984, pp. 1108—1494.

禁止歧视：理念、制度和实践

是名圆满。云何圆满。若于诸法不能了知则生分别。若能了知则无分别。若无分别则无增减。若无增减此则平等。"此外，佛教经典著作中还使用了诸如"平等力""平等义""平等心""平等法""平等性""平等觉"等名词，指称平等所应用的不同情境。佛教中的平等思想最经常地体现在对"众生平等"的概括中。"众生平等"主要包括三层含义：第一层含义俗称为"众生的平等"，是指对包括天、阿修罗、人、畜生、饿鬼、地狱等在内的有情和无情的芸芸众生都应当等同视之，不应该有高低、贵贱、远近、亲疏等的区别。众生都值得怜悯，也都具有佛性，应当获得平等的对待。第二层含义俗称为"众生成佛的平等"，是指因为众生都具有佛性，都具有成佛的慧根，所以不论众生之间是有情还是无情、高贵还是低贱、年长还是年少、智慧还是愚鲁，都有成佛的可能。第三层含义俗称为"众生信佛的平等"，是指众生只要真心实意地信仰佛法，供养佛教，就可以得到佛的回报和帮助。尽管众生之间存在贫富多寡的区别，但是只要热心布施，佛就对他们一视同仁。通过三个层次的"众生平等"，佛教强调在"生死轮回""善恶报应"等过程中，人与人之间以及人与世间万事万物之间要平等相待，广种善因，广收善果，在来世获得一个公平的结果。[1] 从亚洲起源的佛教的平等思想既存在着先进的一面，也存在着局限的一面。其先进性主要体现为，佛教的平等思想从根本上肯定了人与人以及人与其他事物之间的平等地位，否定了实践中存在的种种不平等的压迫。其局限性则主要体现为，佛教的平等思想没有提出要针对现世的种种不平等现象进行斗争，而是要求人们寄希望于通过自己行善，在来世得到一个好的结果。这种不太彻底的平等思想与当时的历史发展状况有紧密的联系，主要受到了印度人民不满种姓制度却又无力反抗的现实困境的影响。不过，尽管存在着较为严重的局限性，佛教的平等思想还是鼓舞了亚洲尤其是东亚、南亚、东南亚地区的人民追求平等自由的理想，在历史上仍然具有积极的意义。

---

[1] See Thubten Chodron, *Buddhism for Beginners*, Boston: Snow Lion, 2001, pp. 9—19.

第五章
亚洲禁止歧视理念、制度和实践

其次,基督教大约在公元 1 世纪左右产生,主要发源于当时罗马的巴勒斯坦省(在今天的以色列、巴勒斯坦和约旦地区)。后来,随着罗马帝国的扩张和欧洲殖民主义的发展,基督教逐步从西亚扩展到欧洲,并广泛传播到世界各地。目前,世界上大多数国家都以基督教文化为主导。罗马天主教会所在的梵蒂冈是完全由基督教徒组成的国家。此外,还有至少 15 个国家将基督教定为国教。基督教的平等思想主要表现在三个方面:

第一个方面又称为"平等的犯罪",是指一切人在原罪面前都是平等的。《圣经》中的《创世纪》描绘了人是如何犯下原罪的:上帝在伊甸设立了一个园子,把所造的人亚当和他的妻子夏娃安置在那里。上帝吩咐亚当,园中各种树上的果子可以随意吃,只是分别善恶树上的果子不可以吃,因为吃的日子必定死。狡猾的蛇对夏娃说,你们不一定死,因为上帝知道,你们吃的日子眼睛就明亮了,你们便如神能知道善恶。于是,夏娃摘下果子来吃了,又给她丈夫亚当吃了。他们两人的眼睛就明亮了,懂得了分辨善恶和荣耻。上帝发现亚当和夏娃违背了他的吩咐,便说了他们所犯的罪,打发他们离开伊甸园。由于作为人类始祖的亚当和夏娃都犯了违背上帝命令的原罪,这种原罪通过人类血脉的流传被后世的每一个人继承下来,因此一切人在原罪面前都是平等的。

第二个方面又称为"平等的审判",是指上帝对各种不平等的现实状况要进行平等的审判。例如,《耶利米书》中指出,上帝对犹大王说,你们要施行公平和公义,拯救被抢夺的脱离欺压人的手,不可亏负寄居的人和孤儿寡妇,不可以强暴待他们。在这地方,也不可流无辜人的血。你们若认真行这事,就必有坐大卫宝座的君王和他的臣仆百姓,或坐车,或骑马,从这城的各门进入。你们若不听这些话,这城必变为荒场。因此,如果社会中存在着各种不平等、不正义的现象,统治者又不及时予以纠正,那么即使是上帝所偏爱的以色列民族,也会遭到上帝公正的审判。

第三个方面又称为"平等的救赎",是指上帝对每个人会进行平等的救赎。《使徒信经》中阐明,上帝通过儿子耶稣以肉身的形式降临到人类世界中。耶稣一生是完美无缺的模范,因为对世人具有大爱，而完全顺服了上帝的旨意，承受了莫须有的罪名，被钉在十字架上。通过耶稣为人类无辜地流血牺牲，人类的原罪被洗净，从而使一切信仰上帝的人不至于灭亡，反而得到了永生。这就是上帝为每个人提供的平等的救赎机会。①

总的来说，基督教的平等思想的三个方面相互联系，层层递进。由于人们平等地犯有原罪，因而在本质上都要经过上帝的审判；上帝的审判不以人间的审判为标准，对每个人无论贫富贵贱、每个国家无论大小强弱，都是一视同仁的；在上帝的审判到来之前，人们通过悔改可以得到救赎，上帝平等地给予人们救赎的机会。由此可见，从亚洲起源的基督教的平等思想一方面继承了希伯来先知们的早期平等观念，指出了上帝对各种不平等的现实状况要进行平等的审判；另一方面又提出了上帝对每个人会进行平等的救赎，影响了中世纪时期的欧洲发展出"上帝面前人人平等"的基本信念。同时，基督教的平等思想也与佛教的平等思想一样，既有进步性也有局限性。从基督教的产生来看，当时，西亚地区的底层人民，尤其是那些奴隶、被释放的奴隶、穷人、无权者、被罗马征服或驱散的人们，处在强大的罗马统治的压迫下，基本上看不到自由、平等的希望，只能借助于宗教思想渡过难关。因此，基督教的平等思想一方面具有比较浪漫的理想主义色彩，另一方面又具有比较沉重的现实主义指向。这种浪漫主义色彩和现实主义指向的二元交织，使得基督教的平等思想既鼓励了底层人民反抗罗马强权统治的信念，也暂时麻痹了他们精神上的痛苦，希望通过等待上帝及其人间的代言人得到救赎，而不是自己立刻采取斗争的手段去赢得胜利。

最后，伊斯兰教在公元 7 世纪左右创立，创始人是麦加的古莱什部族人（在今天的沙特阿拉伯境内）穆罕默德。伊斯兰教最初在阿拉伯半岛兴起，主要流行于亚洲和非洲，特别是西亚、北非、西非、中亚、南亚次大陆和东南亚各地。二战后，在西欧、北美、南美和大洋洲的一些地区，伊斯兰教发展很快。目前，全世界大约有

---

① See C. S. Lewis, *Mere Christianity*, Revised and Enlarged Edition, New York: Harper One, 2015, pp. 35—60.

第五章
亚洲禁止歧视理念、制度和实践

三十多个国家将伊斯兰教定为国教。伊斯兰教的平等思想主要分为两个方面：第一个方面，在真主安拉的面前，人人都是平等的；第二个方面，对社会不平等的现象，人们不能等闲视之，而要积极行善，救济穷苦的人和受害的人。

其中，第一个方面的平等主要体现在以下一些教义中：不管是穷人还是富翁，是平民还是贵族，只要信仰真主，都一律平等。谁行善，真主就奖赏谁。谁作恶，真主就惩罚谁。真主绝不分厚薄和彼此，绝不会亏枉人一丝一毫。真主是人们最公正的裁判。对所有信仰真主的穆斯林来说，是经历地狱的苦难还是享受天堂的美好，都是一种基于信仰和行为的平等选择。一个人只要信仰并服从真主安拉，积极行善，无论在世时是什么身份，都可以在死后进入天堂。天堂是一个人人地位平等、没有贫富差别、没有贵贱之分、共同享有永生的美好乐园。凡是信仰真主的穆斯林，无论种族、语言、肤色存在多大的差异，相互之间都以兄弟相待，并且应当联合起来形成统一团结的伊斯兰教。

第二个方面的平等主要体现在以下一些教义中：为了经过真主的公正审判升入天堂，人们要在世间积极行善，对穷苦的人和受害的人多行救济。对贫民要进行赈济，否则要受到大家的指责。对奴隶要减轻负担，予以善待和宽待。分配战利品时，不应当首先在富人之间进行分配，而应当优先考虑穷人、孤儿和路人的利益。①

与其他宗教的平等思想一样，伊斯兰教的平等思想当然也存在着优点和不足。其优点除了各种宗教所共有的积极的激励作用之外，主要是吸收了之前一些宗教的精华。例如，伊斯兰教将基督教早期原则性比较强的"上帝面前人人平等"的理念进一步发展成了更加细致一些的"真主面前人人平等"的规则。其不足除了各种宗教所共有的消极的麻痹作用之外，主要是实施了一套严格限制自由的宗教功课制度，并且在教义中存在比较明显的性别歧视倾向。一方面，伊斯兰教的教义中规定了五项宗教实践的功课，简称"五功"，包括

---

① See John Kaltner, *Islam: What Non-Muslims Should Know*, Revised and Expanded Edition, Minneapolis: Fortress, 2016, pp. 81—107.

禁止歧视：理念、制度和实践

念"清真言"、礼拜、斋戒、天课、朝觐。每一项功课都有着十分严格的制度要求，限制了人们以自由选择的各种方式平等地敬拜真主。一些伊斯兰教学者甚至认为，在"五功"之外还存在着"第六功"，即为安拉之道而战的"圣战"。尽管这一说法没有为大多数的伊斯兰教学者所认同，却被后来的一些伊斯兰教极端分子用来对其他民族进行肆意的武装侵略和恐怖袭击，对各民族之间的平等、自由造成了十分严重的危害。另一方面，伊斯兰教的教义中还存在着很多具有强烈性别歧视倾向的规定。例如，在婚姻关系中，一个丈夫可以合法地拥有四个妻子。丈夫对妻子的人身、财产等都具有绝对的权利，可以在妻子不顺从时任意殴打，甚至在谋杀妻子的情况下也不会被判重罪。

在西方殖民者大规模进入亚洲以前，亚洲各个国家在自身政治、经济、社会、文化等的发展过程中，出现了一些底层人民争取平等的运动和斗争，发展了亚洲本地的禁止歧视理念。例如，在西亚地区，从5世纪到6世纪，以马兹达克为代表的波斯人民发起了反对萨珊王朝统治、要求平民与贵族均分财富的起义。当时，波斯社会贫富差距悬殊，教士和贵族占有大部分财富，而平民却一贫如洗。马兹达克宣称，所有的人都是生而平等的。但是，由于当时社会上存在着严重的弱肉强食现象，对财富的占有极端不公平，造成了人与人之间的不平等。为了实现所有人"活而平等"的理想，马兹达克主张每一个人都应有均等的财富，包括平均分配财产和妇女。在中亚地区，9世纪初期，巴贝克领导阿塞拜疆人民进行了反对阿拔斯王朝统治、暴力平分大地主土地的斗争。巴贝克认为，一切社会灾难的主要原因是社会存在着贫富之分。他以铲除人间暴虐为己任，提出了以暴力平分大地主土地的政策，力图废除私有制，在人间实现平等，取消苛捐杂税，号召人民行动起来，推翻阿拔斯王朝统治。他的起义军所到之处，铲除土豪劣绅，废除暴政，豁免高额赋税，将大地主的土地没收并分给农民组成的农村公社耕种。

在南亚地区，从11世纪到17世纪，印度发生了融合印度教和伊斯兰教，反对种姓制度和歧视女性的虔诚派运动。当时，虔诚派运动的领导人罗摩难陀、伽比尔等受到了伊斯兰教"在安拉面前人人平等"等教义的影响,反对印度教的种姓制度,主张所有虔信者不论属于哪一种姓,在神明面前一律平等,个人只要虔诚信仰,就可以获得神恩;同时,号召印度教徒与穆斯林联合起来,以"普遍的仁爱"去消除种姓制度。他们还将平等延伸到了女性身上,坚决地反对歧视女性。

在东亚地区,整个15世纪中,日本先后爆发了六十多次要求封建统治者取消债务,给农民平等分配财产的起义。正长元年(1428年),京都附近的近江国农民被沉重的债务逼得无路可走,首先掀起了暴动,要求取消债务并重新分配财产。起义农民袭击了当铺,夺回了自己的典当物品,抢夺了地主、商人和高利贷者的房屋和财产,焚毁了债券,并在石像上刻下"神户四乡之地永不许有负债"等字样。之后,京都、山城国、加贺国、大阪等地的农民陆续加入起义的行列。①

在这些底层人民争取平等的运动和斗争中,表现出一些比较先进的平等和反歧视观念。例如,在巴贝克领导的阿塞拜疆人民起义中,提出了"废除私有制"的口号,以暴力平分大地主的土地,并分给由农民组成的农村公社耕种。这种思想和今天的无产阶级平等思想已经非常接近,提出了类似于无产阶级公有制的生产关系,可以说是亚洲古代禁止歧视理念发展中的一个高峰。当然,这些底层人民争取平等的运动和斗争中也存在着许多缺陷。其中主要的缺陷是,囿于当时社会生产力的发展水平,大部分的运动和斗争都仅仅局限于打土豪、分田地的程度,基本没有考虑对社会整体的平等制度进行构建,甚至有些平等思想本身还含有比较明显的歧视性。例如,马兹达克在领导波斯人民起义的过程中提出了每一个人应有均等的财富的主张,但是他所指的"财富"包括财产和妇女。这种主张本身存在着极为强烈的性别歧视,把妇女不当作"人"而作为物品进行分配。

到了18、19世纪,受到西方殖民者大量涌入的影响,亚洲本地

---

① See Justine Firnhaber-Baker & Dirk Schoenaers, *The Routledge History Handbook of Medieval Revolt*, Oxford: Routledge, 2016, pp. 1—356.

禁止歧视：理念、制度和实践

的禁止歧视理念受到了外来平等思想的巨大冲击。当时，亚洲大多数的国家还处在封建社会的发展时期，封建君主仍然执掌着人们的生死大权。人们长期以来所抱有的平等观念主要是根据早期佛教、基督教、伊斯兰教的宗教平等思想发展起来的，具有维护现有制度的一些特性。例如，这些宗教平等思想基本上都承认现实中存在着各种不平等、不正义的现象，需要进行纠正。但是，它们大多并不主张人民自己立即起来反抗，亲手推翻当前的统治，而是要求人民寄希望于出现具有超凡能力、能够拯救人民于水火之中的佛陀、上帝、安拉或者先知、贤能、大德，依靠他们的力量获得公平正义，实现人人在信仰面前的平等。这种平等通常是在来世或者天堂中才能真正实现的，而在现世，人们需要经历漫长的忍耐和等待。人们在现世能做的仅仅是多行善事，力图在将来能够顺利地进入理想的来世或者天堂，除此之外，对实践中存在的不平等的制度能够进行的改变非常有限。因此，这些长期在宗教文化基础上发展起来的平等观念在整体上具有一定的局限性。同时，历史上各种底层人民争取平等的运动和斗争中产生的比较先进的禁止歧视理念没有能够从根本上改变这些具有局限性的平等观念。随着各种底层人民争取平等的运动和斗争先后被统治者镇压，其中产生的一些先进的反歧视理念如同瞬间迸发的火花一样很快就消散了，虽然在一些地区留有余热，但是无法改变整个社会不够平等的思想和制度环境。

然而，就在此时，西方殖民者将当时更为先进的资本主义平等观念输入亚洲，给亚洲的传统反歧视文化带来了冲击。例如，洛克、孟德斯鸠、伏尔泰、卢梭等人比较强调民主、法治、人权、自由的平等思想被介绍到了亚洲。这些平等思想尤为注重个人的平等权利，并且是由个人在国家法律的保障下通过自己的努力在实践中追求平等权利的实现。在这些平等思想的冲击下，亚洲各国的政治家、思想家们开始对本地的禁止歧视理念进行反思，并且在一定程度上接受了外来平等思想的影响。例如，日本明治时期的启蒙思想家福泽谕吉在《劝学论》一书中，阐释了人权平等的精义。《劝学论》开宗明义地宣称："天未在人之上造人，亦未在人之下造人。"这句话使长期受到封建等级思想控制的大多数日本人无比振奋，很多人因为

第五章
亚洲禁止歧视理念、制度和实践

受到这部书的启导而猛悟于个人的尊严，从此获得了精神上的解放。在福泽谕吉等人思想的影响下，明治政府在成立后不久就着手挑战封建等级制度，以皇族、华族、士族、平民四种身份取而代之，并宣布"四民平等"，取消武士特权。尽管"四民平等"政策仅仅对封建等级制度进行了初步的改革，但是通过各阶层之间加强交往、平民自由择业和迁徙、收回华族和士族的俸禄和禄米等具体措施，还是对日本社会中缩小等级的差距产生了一些有利的影响。① 当然，西方殖民者带来的不都是积极的平等思想。由于殖民的主要目的还是对亚洲人民进行剥削和压迫，殖民者对亚洲各国人民的基本态度就是歧视性的，甚至不把亚洲各国人民与其本国人民当作同等重要的"人"看待，认为亚洲各国人民低人一等。这种歧视性的态度反映了当时西方殖民者心中真实的平等理念，与他们所宣传的理想的资本主义平等观念存在着不小的差距，也引起了亚洲人民心中的疑惑和不信任，为后来亚洲人民在传统文化和外来思想之间艰难地选择适当的禁止歧视理念埋下了种子。

20世纪之后，亚洲的禁止歧视理念进入新的发展时期。一方面，亚洲许多国家的人民已经接受了西方平等观念的初步洗礼，在一定程度上吸纳了比较强调民主、法治、人权、自由的资本主义的平等思想，同时对新近产生的比较强调人民当家作主、共同富裕、彻底消灭阶级、解放生产力、实现平等权利和义务并重的社会主义的平等思想逐步熟悉起来。另一方面，亚洲各国人民也逐渐意识到本土的各种反歧视传统思想虽然还存在着不少缺陷，但是毕竟是从本地的实践中产生和发展起来的，仍然具有一些不可替代的作用。在这两方面力量的牵扯下，20世纪之后，亚洲各国的禁止歧视理念在本地的传统文化和西方的舶来思想之间有过许多摇摆，有时更倾向于接受外来思想的改造，有时更倾向于回归本地的传统文化。一个典型的例子是，圣雄甘地在领导印度人民反抗英国殖民统治、建立独立主权国家的整个斗争过程中，表现出时而激进、时而妥协的思想

---

① See Alan Macfarlane, *Yukichi Fukuzawa and the Making of the Modern World*, London: Palgrave Macmillan UK, 2013, pp. 67—71.

禁止歧视：理念、制度和实践

历程。甘地成长在一个传统的印度教家庭中，少年时代曾受革新风气的感染，尝试荤食，后来因为摆脱不了从小所受的教育而放弃。之后，甘地到英国学习法律，一度为英国文明所震撼。但是，经历一段时间的迷惘后，甘地放弃了对西方文明的盲目模仿，坚持原有的宗教信仰，兼蓄其他一些宗教的教义。学成之后，甘地到南非担任律师。在作为有色人种遭遇了一连串歧视后，甘地开始领导在南非的印度人民进行反种族歧视的斗争。在这一斗争中，甘地开始否定西方文明，并初步形成了他的真理与非暴力学说。甘地认为，真理是神，非暴力则是追求真理即认识神的手段，把两者结合起来是面对强者唯一的斗争武器。不过，此时的甘地对英国仍然抱有幻想。

1915年，甘地回国开展非暴力斗争，试验并发展了真理与非暴力学说。起初，甘地对当时正在进行的一战予以支持，希望以此换取英国给予印度自治。然而，一战之后，英国殖民当局的种种作为使甘地由英国的忠实追随者变成了不合作者。1919年，甘地发起了全国性的非暴力抵抗运动。但是，由于殖民当局的血腥镇压和群众的暴力反抗，甘地一度宣布暂缓非暴力抵抗运动，试图与政府合作。之后，殖民当局继续在哈里发与旁遮普问题上倒行逆施，打破了甘地的幻想。甘地的不合作思想逐渐趋于成熟，并率先在哈里发运动中发起了群众性的抵制殖民当局的第一次非暴力不合作运动。1922年，因为再次出现暴力事件，甘地宣布停止非暴力不合作运动。这一举动挫伤了士气，甘地也身陷囹圄。出狱后，甘地致力于重振民心。1930年，甘地率领志愿队员开始了"食盐长征"，揭开了第二次非暴力不合作运动的序幕。然而，在运动中，甘地又与英国驻印总督谈判并出席了圆桌会议，群众运动因此松懈而被英国镇压下去。1942年，甘地提出了让英国"退出印度"的口号，并先后发起了第三次和第四次非暴力不合作运动，但是均被英国镇压下去，其本人再次入狱。

二战结束后，处于内外交困下的英国政府终于答应了印度独立的要求。但是，因为印度国内印度教、伊斯兰教的分歧和对立由来已久，加上英国"分而治之"政策的影响，印巴分治成为定局。虽然甘地为了维护印度统一不懈努力，但是终无回天之力。印度独立后，甘地利用个人的威望，帮助平息了大规模的教派冲突，自己却成了牺牲品，被狂热的印度教徒刺杀。①

甘地的平等思想同时受到印度教朴素的平等观念、印度本土的其他教派"众神归一"的观点、英国宣传的比较激进的资本主义平等理念、在南非反种族歧视斗争中总结出的比较实际的反歧视信念等的综合影响。在早期，甘地受到外来平等理念的影响较深，甚至放弃了部分本国的反歧视思想。在南非反种族歧视斗争阶段，务实的反歧视斗争理念对甘地的影响较大，使他重新思考和发展了融合本土思想和外来理念的平等观点。在回国开展反暴力运动阶段，甘地的反歧视思想总体上比较先进且理智，能够尽量符合印度人民反殖民斗争的需要，同时又不会引起殖民当局的强烈反应。但是，随着群众运动的深入发展和殖民当局的态度变化，甘地的反歧视思想不时陷入过度的自我克制状态，有时甚至到了过于保守的程度，一定程度上影响了印度把握时机及时争取独立，导致印巴分治及相关问题无法避免，最终也引发了他的遇刺。

圣雄甘地的例子显示，在 20 世纪之后的亚洲，许多国家虽然在尽力地融合本土的反歧视传统思想和外来的平等观念，但是在实践中还是遇到了许多障碍。这一时期，亚洲的禁止歧视理念在传统文化和外来思想的相互"拉扯"中仍然努力地向前发展。尽管取得的成就并不是很大，但是这种精神本身还是非常值得赞许的。

3 局部地区先进、整体发展不平衡的亚洲禁止歧视制度和实践

尽管亚洲的禁止歧视理念早在公元前 11 世纪左右就已经产生，但是亚洲的禁止歧视制度正式得以建立却是晚近的事。无论是早期希伯来先知们的平等思想，还是发源于亚洲的世界三大宗教中的平

---

① See Mohandas Karamchand Gandhi, *Gandhi: An Autobiography—The Story of My Experiments With Truth*, Boston: Penguin Books, 1993, pp. 1—269.

禁止歧视：理念、制度和实践

等观念，在很长一段时间内基本上都停留在理念的层面，尚未能够形成在亚洲各国法律中得到认可的禁止歧视制度。即使是在有些将某种宗教奉为国教并将宗教规则法典化的国家，成为法律制度的宗教规则也大多不涉及禁止歧视问题，甚至有时这些宗教规则本身还含有较为强烈的歧视性质。例如，伊斯兰教的教义中很多具有强烈性别歧视倾向的规定在一些中东阿拉伯国家如阿富汗、伊朗等作为法律适用，导致买卖婚姻、家庭暴力甚至以残酷的鞭刑或石刑处死失贞女性等制度长期流行，严重影响了这些国家禁止歧视制度的建立和发展。从5世纪到18世纪，在亚洲封建社会的底层人民争取平等的运动和斗争中，一些禁止歧视制度曾经短暂地实施过，但是随着这些运动和斗争被封建统治者镇压而最终被废除了。比如，在9世纪初期巴贝克领导的阿塞拜疆人民起义中，曾经将大地主的土地没收，并且平均分配给由农民所组成的农村公社共同耕种。这种均分土地的政策可以被视为起义军所实行的土地分配方面的一种早期的禁止歧视制度。不过，这种早期的禁止歧视制度只在阿塞拜疆、亚美尼亚等国实行了不到20年就被废止了。

直到18、19世纪之后，西方殖民者的大量涌入给亚洲带来了众多的西方禁止歧视的理念和制度经验，促使亚洲各国开始对本国的禁止歧视理念进行反思，并且效仿西方逐渐建立起一些现代的禁止歧视制度。例如，日本在1868年明治政府成立后不久，就开始挑战传统的封建等级制度，以皇族、华族、士族、平民四种身份取而代之，宣布"四民平等"，之后逐步取消了一些阶级特权。1871年，明治政府解除了士族的公务并给予其从事农业、工业、商业的自由，同时规定平民也可以担任公职。1872年，日本推行征兵制度，实行"全民皆兵"主义，废除了士族对军事的垄断地位和特定武士阶级的特权。这些规定集中体现在1889年通过的《大日本帝国宪法》中。该法第19条规定，日本臣民依法律命令规定之资格，均得就任文武官员及其他职务。第20条规定，日本臣民依法律规定，有服兵役之义务。此外，明治政府还通过各阶层之间加强交往、平民自由择业和迁徙、收回华族和士族的俸禄和禄米等具体措施，缩小了日本社

第五章
亚洲禁止歧视理念、制度和实践

会中的等级差距。① 这些法律规定和改革措施的制定初衷并不主要是加强日本社会的平等和禁止歧视,而是意在巩固封建皇权的统一和增强日本对外侵略的军事实力,并且其改革的程度也仅仅是初步挑战了旧有的阶级特权,实际上仍然保留了许多对华族的身份优待和政治特权。但是,这些法律规定和改革措施仍然从国家的层面上推动了日本的禁止歧视制度逐渐形成,同时也标志着亚洲的禁止歧视制度拉开了正式建立的序幕。

到了20世纪,特别是二战后,亚洲的禁止歧视制度终于正式地建立起来。许多国家在这一时期受到了现代的平等和反歧视理念的影响,开始制定包含禁止歧视专门条款的宪法。这一趋势首先在东亚和南亚国家发生。例如,1946年通过的《日本国宪法》第14条规定:"所有国民在法律面前人人平等,不能以种族、信仰、性别、社会地位和身份,在政治、经济和社会关系中受到歧视。"在当时以及后来制定的所有亚洲国家的宪法中,1949年通过的《印度共和国宪法》可能是在禁止歧视方面规定得最为丰富的一部宪法。该法在序言中即明确宣布:"国家确保一切公民在社会、经济与政治方面享有公平权利。公民的身份地位与社会机会平等。"在正文中,《印度共和国宪法》更是通过许多条款,针对印度特有的歧视问题,尤其是种族和种姓方面的歧视,进行了严格的规制。其中,第14条规定了法律面前人人平等的原则,凡在印度领域内之任何人,国家不得剥夺其在法律面前的平等权利或所受的平等保护权。第15条规定,禁止根据宗教、种族、种姓、性别、出生地歧视任何人,包括在进入公共场所或使用公共设施中以宗教、种族、种姓、性别、出生地等或其中一项理由使公民权利受到任何形式的剥夺、承担法律责任、受限制或附加条件。第16条规定了在公共就业方面的机会平等,凡涉及就业或委任政府的任何官职,所有公民均享有平等机会。第17条规定,绝对禁止不可接触制度及其任何形式的实施。第23条规定,各邦因公共目的设定的强制服务项目中,不得基于宗教、种族、

---

① See Marius B. Jansen, *The Making of Modern Japan*, Revised Edition, Cambridge: Belknap Press, 2002, pp. 333—364.

禁止歧视：理念、制度和实践

种姓、不同阶层或以其中任何一项为理由进行歧视。第 29 条规定，任何公民不得因为宗教、种族、种姓、语言或以上任何一项理由被拒绝进入任何公立学校或者接受国家资金的学校。第 38 条规定，国家应该尽力协调收入上的不平等。竭力消除身份、设施和机会上的不平等，这一措施不仅适用于个人之间，也适用于不同区域和不同行业之间。第 46 条规定，国家应当特别注意促进弱势群体尤其是表列种姓和受歧视部落的教育、经济利益，应当保护其免于社会不公以及一切形式的剥削。第 325 条规定，在国会两院或各邦议会两院的选举中，各选区只能有一个总选举人表，不得仅以宗教、种族、种姓、性别或以其中任何一项为理由剥夺任何人被列入该表的资格。第 330 条规定，在众议院应当保留席位给表列种姓、受歧视的部落以及阿萨姆邦各自治区域受歧视的部落。① 上述规定表明，《印度共和国宪法》以追求平等和禁止歧视作为显著的价值特征，对印度社会中长期存在的错综复杂的歧视问题，试图提供比较完整和周到的宪法层面的规制方案。其禁止歧视的具体规定之详尽程度已经堪比一部专门的平等或反歧视方面的立法。《印度共和国宪法》能够对禁止歧视制度作出这样深入细致的规定，正是由于印度在历史上曾经大规模地实施过普遍的种族、种姓等歧视制度，对根深蒂固的不平等需要以更加强有力的禁止歧视法律加以消除。在甘地、尼赫鲁等领导人的不断努力下，印度最终出台了这样一部宪法。不过，由于《印度共和国宪法》仍然是在宪法的层面上对歧视问题进行规制，要想实现上述禁止歧视的具体规定，还有赖于宪法在实际生活中得到有效的实施。

此后，通过宪法条款保障公民的平等权利和禁止歧视的浪潮进一步扩展到了东南亚、中亚和西亚地区。1987 年通过的《菲律宾共和国宪法》第 3 章第 1 条指出："非经正当法律程序，不得剥夺任何人的生命、自由或财产，也不得否认其应受到平等的法律保护。"第 13 章第 1 条进一步明确规定："国会应最优先地制定保护和加强人民

---

① 参见周青风：《印度反就业歧视研究报告》，载蔡定剑、张千帆主编：《海外反就业歧视制度与实践》，中国社会科学出版社 2007 年版，第 301—356 页。

第五章
亚洲禁止歧视理念、制度和实践

的尊严和权利,通过平等地分配财富和分享政府权力,减少社会、经济、政治上的不平等和消除文化上的不平等,以谋求共同幸福的措施。"在苏联剧变、东欧解体之后,1995年通过的《亚美尼亚共和国宪法》第15、16条阐明了禁止歧视和法律面前人人平等的原则:"公民不管其民族、氏族、性别、语言、信仰、政治观点和其他观点、社会出身、财产状况和其他情况如何,均享有宪法和法律规定的一切权利、自由和义务。在法律面前,人人平等,不受歧视地受到法律的保护。"1995年通过的《哈萨克斯坦共和国宪法》第14条也规定了法律面前人人平等和禁止歧视的原则:"在法律和法院面前,人人平等。任何人都不应由于出身、社会身份、职务、财产状况、性别、种族、民族、语言、宗教、信仰、居住地点等原因或因任何其他情况而受到歧视。"第24条还进一步规定:"每个人都有选择符合安全和卫生要求的劳动条件、不受任何歧视地获取劳动报酬和因失业获得社会保护的权利。"① 可见,在20世纪,至少亚洲的各个主要区域中(不包括北亚,因为该区域只有俄罗斯的西伯利亚地区,没有独立的国家存在)都有国家将保障公民的平等权利和禁止歧视确立为宪法的重要原则,同时发展出详尽程度不一的相关具体规范。其中,有的国家对这些具体规范规定得细致入微,如印度。有的国家虽然对这些具体规范规定得不太细致,却也有着自身的特点,如菲律宾强调要通过暂行特别措施推进平等权利保障,哈萨克斯坦提到了同工同酬的问题。这些特点反映了亚洲各国对自身的歧视问题的重视,因而在宪法中有针对性地提出了本国所要着重发展的特定的禁止歧视制度。

在20世纪六七十年代之后,亚洲各国受到欧美国家禁止歧视专门立法的影响,也开始在法律体系中逐渐发展出与禁止歧视有关的各种单行法律。不过,与欧美国家不同的是,亚洲各国所制定的与禁止歧视有关的各种单行法律中,直接规定保障平等权利、禁止歧视的专门立法较少,而在保障某些特定人群或特定领域的权利中间

① 转引自刘小楠主编:《反就业歧视的理论与实践》,法律出版社2012年版,第355—414页。

禁止歧视：理念、制度和实践

接地包含禁止歧视专门条款的立法较多。

例如，印度除了宪法之外，在禁止种族、种姓歧视方面有《污秽罪法》《种姓、特定种姓与部落法》《废止债务依附劳力体系法》《最低工资法》《雇佣法》等，在禁止性别歧视方面有《同工同酬法》《印度继承法》《印度教徒收养与抚养法》《不道德交易防治法》《羞辱妇女防治法》《印度教徒婚姻法》《胎儿诊断技术法》等，在禁止残疾歧视方面有《工厂法》《工人伤残赔偿法》《空缺职位交换强制告知法》《学徒培训法》等。在上述与禁止歧视有关的单行法律中，只有《同工同酬法》是直接对性别歧视问题进行规制的，其他所有法律都只是间接地包含或多或少的禁止歧视专门条款。

相比之下，在韩国所制定的与禁止歧视有关的单行法律中，专门的禁止歧视立法所占的比例要大一些。韩国与禁止歧视有关的单行法律大约有九十多部，其中针对就业领域的歧视问题的有《国家人权委员会法》《雇佣政策基本法》《稳定劳动力市场法》《劳动标准法》《工会与劳工关系法》《保护劳务派遣工法》《保护固定期限及兼职员工法》《外国劳动者雇佣等有关法》《女性基本发展法》《残疾人就业促进和职业康复法》《促进男女就业机会平等和支持工作与家庭平衡法》《反男女歧视救助法》《残疾人歧视禁止及权利救济等有关法》《雇佣年龄歧视禁止及高龄者雇佣促进有关法》等。其中，《促进男女就业机会平等和支持工作与家庭平衡法》《反男女歧视救助法》《残疾人歧视禁止及权利救济等有关法》《雇佣年龄歧视禁止及高龄者雇佣促进有关法》是直接针对性别歧视、残疾歧视、年龄歧视而制定的禁止歧视专门立法。

其他亚洲国家如日本、菲律宾等，所制定的直接禁止歧视立法也都在数量上远远少于间接禁止歧视立法，基本上都没有超过韩国的直接禁止歧视立法的数量。这从一个侧面反映了当前亚洲的禁止歧视制度从整体上看，发展水平还不是很高，至少在法律体系中直接禁止歧视立法所占的比例较低。同时，在亚洲国家中，目前好像还没有一个国家出台一部统一的、专门的平等或反歧视单行立法。尽管韩国的国家人权委员会在 2006 年提出过一个"反歧视法"的专家建议稿，集中规定了应当受到法律禁止的 19 种歧视行为、对歧视行为的禁令、对歧视受害者的临时救济、歧视诉讼的援助机制等内容，但是由于受到广泛的反对，这一专家建议稿最终没有被国会采纳。[①] 这一事实也说明，与欧洲国家相比，亚洲各国对进行禁止歧视统一立法的热情目前还普遍比较缺乏。即使在韩国这样禁止歧视制度建设较为先进的国家，目前也还处在努力向欧洲标准看齐的过程中，尚未能够达到与欧洲国家同等的发展水平。在整体的层面上，由于目前亚洲还没有出现像欧洲、美洲、非洲那样的统一合作组织，"亚洲联盟"还只存在于人们的构想中，因而也还没有出现亚洲统一的禁止歧视的区域性文件。目前，一体化程度较高的亚洲内部的地区性组织刚刚开始在这方面加强区域合作的尝试。比如，东南亚国家联盟在2007年签署了《东南亚国家联盟宪章》，其中提到东南亚国家联盟的目标是："保持本地区无核武化，支持民主、法制和宪政，为东盟居民提供公正、民主与和谐的和平环境……致力于经济一体化建设，构建稳定、繁荣和统一的东盟市场和生产基地，实现商品、服务和投资自由流动，促进商界人士、技术人才和劳动力的自由往来；增强合作互助，在本地区消除贫困，缩小贫富差距……尊重各成员国的独立、主权、平等、领土完整和民族特性。"要达成上述目标，不仅需要东南亚国家联盟的各成员国在其国内立法中增加禁止歧视的内容，也需要在区域层面上出台更多统一的禁止歧视法律文件。

在当前亚洲各国的禁止歧视法律中，对歧视的定义、理由、领域等内容，已经有了比较明确的规定。不过，各国的规定之间有时存在着比较大的差距，禁止歧视法律的严格程度参差不齐。

例如，在歧视的定义方面，韩国的《促进男女就业机会平等和支持工作与家庭平衡法》给出了比较详细的就业领域中性别歧视的概念：本法中，术语"歧视"指的是对雇员适用不同的雇佣或工作条件，或者是基于性别、婚姻、家庭地位、怀孕或分娩等，没有合理理由地对他们采取不利措施。尽管雇主对男性与女性适用相同的

[①] 参见程洁：《韩国反就业歧视制度和机制》，载林燕玲主编：《反就业歧视的制度与实践——来自亚洲若干国家和地区的启示》，社会科学文献出版社2011年版，第249—291页。

禁止歧视：理念、制度和实践

招聘或工作条件，但是如果符合这些条件的男性或女性的人数明显少于符合条件的相反性别的人数，将对该性别的人产生不利的后果，并且如果这些条件的适用不能被证明是公平的，就构成了歧视。同时，该法还指出了3种可能的例外情况：第一，根据工作的性质，某特定性别的雇员是绝对需要的；第二，采取措施去保护处于妊娠期、分娩期以及哺乳期的女雇员；第三，为了消除目前存在的歧视，国家和当地政府或者雇主临时性地采取专门的措施，对某特定性别的人群给予特惠待遇。相比之下，乌兹别克斯坦的《劳动法典》中规定的就业歧视概念较为简单：施加任何基于性别、年龄、种族、人种、语言、社会出身、财产状况、官方身份、宗教、信仰、公民协会成员以及其他与工人的职业素质及其工作表现无关的限制，或在劳动关系中给予特权，构成"歧视"。

在歧视的理由方面，韩国的《国家人权委员会法》中明确规定，禁止歧视的理由有19种，包括性别、宗教、残疾、年龄、社会地位、出生地、来源国家、民族、面貌特征、婚姻状况、种族、肤色、政治见解、家庭构成、怀孕或生育、犯罪记录、性取向、教育背景、医疗记录等。这是迄今为止各国国内立法和区域立法中规定得最为广泛的禁止歧视理由，超过了所有欧美国家的禁止歧视理由的范围。《日本国宪法》中阐明的禁止歧视理由只有5种，即种族、政治信仰、性别、社会地位和身份。

在歧视的领域方面，《印度共和国宪法》禁止国家在进入公共场所和使用公共设施中以宗教、种族、种姓、性别、出生地等理由，使公民权利受到任何形式的剥夺、承担法律责任、受限制或附加条件。该法尤其细致地规定了进入公共场所和使用公共设施的各种情形：进入公共场所具体包括进入商店、公共餐厅、旅馆和公共娱乐场所；使用公共设施具体包括使用完全或部分由政府资金维护或给大众使用的水井、水桶、沐浴设施、道路、公共休闲场所等。韩国的《国家人权委员会法》中也涉及极为广泛的禁止歧视领域，包括雇佣中的招聘、聘用、教育、分配、晋升、支付工资以及工资以外的奖金、融资、退休年龄、退休、解雇等方面，对财货、劳务、交通工具、商业设备、土地、居住设备的供给和利用等方面，对教育设施、职业培训机构中的教育和训练及其利用等方面。① 一般来说，各国在禁止歧视法律中规定得更为详细的内容正是该国歧视问题较为严重之所在，因此需要通过更严格的法律规制加以消除。比如，《印度共和国宪法》详细规定了进入公共场所和公共设施的各种情形，是因为从前"贱民"是被严格禁止进入这些场所和使用这些设施的。

在实践中，亚洲的许多国家设立了专门机构，负责实施与禁止歧视有关的法律。不过，各国的专门机构在性质和作用等方面存在着不少差别。比如，韩国在 2001 年成立的国家人权委员会是负责实施禁止歧视相关立法的专门机构，具有独立性和准司法性。首先，国家人权委员会独立地处理其职权范围内的事项。其职权范围主要包括：调查研究有关人权的法律、法律草案、政策、司法制度等，询问有关公共或私人部门，发现问题，提出改进的报告；接受所有歧视和违反人权的申诉，并进行调查和处理；进行人权和反歧视的教育；与国内或者国际人权机构、非政府组织合作。其次，国家人权委员会可以接受歧视申诉，进行调查，提供调解或其他的救济方案，类似于司法机构对歧视受害者进行救济。在申诉阶段，歧视受害者本人以及了解歧视行为发生的个人或组织都可以提起申诉。国家人权委员会在认为歧视情况严重时，即使不经过申诉，也可以依据职权进行调查。在调查阶段，国家人权委员会享有接近司法机构的各种调查权力，如果相关方不配合调查，可以对其处以罚款。在调解阶段，国家人权委员会成立专门的调解委员会进行调解。如果双方当事人自己达成和解，在和解协议上签字并经过调解委员会认可，即可结束申诉。如果双方当事人不能达成和解，调解委员会将作出申诉处理决定。决定内容可以包括：停止歧视行为；恢复原状；向歧视受害者赔偿损失；采取措施以防止歧视行为继续发生；其他的补救措施。决定作出后两周之内，如果双方当事人没有提出书面异议，就视为决定已经被接受。不过，决定不具有法律强制力，只

---

① 参见刘小楠主编：《反就业歧视的理论与实践》，法律出版社 2012 年版，第 355—414 页。

具有劝告的性质，接受与否由双方当事人自己决定。与司法救济相比，国家人权委员会的申诉程序比较简便，周期较短，不收费用，对歧视受害者的举证责任要求较低，更加注重委员会自身根据职权进行调查取证。因此，愿意采用国家人权委员会申诉程序的歧视受害者比较多。据统计，从 2001 年到 2011 年，国家人权委员会共受理了 11621 件有关歧视的申诉案件，作出了 396 项劝告决定，其中超过 3/4 的劝告决定被当事人接受。因此，韩国的国家人权委员会在实施禁止歧视相关立法方面还是发挥了相当有效的作用。

相比之下，同样作为禁止歧视相关立法实施机构，菲律宾的人权委员会在性质和作用方面都比韩国的国家人权委员会受到更多的限制。菲律宾的人权委员会虽然也是独立机构，也有调查人权问题、监督和建议政府行事、进行人权宣传教育等职能，但是并不具有准司法机构的性质，对歧视问题没有调解或裁决的权力。它更像是一个行政机构，协助法院进行相关调查以获取证据。

除了负责实施与禁止歧视有关的法律的专门机构之外，各国的歧视救济制度尤其是司法救济制度的有效性等也很不同。这里涉及各国的传统文化对歧视问题本身及其救济手段的不同态度。例如，印度通过设立专门的法律实施机构，采取肯定性行动和发布法院判决，力图更好地贯彻执行禁止歧视法律，为歧视受害者提供救济。以保护"贱民"免受就业歧视为例，印度在 1978 年设立了国家表列种姓和部落委员会，调查和领导基于宪法和法律关于表列种姓和部落规定的保护措施的实施；在 1993 年设立了国家人权保护委员会，指导对侵犯人权、歧视受宪法和法律保护人群的行为进行独立调查。政府在就业层面采取了工作保留体系计划，以为表列种姓、表列部落和所谓的"落后"阶层（主要是"贱民"阶层）保留在政府、公共行政机构、政府资金支持的私人公司中的公共部门、公立教育机构等地方的职位。法院通过 Union for Civil Liberties v. State of Tamil Nadu 案、Indra Sawhney v. Union of India 案等重要的案件，减少"贱民"阶层受到的就业歧视，加强对劣等种姓职位保留制度的合法性进行规制。然而，由于种姓歧视在印度的传统文化中早已根深蒂固，上述努力在现实中经常碰壁。政府的肯定性行动从一开

第五章
亚洲禁止歧视理念、制度和实践

始就受到人们有关"反向歧视"的质疑，在农村等地由于种姓和宗教观念非常浓厚，几乎不能推行下去。法院的判决虽然具有比较强烈的平等精神，但是引起了人们对司法能动性越界的疑问，同时在现实中也遇到了社会和文化偏见的强大阻力，对"贱民"阶层从事条件较差的低等工作等情况无法形成有效的制约。① 日本深受东方传统的儒家非诉法律文化的影响，注重运用多种渠道协商解决歧视纠纷，具体包括基层自主解决、向地方劳动部门申诉、向争议调解委员会申请调解、向劳动审判委员会申请裁决、向法院提起诉讼等方式。协商解决歧视纠纷的渠道呈多样化，不仅负责实施禁止歧视相关立法的专门机构——争议调解委员会的作用显得不太突出，而且法院最终收到的案件数量相对较少。据统计，在 41 年中，日本法院总共才作出 82 个有关就业性别歧视的判决。当然，一些经典的法院判决，如 1966 年的住友水泥公司案、2000 年的住友电工公司案等，对于认定在特定情形下是否构成歧视还是发挥了比较关键的作用。

相对于政府、法院等官方采取的歧视救济手段来说，公民社会在实施禁止歧视法律的方式上显得更加大胆和灵活。例如，韩国民辩由来自韩国各地的五百多名律师组成，通过诉讼、研究和调查，保护基本人权和社会公正，为 Guro 团结罢工等著名案件进行了集体辩护。菲律宾法律资源中心注重运用法律保护妇女和穆斯林的平等权益，针对穆斯林司法系统开展了"倡导和改善穆斯林权利项目"，针对妇女权益问题开展了"性别与发展项目"。这些活动普遍地推动了官方层面对弱势群体平等权利的进一步关切。②

总的来说，各国的传统文化中仍然或多或少地存在着一些不利于现代的禁止歧视制度充分发挥作用，甚至与现代的禁止歧视制度产生冲突的观念，需要进一步使之转化、融合，与现代的禁止歧视制度和谐发展。

---

① See Anna Puthuran, Interview About the Indian Anti-discrimination Law, Mumbai, Dec. 29, 2009.
② 参见蔡定剑、刘小楠主编：《反就业歧视法专家建议稿及海外经验》，社会科学文献出版社 2010 年版，第 130—211 页。

禁止歧视：理念、制度和实践

4 亚洲禁止歧视理念、制度和实践的启示

综上所述，在亚洲的禁止歧视理念中，本地的传统文化与外来的平等理念之间张力凸显。亚洲的禁止歧视制度和实践呈现出局部地区先进、整体发展不平衡的态势。根据笔者目前对亚洲的禁止歧视理念、制度和实践的不完全分析，Dimitrina Petrova 的统计由于缺乏一些重要的数据，对亚洲的禁止歧视理念、制度和实践的概括不够全面。在 Dimitrina Petrova 的统计中，亚洲的反歧视制度及其实施的总体情况较为一般。其中，印度有着相对先进和完备的反歧视法律、政策、实践和有关平等方面已经存在的案例法，并且反歧视法律和政策已经过至少 5—7 年活跃状态的实施；印度尼西亚、吉尔吉斯斯坦、塔吉克斯坦、土耳其在宪法中规定禁止歧视，并且附带性地有一些在特定领域或针对特定种类的禁止歧视的法律规定，但是缺乏法律实施的记录；不丹、文莱、伊朗、约旦、科威特、黎巴嫩、马来西亚、沙特阿拉伯、阿拉伯联合酋长国、也门在宪法上完全缺乏或只有充满缺陷的、不适当的有关歧视的规定，其中包含那些基于宗教法典化而存在局限的国家和尚未加入主要的国际文件的国家。相应地，亚洲的反歧视理念发展水平比较一般。其中，印度的反歧视理念发展水平最高，印度尼西亚、吉尔吉斯斯坦、塔吉克斯坦、土耳其的反歧视理念发展水平比较一般，不丹、文莱、伊朗、约旦、科威特、黎巴嫩、马来西亚、沙特阿拉伯、阿拉伯联合酋长国、也门的反歧视理念发展水平比较落后。总体上，在 Dimitrina Petrova 的统计中，最为突出的一个问题是完全漏掉了亚洲发展水平和文明程度最高的东亚地区。根据本章中对韩国、日本两个东亚地区国家的分析，这两个国家在禁止歧视的立法及其实施方面至少已经与印度齐平。其中，韩国的禁止歧视制度和实践的发展水平正在向欧美发达国家看齐，甚至在有些方面，如禁止歧视理由的广泛程度，已经达到了世界领先水平。相应地，其禁止歧视理念的发展水平也是比较高的。东亚数据的缺失不仅影响了对东亚地区的禁

第五章
亚洲禁止歧视理念、制度和实践

止歧视理念、制度和实践进行客观估计，而且降低了对亚洲的禁止歧视理念、制度和实践的整体评价。因此，Dimitrina Petrova 的统计结论是不够全面的。

具体而言，亚洲的禁止歧视理念、制度和实践给中国带来了以下启示：

首先，亚洲的禁止歧视理念既受到了在本地植根已久的传统文化的根本影响，又受到了自近代以来从西方大量集中输入的外来理念的强烈冲击，在传统文化与外来理念之间凸显了张力，使得亚洲的禁止歧视制度和实践中既有符合传统文化要求的一面，也有效仿西方相关制度的一面，并且在两者之间时常处于一种摇摆不定的状态。这表明，要想在受到西方理念冲击的国家发展一套适合本地文化的禁止歧视理念，十分需要在传统文化与外来理念之间找到比较恰当的平衡，通过取长补短、去芜存菁等方式，将两者有机地结合起来，共同为有效地指导当今时代的禁止歧视制度和实践而服务。亚洲本地发展起来的传统文化中的禁止歧视理念包括从公元前11世纪到公元前4世纪的希伯来先知们宝贵的平等思想，最早从亚洲发源的世界三大宗教佛教、基督教、伊斯兰教的平等思想，以及底层人民在争取平等的运动和斗争中提出的反歧视观念等。这些本地的禁止歧视理念往往同时具有先进性和局限性。要想使它们在今天更好地指导禁止歧视的制度和实践，需要把一些局限性较强的思想剔除。例如，在伊斯兰教的平等思想中，可以坚持真主安拉面前人人平等，并且要求人们不能对社会不平等现象等闲视之，而要积极行善，救济穷苦和受害的人，但是应当放宽严格限制自由的宗教功课制度，并且对存在明显的性别歧视倾向的教义在现代性别平等的原则下进行新的解读。在近代之后从西方集中输入亚洲的外来理念中，禁止歧视理念主要是指当时较为先进的资本主义平等观念，尤其是洛克、孟德斯鸠、伏尔泰、卢梭等人比较强调民主、法治、人权、自由的平等思想。对于这些平等思想中好的部分，可以充分吸收，如注重个人的平等权利、由个人在国家法律的保障下通过自己的努力在实践中追求平等权利的实现等思想。对于这些平等思想中不太好的部分，则可以不予吸收，并且对这些平等思想之外的西方殖民

禁止歧视：理念、制度和实践

者对亚洲人民抱有的真实的歧视性看法坚决进行驳斥。只有通过有机地结合传统文化和外来理念中的禁止歧视理念，才能更好地构建既符合时代要求又具有本国特色的禁止歧视制度并推进其实施。

其次，亚洲的禁止歧视制度和实践在整体上发展很不平衡，局部地区禁止歧视制度和实践的发展很快，在一些特定的禁止歧视事项上已经向发达国家的标准看齐，甚至达到了世界先进水平；而其他地区禁止歧视制度和实践的发展则较为缓慢，受到传统观念的牵制较多，影响了对公民平等权利的有效保障。这体现了在一个禁止歧视制度和实践发展不均衡的地方，应当充分利用各个地区的有利条件，加快禁止歧视制度的整体建设，使禁止歧视制度和实践的基础水平有所提高。同时，应当加强对局部先进地区发展禁止歧视制度和实践的良好经验进行推广，以先进促后进，使整个地区的禁止歧视制度和实践发展更为均衡。在亚洲，东亚地区的禁止歧视制度和实践发展水平目前可能是最高的。对东亚地区，尤其是韩国的一些好的禁止歧视制度和实践经验，如在立法上扩展禁止歧视的理由、加强禁止歧视专门机构的职能等，应当向亚洲的其他地区积极推广。同时，应当继续推进亚洲地区区域合作机制的建设，并且使其包含禁止歧视的具体内容。这样，可以通过在区域合作机制中设定禁止歧视制度共同的最低标准，促进亚洲各国在本国法中普遍加强禁止歧视制度的建设。

最后，亚洲目前的禁止歧视制度和实践尽管在立法、行政、司法和非官方行动者的合作推动下正在向前发展，但是受到一些传统文化的不利影响较深，从各个方面阻碍了其发展进程。这说明，在一些传统文化植根深厚的地区发展禁止歧视制度和实践，需要更多地将传统文化进行转化和融合，使之符合现代的禁止歧视理念，从而能够与当前的禁止歧视制度和实践和谐地共存和发展。第一，在立法方面，虽然许多亚洲国家已经在法律体系中逐渐制定了与禁止歧视有关的各种单行法律，或者将保障公民的平等权利和禁止歧视确立为宪法的重要原则，并且发展出详尽程度不一的相关具体规范，但是仍有一些亚洲国家将带有较为强烈的歧视性质的宗教规则作为法律适用，严重影响了禁止歧视制度的建立和发展。第二，在行政方面，尽管如韩国等亚洲国家已经设立了权限较大、效率较高的禁止歧视专门机构，但是其他许多国家如菲律宾等在禁止歧视专门机构的性质和作用方面仍然受到严重的限制，甚至有些国家认为不应当以禁止歧视专门机构的形式促进禁止歧视立法的实施，因而根本无意建立这样的机构。第三，在司法方面，印度等国家已经通过广泛发布法院的判决，力图更好地贯彻执行禁止歧视法律，为歧视受害者提供救济，但是日本等国家则深受东方传统的儒家非诉法律文化的影响，不愿意向争议调解委员会、法院等具有一定裁决性质的歧视纠纷解决机构提起案件。第四，在非官方行动者方面，相对于官方层面存在的许多受传统文化影响，不积极推动禁止歧视制度和实践发展的现象而言，非官方层面的反歧视活动在整体上还是更为主动一些。公民社会在实施禁止歧视法律的方式上尤其显得比政府和法院更加大胆和灵活，通过各种途径普遍地推进了官方层面对弱势群体平等权利的进一步关切。因此，要想加快消除传统文化对禁止歧视制度和实践发展的不利影响，最好以公民社会为先锋，大力开展各项反歧视活动。

第六章
非洲禁止歧视
理念、制度和实践

1 概　　述

　　非洲，全称"阿非利加洲"，是世界第二大洲，人口也居世界第二位。非洲的历史十分悠久，在近现代是一部与殖民主义的抗争史。在上古时期，非洲创造了光辉灿烂的古代文明。在近代，西方列强全面侵入非洲进行殖民统治，给非洲大陆和非洲人民带来了深重的灾难。在现代，非洲的独立运动和非殖民化的浪潮高涨，绝大多数国家获得了独立。在当代，非洲各国努力发展经济，但是取得的成就还比较有限。在政治方面，非洲各国通过成立非洲联盟等合作形式，力图扩大影响力。在经济方面，非洲仍然是世界上经济发展水平最低和发展中国家最集中的大洲。在社会方面，非洲社会中的一个主要矛盾是非洲本地居民与前殖民者之间的矛盾，另一个主要矛盾是非洲本地不同的种族、民族之间的矛盾。在文化方面，当代非洲仍然受到前殖民者的很多影响，正在努力寻回失落的文明，提升民族自尊心。非洲分为北非、东非、西非、中非、南非5个地理区。北非包括埃及、苏丹、南苏丹、利比亚、突尼斯、阿尔及利亚、摩洛哥，经常和西亚合称"阿拉伯世界"。除埃及外，大部分北非国家的发展水平较低。东非包括埃塞俄比亚、厄立特里亚、索马里、吉布提、肯尼亚、坦桑尼亚、乌干达、卢旺达、布隆迪、塞舌尔，经过长期的殖民统治，现在较为贫穷，政治也不稳定。西非包括毛里塔尼亚、西撒哈拉、塞内加尔、冈比亚、马里、布基纳法索、几内亚、几内亚比绍、佛得角、塞拉利昂、利比里亚、科特迪瓦、加纳、多哥、贝宁、尼日尔、尼日利亚，历史上经济和人口受破坏严重，现在正加强经济建设。中非包括乍得、中非共和国、喀麦隆、赤道几内亚、加蓬、刚果、刚果民主共和国、圣多美和普林西比，都属

禁止歧视：理念、制度和实践

于发展中和低收入国家。南非包括赞比亚、安哥拉、津巴布韦、马拉维、莫桑比克、博茨瓦纳、纳米比亚、南非共和国、斯威士兰、莱索托、马达加斯加、科摩罗、毛里求斯，至今仍受前殖民国家的影响，种族冲突尤为激烈。①

根据 Dimitrina Petrova 的统计，非洲的反歧视法及其实施的主要情况如下：第一类国家，即有着相对先进和完备的反歧视法律、政策、实践和有关平等方面的已经存在的案例法，并且反歧视法律和政策已经过至少 5—7 年活跃状态的实施的国家，没有统计到；第二类国家，即在最近的 5—7 年内通过了比较完备的平等法律，并且组成了专门的机构以推进平等法律的实施，但是还没有或者很少有实施平等法律的经验，案例法的数量极少的国家，有南非 1 个；第三类国家，即在宪法中禁止了歧视，并且附带性地有一些在特定领域或针对特定种类的禁止歧视的法律规定，但是缺乏法律实施的记录的国家，有阿尔及利亚、乍得、几内亚、马达加斯加、马里、尼日尔、塞内加尔、苏丹；第四类国家，即在宪法上完全缺乏或只有充满缺陷的、不适当的有关歧视的规定，包含了那些基于宗教法典化而存在局限的国家和尚未加入主要的国际文件的国家，有埃及、摩洛哥、塞拉利昂、突尼斯。从总体情况来看，非洲所统计的国家具有一定的代表性，但是只能反映约 1/4 国家的情况，大多数国家没有被统计在内。其中，第三类国家的数量最多，第四类国家的数量较多，第二类国家的数量较少，第一类国家没有统计到。这个数量显示了非洲所统计的国家中，大多数国家在宪法中禁止歧视，并且附带性地有一些在特定领域或针对特定种类的禁止歧视的法律规定，但是缺乏法律实施的记录。从分区情况来看，非洲所统计的 13 个国家中包括 2 个南非国家、5 个北非国家、1 个中非国家、5 个西非国家。可见，非洲所统计的国家涵盖了主要的 5 个地理区中的 4 个，其代表性在分区意义上有一定的显著性，但是存在一定不足，主要是统计中完全漏掉了东非地区。其中，南非国家主要分布在第

---

① See Encyclopedia Britannica，*Britannica Concise Encyclopedia*，Chicago：Encyclopedia Britannica，Inc.，2007，p. 23.

第六章
非洲禁止歧视理念、制度和实践

二类和第三类国家,北非国家主要分布在第三类和第四类国家,中非国家主要分布在第三类国家,西非国家主要分布在第三类和第四类国家。这个具体分布展示了非洲各个地理区中一些典型国家的禁止歧视制度和实践的发达程度:南非典型国家有的已经有了专门的反歧视立法及其实施机构,有的只有宪法的一般禁止歧视规定与针对特定领域和种类的禁止歧视规定;北非典型国家的宪法的反歧视规定还有缺陷、不适当或不存在;中非典型国家只有宪法的一般禁止歧视规定与针对特定领域和种类的禁止歧视规定;西非典型国家也只有宪法的一般禁止歧视规定与针对特定领域和种类的禁止歧视规定。[①]

综上所述,Dimitrina Petrova 对非洲的反歧视法及其实施情况的统计具有一定的代表性,但是这种代表性在总体数量上不够充分,在分区意义上也有一定的不足,漏掉了东非地区。对上述部分典型国家的统计显示,非洲的反歧视法及其实施情况总体较为一般,大多数国家比较缺乏专门的反歧视法,仅有宪法的一般禁止歧视规定与针对特定领域和种类的禁止歧视规定。其中,南非个别国家有专门的反歧视法及其实施机构;南非部分国家、中非、西非比较缺乏专门的反歧视法;北非在宪法上还没有充分禁止歧视,甚至可能鼓励歧视;东非的反歧视法及其实施情况缺乏数据支持。按照 Dimitrina Petrova 的观点,这同时也基本显示了非洲各个地区在反歧视理念方面的发展水平,即非洲的反歧视理念总体发展水平比较一般,其中南非个别国家的反歧视理念发展水平最高,南非部分国家、中非、西非次之,北非相对比较落后。以下将对非洲的禁止歧视理念、制度和实践进行更具体和深入的探讨,看看是否符合上述结论。

[①] See Dimitrina Petrova, Implementing Anti-discrimination Law and the Human Rights Movement, *Helsinki Monitor*, 2006, 17 (1), pp. 19—38.

禁止歧视：理念、制度和实践

2 随非殖民化浪潮活跃登场的非洲禁止歧视理念

有关非洲的禁止歧视理念在历史上究竟是如何形成的、早期经历了什么样的发展、怎样对非洲人民今天的平等和反歧视思想产生了影响这一系列的问题，目前还比较缺乏翔实的史料可供细致的分析。这一困难一方面是由于世界上最古老的文字——古埃及象形文字直到19世纪之后才被成功地破译，因而至今人们对非洲早期历史的了解仍然非常有限；另一方面则是因为西方殖民者在数百年的时间里对非洲人民进行了极端残酷的殖民统治，贩卖黑奴、瓜分非洲等世界历史上极为黑暗的一些篇章使得古老灿烂的非洲文明几乎完全断绝。今天人们所知道的早期的非洲禁止歧视理念只能从一些比较零散的、不完整的古事记载中找到，并且这些记载还不是由对这些理念持赞同态度的底层人民所书写的，而是由那些对平等理念强烈反对和大肆批判的奴隶主所留下的。例如，在埃及一处墓地发现的《伊浦味箴言》中，作者伊浦味描述了大约在公元前18世纪中叶由古代埃及的农民、手工业者、城市贫民和奴隶发起的一次底层人民联合起来反抗奴隶主暴政、要求平均分配财富的大起义的情景。作为一名奴隶主阶级的统治者，伊浦味哀叹道："大地像陶轮一样翻转起来，强盗已变成财富的主人……国境变成沙漠，各州被抢劫一空……国都，它在顷刻之间遭毁……那本来没有财产的人，现在已变成财富的所有主；那本是受人驱遣的人，现在却来驱遣他人了；那本来自己没有谷物的人，却已成为谷仓的所有主，国王的粮仓变成一切人的财产。"[①] 伊浦味所记载的正是底层人民追求平等权利的一次典型斗争。在这一斗争中，底层人民通过废黜法老，将昔日的高官显贵纷纷打倒并赶走，把国王的仓库里面的粮食拿出来平均分配，把朝廷的文书扔到街头进行践踏和撕毁等行动，成功地推翻了

[①] John D. Currid, *Ancient Egypt and the Old Testament*, Grand Rapids: Baker Academic, 1997, pp. 23—33.

第六章
非洲禁止歧视理念、制度和实践

国王的专制政权,动摇了奴隶主的残酷统治,夺回了被奴隶主强制榨取的财富,使埃及发生了天翻地覆的变化。尽管这次起义后来被镇压了,但是起义民众在这一斗争中所表现出来的积极追求平等、平均分配财富的精神还是十分值得肯定的。尤其是在起义的过程中,农民、手工业者、城市贫民和奴隶这些阶层联合起来,冲破了当时奴隶社会中对个人的身份、阶级等的种种限制,是非常难能可贵的一种尝试。这一斗争也激励了许多后来产生的反抗埃及奴隶主统治的运动,包括《圣经》中所记载的大约发生在公元前15世纪的犹太人民摆脱埃及奴役的斗争,即由著名的犹太人先知摩西所领导的"出埃及记"。这一斗争不仅加强了犹太人民的独立自由观念,也加快了基督教的一些早期平等思想,如"上帝面前人人平等"等在实践中的发展。因此,尽管现在只能从一些比较零散的、不完整的古事记载中找到早期的非洲禁止歧视理念的一鳞半爪,但是并不妨碍人们对这些理念产生一定程度的敬意。

在西方殖民者到来之后,非洲人民在很长一段时期陷入被杀害、贩卖、奴役、驱赶、剥夺、压迫的悲惨境地。但是,非洲人民不管身在哪里,从来没有忘记过坚持开展追求自由、平等的勇敢斗争。在这些斗争中,非洲的禁止歧视理念得到了发展,并且以反抗殖民统治、争取最基本的平等人权为主要特色。例如,在著名的萨默塞特案件中,萨默塞特是一个非洲奴隶,被主人从英国在北美的一个殖民地买下并带回了英国。1771年,萨默塞特逃脱了,但是之后重新被抓,并被主人囚禁起来准备卖往英国的另一个殖民地牙买加。萨默塞特在英国的地方法院提起了诉讼,宣称对他的囚禁是不合法的,英国当时的法律并不允许奴隶制度的存在。萨默塞特指出,英国的合同法不允许任何人将自己卖身为奴,也不允许未经一个人的同意而将其卖身为奴的合同生效。他从法律的细节而不仅仅是从人道主义的原则中找到了自己应当恢复自由的理由。最终,萨默塞特的辩护被法官采纳,他获得了自由。由于英国实施案例法制度,萨默塞特案件的影响迅速遍及全国,使英国本土大量的奴隶获得了释放。这一案件成为英国本土奴隶制终结的标志。萨默塞特提出的英国合同法中禁止卖身为奴条款在本案中的适用这一主张,正是法律

禁止歧视：理念、制度和实践

人格平等原则在黑人奴隶争取自由平等的斗争中极为恰当的贯彻。通过应用法律人格平等原则，奴隶制度在英国法律上失去了合法性，最终全面败退下来。萨默塞特的这一平等理念和斗争经验后来逐渐传播到了英国的各个殖民地中，被殖民地人民纷纷效仿，从而加速了殖民地人民获得解放和平等的基本权利。

又如，在19世纪，苏丹的民族英雄马赫迪领导了反抗英国和埃及统治、争取苏丹独立的斗争。马赫迪原名艾哈迈德，是一名伊斯兰教的教士，后来自称为"救世主马赫迪"，号召人民均贫富、反压迫，武装反对英国和埃及的殖民统治。当时，苏丹正处在封建专制政权的统治下，19世纪70年代以后又被纳入埃及和英国的势力范围。艾哈迈德在传教活动中看到广大农牧民和手工业者因为官府和教会的苛捐杂税和横征暴敛而被搜刮得一无所有，被迫落荒逃难，甚至卖儿鬻女；而城镇里的欧洲殖民者、本国富商、封建官吏和宗教权贵却继续过着花天酒地的生活。这种鲜明的不平等的对照激起了他的愤怒。1881年，马赫迪宣布起义。在起义宣言中，他谴责了专制政府对百姓的残酷剥削和压迫，号召广大农牧民和手工业者抵抗捐税，鼓励各个社会阶层广泛地参加起义，铲除外国殖民者和反动官吏，推翻专制政府。他声称要建立一个普遍平等、处处公正的美好社会。在领导武装斗争期间，马赫迪大力宣传原始伊斯兰教教义中的平等原则，主张把《古兰经》和先知的圣训作为社会的指导原则。他专门制定了财政、税收、生产、外贸等各项政策，设立了中央金库以管理起义者的经济生活。根据原始伊斯兰教教义中关于公正与平等的原则，马赫迪多次下令，阐明中央金库的财富归整个社会共同所有，起义者从最高将领到普通战士平均分配，任何个人都不得盗用公共财富，否则将加以严惩。中央金库财富公有制度体现了非洲人民在当时所具有的较为先进的平等思想，与无产阶级的社会主义公有制度存在一些相似之处。虽然马赫迪领导的起义最终失败了，但是他提出的上述理想和制度仍然有着很强的生命力，引导着后来非洲各国人民争取独立平等地位的非殖民化斗争，对非洲

第六章
非洲禁止歧视理念、制度和实践

的禁止歧视理念和制度的发展做出了比较大的贡献。[①]

到了20世纪,随着非殖民化浪潮的日趋高涨,非洲人民更加广泛地开展反抗外来侵略和压迫、争取独立自由和平等的各种活动。例如,在一战之前,阿尔及利亚、埃塞俄比亚、加纳、几内亚、肯尼亚、马达加斯加、马里、苏丹、索马里以及东非和南非的其他很多国家都爆发过大规模的反殖民武装斗争。在一战和二战中,埃及、埃塞俄比亚等国发起了震动整个世界的争取独立和反对法西斯统治的战争。在二战之后,非洲的民族解放和独立运动更加风生水起。到20世纪六七十年代,各国的民族解放组织通过互相支持和团结合作,使得除了少数的南非地区之外,绝大多数的非洲殖民地先后获得了独立。在这些活动中,非洲的禁止歧视理念随之得到了进一步的发展,在单纯的反对殖民主义、争取平等的基本人权的基础上,又增加了反对帝国主义和种族主义、在国际和国内都实现平等的要求。

其中,坦桑尼亚国父尼雷尔是贯彻这种新的禁止歧视理念的一名杰出的代表。尼雷尔在坦桑尼亚的独立运动中,主张采用非暴力的斗争方式,通过内部自治,分阶段地实现民族独立,建立起一个非洲人、亚洲人和白人互相信任、互相合作的多民族和谐共存的国家。经过长期艰苦的斗争,尼雷尔于1964年最终宣布成立坦桑尼亚联合共和国,并当选为第一任总统。此后,尼雷尔在制定对内和对外政策的过程中都十分注重运用平等的原则。在对内治理方面,尼雷尔于1967年发表了《阿鲁沙宣言》,宣布坦桑尼亚要走社会主义道路。其中,国家将大中型的工矿企业、贸易商行和金融机构等都收归国有,有计划地建立一批国营企业和准国营企业,限制民族资本的发展,以防止财富的过分集中和出现人剥削人的现象;同时,通过恢复农村传统的共同占有土地、集体劳动和按劳分配的社会制度,力图树立非洲社会主义的样板。在对外交往方面,尼雷尔在国际事务中积极地支持非洲和世界其他地方未独立地区的人民开展反

---

① See David Lamb, *The Africans*, Revised, Updated Edition, New York: Vintage, 1987, pp. 25—186.

禁止歧视：理念、制度和实践

对殖民主义和白人种族主义的斗争。他长期担任非洲统一组织解放委员会的主席，对南非人民争取独立的斗争做出了重要的贡献。1965年，为了抗议英国对单方面宣布独立的南罗得西亚白人种族主义政权进行庇护，他宣布坦桑尼亚与英国断交。尼雷尔还奉行不结盟政策，要求建立国际经济的新秩序，倡议第三世界国家加强团结和合作，用同一个声音与发达国家进行谈判，改革现有的不平等的国际经济关系。尼雷尔缔造和践行了非洲的社会主义理论，其指导思想主要包括以下一些方面：第一，在建国的理念方面，主张在自力更生的基础上建设非洲的社会主义国家，消灭贫困、疾病和愚昧，实现人人平等、自由和尊严。第二，在对内的经济发展方面，主张由国家来掌握经济的命脉，人人参与劳动，按劳取酬，共享经济发展的成果。第三，在对外的国际交往方面，主张联合各国的革命政府和政党，实现非洲的统一，反对新老殖民主义、帝国主义和种族主义对非洲的压迫。第四，在党的建设方面，主张坦桑尼亚的执政党是工人和农民联合组成的政党，代表广大穷苦民众的利益。执政党的党员必须奉行党的宗旨，遵守党的原则。党的领导人要带头执行党的纪律，如不得从事封建主义、资本主义的活动，不得在任何公司拥有股份，不得在私人企业中担任经理，不得领取双份或多份酬金，不得拥有用于出租的房屋等。① 尼雷尔所提出的非洲社会主义理论建立在比较彻底地在政治、经济等方面追求对内和对外平等的思想基础上，反映了当时非洲的禁止歧视理念已经发展到了较高的水平。

非洲的非殖民化浪潮发展的顶点是标志着所有非洲大陆国家摆脱了殖民主义和种族主义枷锁的两大事件——1990年纳米比亚的独立和1994年南非白人种族主义政权的垮台。在这一时期，非洲的禁止歧视理念也基本上达到了发展的高峰。在南非白人种族主义政权垮台的过程中，以曼德拉为代表的南非黑人运动领袖发展了"非洲主义""民族主义"等宣传黑人与白人平等的或激进或克制的不同理

---

① See Cranford Pratt, *The Critical Phase in Tanzania: Nyerere and the Emergence of a Socialist Strategy*, Cambridge: Cambridge University Press, 2009, pp. 63—86.

论，最终在比较持中的理论基础上建立起倡导所有种族平等的新的独立国家。最初，这些南非黑人运动领袖很多都受到了伦比德提出的"非洲主义"平等理论的影响。伦比德认为，非洲人需要通过重新建立自信，恢复与欧洲人平等生活的勇气。他从三个方面论证了"非洲主义"平等理论的重要性和现实性：第一，自从远古时代起，非洲就是黑人生存和繁衍的土地。只有非洲人才是非洲这块热土的真正主人。第二，在历史上，非洲人曾经饱受种族歧视的伤害，因而非洲人必须重新建立自信，相信自己具有光荣的历史和天赋的力量，有能力为自己的国家创造美好的未来。第三，在当下，非洲人应该摒弃各自比较狭隘的部落主义，坚持统一的非洲民族思想。

但是，以坦博为代表的一部分南非黑人运动领袖对伦比德提出的"非洲主义"平等理论表示质疑，认为这一平等理论明显地将白人排除在了非洲人之外，带有对白人的强烈歧视，是另一种形式的种族主义。与此相对，他们倡导一种所谓的"民族主义"平等理论。坦博指出，应当把白人也吸纳到非洲人的范畴中来，把"南部的非洲人"这一具有歧视性的提法改换成包容性更强的统一的"南非人民"，以利于团结南非社会中存在的一部分抱有自由主义和共产主义思想的白人。他相信，南非的黑人和白人共同组成了南非社会，无论这一现状在历史上是如何形成的，对南非当前的种族歧视问题的改革都不能脱离这一现状而进行。

坦博的"民族主义"平等理论刚刚提出时，遭到了曼德拉的强烈反对。曼德拉指出，长期以来，抱持着自由主义思想的白人提出了一些较为温和的社会改革方案。这些方案在很大程度上削弱了黑人坚持抵抗白人的决心，麻痹了他们的独立精神和自由意志，阻碍了黑人反抗力量的加强，导致南非黑人运动的领导权一度旁落到白人的手中。在当前的斗争阶段，只有坚定不移地坚持"非洲主义"的平等理论，才能持续唤醒黑人的民族自尊心和自豪感，增强与白人进行平等权利谈判的自信，并且保证南非黑人运动的方向始终由黑人自己掌控。在上述思想的指导下，曼德拉先后多次发起规模巨大的黑人反抗白人种族歧视和种族隔离的群众运动，取得了世界性的影响力。然而，曼德拉领导的这些群众运动为政府所镇压，他本人也被多次投入监狱中长期服刑。

在这段十分艰难的斗争岁月里,曼德拉得到了很多来自白人同情者的营救和帮助,促使他的思想从早期比较狭隘激进、排斥白人的"非洲主义"平等理论中解脱出来,朝着更为克制、包容白人的"民族主义"平等理论的方向迈进。1955年,他作为主导者参与起草了南非人民代表大会通过的纲领性文件《自由宪章》,在其开头就宣称:"南非属于在南非居住的所有人民,无论是黑人还是白人。全体南非人民,包括黑人和白人,都是具有平等地位的人,是同胞和兄弟。"《自由宪章》构成了后来《南非共和国宪法》的重要基石。经过漫长曲折的反对种族歧视和种族隔离的斗争,南非黑人最终取得了宪法对他们平等权利的根本保证。1993年,南非通过了《过渡时期临时宪法》,其中规定:"在万能的上帝保佑之下,南非人民宣布,将在这里建立一种全新的秩序。在这一全新的秩序之下,所有的南非人都将在一个具有权威性的民主的宪法体制内获得同等的公民资格,这其中包括了男性与女性之间的平等,也包括了所有种族之间的平等。所有的南非公民都将在这一全新的秩序之下享有并行使公民的基本权利和基本自由。"这一表述后来被1996年通过的《南非共和国宪法》所认可。① 上述规定显示,以曼德拉为代表的南非黑人运动领袖最终选择了一种更具有融合性、包容性的平等理论,以反对种族歧视和种族隔离。这被认为是南非黑人运动取得成功的一个主要原因,为曼德拉个人和整个南非都赢得了全世界的尊重和敬佩。这种平等理论既体现了南非黑人对平等理想的无限热爱和不懈追求,又显示了他们对现实状况的充分理解和自我克制,反映了以曼德拉为代表的南非黑人运动领袖当时所具有的结合了理想和现实的比较持中的禁止歧视理念,最终促使他们较为成功地建立了倡导所有种族平等的独立国家。

在南非的白人种族主义政权垮台之后,非洲的禁止歧视理念也翻开新的发展篇章。在经历了上百年的艰辛斗争之后,非洲各个国

---

① See Nelson Mandela, *Long Walk to Freedom: The Autobiography of Nelson Mandela*, Unabridged Edition, Boston: Back Bay Books, 1995, pp. 7—179.

第六章
非洲禁止歧视理念、制度和实践

家争取到了与西方殖民者之间平等的独立地位。然而，这一胜利本身并不能保证之后各国在国内建设和国际交往中始终遵循平等的理念。在国内建设方面，许多国家仍然延续了殖民地时期的隔离、分化、歧视等政策，把国内人民分为三六九等，使贫富差距急剧地扩大，底层人民继续生活在水深火热之中。这是一些已经独立的非洲国家至今仍然贫穷落后、内乱不断的重要原因之一。比如，利比里亚共和国早在1847年就宣告独立，但是由于从美国移民来的黑人与当地居民之间长期互相仇视、上层统治集团与底层人民之间矛盾比较尖锐等原因，至今在政治上依然很不稳定，而且是联合国公布的世界最不发达国家之一。在国际交往方面，取得了平等独立主权的非洲各国仍然继续追求与西方发达国家及前殖民宗主国在政治、经济等方面缩小差距，取得在世界舞台上实质的平等地位。但是，由于目前仍然广泛存在的不平等的世界政治、经济旧秩序，这一努力的进展十分艰难，不仅速度缓慢，而且收效甚微。

同时，非洲各国之间仍然存在着比较严重的种族、民族等方面的歧视和仇恨，引发了各国之间的不平等对待甚至种族灭绝、屠杀等极端行为。比如，在卢旺达和布隆迪两国，聚居着胡图族和图西族两大族群。这两大族群在体格、语言和文化方面都十分相近，但是在社会阶层方面却存在着比较大的差异，主要表现为：图西族人大多数是统治阶层，而胡图族人一般是社会底层的穷人。由于两大族群之间长期相互敌视，卢旺达和布隆迪两国曾经发生过多次由两大族群纠纷引起的大型武装冲突。其中，最令人触目惊心的是1994年发生的卢旺达种族大屠杀。屠杀的起因是身为胡图族人的卢旺达总统和布隆迪总统被图西族人暗害。之后，胡图族人在卢旺达、布隆迪及其周边国家展开了血腥的报复，使用砍刀、木棍、锄头等武器对图西族人以及主张民族和解的本族人进行了惨绝人寰的大屠杀，造成了将近100万人被杀，周边各国动乱持续了10年左右。尽管联合国在1995年成立了卢旺达问题国际刑事法庭，追究主要犯罪者的刑事责任，但是屠杀所造成的巨大伤害已经在各个国家和民族之间形成了相互不信任的鸿沟，在很长一段时间内无法重建起平等和谐的国家和民族关系。

禁止歧视：理念、制度和实践

对此，出生于加纳的联合国前秘书长安南曾经痛心疾首地说："20世纪90年代卢旺达所发生的大屠杀是整个人类的耻辱。"他后来又进一步阐述了自己对人人平等理念的认识："在21世纪，我们更深刻地认识到每个人的生命都是圣洁的，都是应该得到尊重的，不应该由于种族和宗教信仰的不同而有高低之分，联合国的任务就是为了实现这一切而努力。"① 因此，在加强在国内建设和国际交往中贯彻平等原则的问题上，非洲的许多国家急需学习更为有效的经验。在这一点上，以尼雷尔为代表所提出的比较彻底的非洲社会主义理论中的平等思想和以曼德拉为代表所提出的更具有融合性、包容性的平等理论，对许多其他国家具有良好的借鉴意义。

3 后殖民主义时期努力前行的非洲禁止歧视制度和实践

非洲的禁止歧视制度得以建立也是相对晚近的事。在西方殖民者到达非洲之后，非洲人民反抗殖民统治、争取独立和平等权利的斗争中虽然出现过一些均分财富的政策措施，但是适用的时间和空间范围都比较有限，没有形成更大规模稳固的法律制度。直到20世纪非洲各国陆续通过反殖民斗争获得独立之后，非洲的禁止歧视制度才正式建立起来。比如，尼雷尔在践行非洲的社会主义理论，建立起坦桑尼亚联合共和国之后，在对内和对外政策中广泛地适用平等原则，形成了国家层面上的一些初步的禁止歧视制度。在对内政策上，尼雷尔通过《阿鲁沙宣言》，恢复了农村传统的共同占有土地、集体劳动和按劳分配的社会制度，确立了经济上的平等发展权利。在对外政策上，尼雷尔作为非洲统一组织解放委员会主席，促成了《非洲统一组织宪章》的诞生，对非洲人民继续争取平等权利的斗争给予了坚决的支持。

---

① Kofi Annan, *Interventions: A Life in War and Peace*, New York: Penguin Books, 2013, pp. 159—173.

不过，非洲的禁止歧视制度在个人权利的层面上得以确立，主要还是通过非洲各国在宪法上专门规定的保障公民平等权利和禁止歧视方面的条款。由于非洲各国的社会制度存在差异，所关注的平等和反歧视问题各不相同，在宪法上专门规定的保障公民平等权利和禁止歧视方面的条款也各具特色。

例如，在1971年通过的《阿拉伯埃及共和国宪法》中，第4条规定了经济平等："阿拉伯埃及共和国的经济基础是以充裕和平等为基础的阻止剥削并旨在消除阶级差别的社会主义制度"；第11条规定了男女平等："国家保障妇女对家庭尽的义务同其在社会上的工作相适应，保障妇女在政治、社会、文化和经济生活领域中同男人平等，但不违反伊斯兰教立法章程"；第23条规定了分配平等："分配平等，提高生活水平，消灭失业，增加就业机会，工资与生产相适应，保障最低工资，限制最高工资，从而保障缩小收入差别"；第40条规定了法律面前人人平等和禁止歧视："所有公民在法律面前一律平等，享有同等的权利和义务，在有关性别、种族、语言和宗教信仰方面没有任何歧视"。由于《阿拉伯埃及共和国宪法》以社会主义为特色，所以有关国家保障经济平等和分配平等的规定比法律面前人人平等和禁止歧视的规定看起来更为详细。不过，《阿拉伯埃及共和国宪法》也存在着一些问题，比如对男女平等的保障以伊斯兰教立法章程为限，因而还保留了一些歧视女性的宗教规则。

在1976年通过的《阿尔及利亚民主人民共和国宪法》中，第39条规定了公民权利义务平等和禁止歧视："所有公民享有同等权利和义务"，"废除一切性别、种族或职业歧视"；第40条规定了法律的平等保护："法律对所有人一样有保护、强制或镇压作用"；第41条规定了国家排除平等障碍："国家通过排除经济、社会、文化方面的各种障碍以确保全体公民享有平等，因为这些障碍限制公民平等，阻碍人的全面发展，并阻止全体公民有效地参加政治、经济、社会、文化组织"；第66条规定了平等受教育权："国家保障平等行使受教

禁止歧视：理念、制度和实践

育的权利"。① 与《阿拉伯埃及共和国宪法》相比，《阿尔及利亚民主人民共和国宪法》中直接规定公民个人的平等权利和禁止歧视的内容较多，当然也有国家为了保障公民平等权利而消除障碍的规定。同时，《阿尔及利亚民主人民共和国宪法》还特别提到了法律的平等保护不局限于"保护"，还涉及"强制"和"镇压"。这在其他国家的宪法规定中是比较罕见的，属于这部宪法的特色，说明阿尔及利亚较为重视在承担法律义务、追究法律责任方面的公平性。

非洲各国的宪法中对禁止歧视制度规定得比较详尽的要数1996年通过的《南非共和国宪法》。本章前文已经谈到，该法的出台过程殊为不易，是曼德拉等南非黑人平权运动的领袖们经过长期斗争后所得到的一个比较先进的革命成果。1996年通过的《南非共和国宪法》在正文中更为细致地提出了保障人民平等权利和禁止歧视的要求。其中，第9条是核心条款。该条规定："（1）法律面前人人平等，人人有权享受法律的平等保护，平等地享有法律给予的利益。（2）平等包括充分地和公平地享有所有的权利和自由，为了促进平等，可以采取旨在保护或者增进受到不利歧视待遇的个人或群体的立法和其他措施。（3）国家不得直接或者间接地基于下列一个或者更多的理由对个人实施不公平的歧视：种族、社会性别、生理性别、怀孕、婚姻状况、民族或社会出身、肤色、性倾向、年龄、残疾、宗教、良心、信仰、文化、语言以及出生。（4）任何人不得由于上述第（3）款的原因而直接或者间接地受到不公平的歧视。国家必须采取国内立法预防或者禁止不公平的歧视。（5）基于上述第（3）款所列举的理由的歧视是非法的，除非可以证明歧视是正当的。"第9条的上述5款规定层层递进，构成了相对完整的禁止歧视的宪法要求。其中，第1款阐明了法律面前人人平等的基本原则，是一个总括性的平等权利保护条款；第2款提出，为了实现平等，必须采取暂行特别措施，对保障平等权的肯定性行动作出要求；第3款指出了禁止基于16个方面的具体理由进行歧视，同时说明歧视可能采取

---

① 参见孙谦、韩大元主编：《非洲十国宪法》，中国检察出版社2013年版，第1—31页。

直接或者间接的形式；第 4 款对国家立法预防歧视的责任进行了规定；第 5 款提示了歧视有可能产生例外的正当情形。在实践中，南非宪法法院通过 Harksen v. Lane 案、Prinsloo v. Van der Linde 案、Dawood v. Minister of Home Affairs 案等一系列案件对第 9 条的上述 5 款规定一一加以确认和落实，同时还将第 9 条的保障人民平等权利和禁止歧视要求与第 10 条的尊重和保护人的尊严要求联系起来加以考量。《南非共和国宪法》第 10 条规定："人人享有固有尊严，该尊严应予尊重和保护。"当宪法法院在依据第 9 条审理有关歧视案件时，往往感到很难判断某一个立法或措施是否对个人或群体作出不正当、不合理、不成比例的区别对待。这时，宪法法院就会援引第 10 条，考虑该立法或措施对个人或群体作出的区别对待是否从价值上损害了人的尊严，其中最关键的是评估声称因歧视而受害的人的经历。法院指出，这些不同种类的歧视的一个共同点是，个人由于属于特定群体而受到了尊严上的伤害。应当从这个角度理解平等背景下的尊严，强调尊严的同时，要考虑受到影响的个人的实际情形、政策对其产生的影响。这些要素事实上保证了实质的而非形式上的平等。非法歧视原则上是将人区别对待，该区别对待侵害了基本的人的尊严，每个人在尊严上是平等的。[①]《南非共和国宪法》对禁止歧视制度规定得比较详尽，并且将人的尊严作为歧视成立与否的重要的价值判断标准。

在宪法之外，非洲各国也逐渐发展出其他的单行立法，在法律层面上加强禁止歧视。在这些单行立法中，既有专门针对平等和反歧视问题制定的特别法律，也有在一般意义上保护人权和基本权利（包括平等和反歧视权利）的普通法律，因此对非洲的禁止歧视制度在直接立法和间接立法方面都做出了贡献。例如，在《南非共和国宪法》出台前后，南非陆续颁布了一系列与禁止歧视有关的立法，包括 1995 年的《劳动关系法》、1997 年的《基本雇佣条件法》、1998 年的《就业平等法》、1998 年的《竞争法》、2000 年的《促进平等和防止不公平的歧视法》、2003 年的《广义黑人经济振兴法》等。在这

[①] 参见李薇薇：《反歧视法原理》，法律出版社 2012 年版，第 120—122 页。

些禁止歧视的相关立法中,《就业平等法》《促进平等和防止不公平的歧视法》属于禁止歧视的直接立法,其他法律属于禁止歧视的间接立法。除南非外,津巴布韦也在 1998 年通过了专门的《反歧视法》,直接针对本国的歧视问题进行规制。相比于大多数仅仅规定了禁止歧视的间接立法、缺乏禁止歧视的直接立法的亚洲国家,非洲的一些国家在出台禁止歧视的直接立法方面行动更快。

此外,非洲各国还效仿欧洲、美洲,在进行地区合作、出台禁止歧视的区域标准方面取得了一定的成效。1963 年建立的非洲统一组织在 1981 年通过了《非洲人权和民族权宪章》,旨在实现非洲人民的自由、平等、正义和尊严。《非洲人权和民族权宪章》中包含许多与保障人民平等权利和禁止歧视有关的内容,不仅规定得比较具体细致,而且具有非洲本地较为显著的特色。比如,《非洲人权和民族权宪章》的序言谈到了非洲人民仍然将禁止歧视作为重要的共同目标:"非洲各族人民至今还在为他们的尊严和真正的独立而斗争,还在致力于消灭殖民主义、新殖民主义、种族隔离、犹太复国主义,摧毁入侵的外国军事基地和一切形式的歧视,特别是那些基于种族、种群、肤色、性别、语言宗教或政见的歧视。"第 2 条规定了禁止歧视的基本原则:"人人均有权享有本宪章所确认和保障的各项权利和自由,不因种族、种群、肤色、性别、语言、宗教、政见或任何其他见解、国籍或社会出身、财产、出生或其他身份等而受到歧视。"第 3 条规定了法律面前人人平等和法律的平等保护:"法律面前人人平等。人人有权享有法律的平等保护。"第 13 条规定了平等参与本国公务、占有公共财产和公共设施的机会:"每个公民均有权以平等的机会参与本国之公务。每个人均有权以一切人在法律面前完全平等的机会占有公共财产和公共设施。"第 18 条规定了消除对妇女的一切歧视:"国家应确保消除对妇女的一切歧视,同时也应确保维护国际宣言和公约所规定的妇女和儿童的权利。"第 19 条规定了一切民族平等:"一切民族均属平等,它们理应受到同样的尊敬,拥有同样的权利。一个民族受另一个民族统治是毫无法律根据的。"第 22 条规定了一切民族平等分享人类共同遗产:"一切民族在适当顾及本身的自由和个性并且平等分享人类共同遗产的条件下,均享有经济、社会和文化的发展权。"第 28 条规定了不加歧视和促进宽容的义务："人人均有义务尊重和体谅其同胞而不加歧视，有义务维护旨在促进、捍卫和增进互相尊重和宽容的关系。"① 上述与保障人民平等权利和禁止歧视有关的各项规定中，"平等参与本国公务、占有公共财产和公共设施的机会""一切民族平等分享人类共同遗产"和"不加歧视和促进宽容的义务"集中体现了非洲的禁止歧视地区共同标准的特色。这一标准的特色主要包括三个方面：第一，既注重实质平等，也注重机会平等；第二，既注重当前的权利平等，也注重未来的发展平等；第三，既注重平等的权利，也注重平等的义务。作为发展中国家通过的第一个具有法律约束力的区域性国际人权文书，《非洲人权和民族权宪章》在禁止歧视法律规定方面的先进程度值得称道。

在当前非洲禁止歧视的相关法律中，对歧视的定义、理由、类型、领域等已经有一些比较成熟的规定。比如，在歧视的定义方面，1998 年通过的津巴布韦《反歧视法》规定："个体的行为将被视为本法中所说的对另一个体或群体的歧视，如果基于其他个体或群体的种族、部落、出生地、国籍或社会出身、政治意见、肤色、信仰、性别，他拒绝其他个体或群体进入任一经营场所或地点；他拒绝为其他个体或群体提供任一商品、服务或设备；或者他对以下情形强加限制性或义务性条款或条件，涉及对其他个体或群体进入任一经营场所或地点的许可，或者对其他个体或群体所需的商品、服务或设备的供给。为了前款的宗旨，条款或条件将被视为义务性的，如果它要求所约束的个体做任何事情或者具备某种品质、归属、财产。上述情形可能是：另一不同种族、部落、出生地、国籍或社会出身、政治意见、肤色、信仰、性别的人不被要求去做某些事情或者具备某些品质。"

在歧视的理由方面，1996 年通过的《南非共和国宪法》已经提出种族、社会性别、生理性别、怀孕、婚姻状况、民族或社会出身、

---

① Malcolm Evans & Rachel Murray, *The African Charter on Human and Peoples' Rights: The System in Practice 1986—2006*, 2nd Edition, Cambridge: Cambridge University Press, 2011, pp. 1—224.

肤色、性倾向、年龄、残疾、宗教、良心、信仰、文化、语言以及出生等16种禁止歧视的理由,在目前人们所了解的世界主要国家的禁止歧视理由中,仅次于韩国的19种而排在第二位。

在歧视的类型方面,2000年通过的南非《促进平等和防止不公平的歧视法》规定了非常广泛的性别歧视类型,指出任何人都不得因为性别而受到不公平的歧视,包括:基于性别的暴力;女性生殖器切割;禁止妇女继承家庭财产制度;包括传统的、习惯的或宗教的损害妇女尊严和女童福祉在内的任何行为;不公平地限制妇女获得土地权利、财产和其他资源的任何政策和行为;怀孕歧视;限制妇女享有诸如卫生、教育和社安服务和福利;拒绝某些人获得机会,如拒绝向某些人提供获得服务或以提供服务为对价的合同的机会,或不能采取措施,合理地满足这些人获得机会;系统性的机会不均等。

在歧视的领域方面,南非《促进平等和防止不公平的歧视法》已经将继承家庭财产,获得土地权利、财产和其他资源,享有诸如卫生、教育和社安服务和福利,获得机会、获得服务或以提供服务为对价的合同的机会等领域,都普遍地纳入性别歧视的范围。①

上述规定的内容,即使与欧洲、美洲等一些发达国家的禁止歧视立法相比,也已经算是比较先进的了。不过,这些规定的内容能够如此先进主要是由于非洲的禁止歧视立法活动开展得比其他地区更晚。其他各洲早在20世纪六七十年代就已经开始较为广泛地进行禁止歧视的专门立法。到21世纪前后,一些重要的禁止歧视法律已经根据实践的需要修改了好多次,越来越接近于完善。非洲的主要国家大约在21世纪前后才开始大规模地进行禁止歧视的专门立法活动,刚好有许多比较成熟的欧美等地的立法经验可供参考。因此,单纯从内容来看,非洲的禁止歧视法律是比较先进的。然而,这并不代表着非洲的禁止歧视立法在实践中也得到了较好的实施。事实上,诸如1994年发生的卢旺达种族大屠杀等事件至今还在时时提醒

---

① 参见刘小楠主编:《反就业歧视的理论与实践》,法律出版社2012年版,第355—414页。

着人们，禁止歧视制度在实践中得到良好实施需要在立法之外付出许多努力。

目前，非洲的禁止歧视制度在实践中的实施情况比较复杂，在有些方面已经取得一定的成绩，在另一些方面则还存在着一些问题。这里以南非禁止就业歧视制度的实施为例进行说明。南非在禁止就业歧视领域主要的立法是1998年通过的《就业平等法》。该法规定，雇主应当采取肯定性行动以保证来自目标群体的有资质的人员享有平等就业的机会。目标群体主要包括黑人、妇女和残疾人这三类特定人群。在工作场所实施肯定性行动的核心内容是制订和实施就业平等计划。在制订就业平等计划时，雇主首先要与所有受影响的利益相关者进行协商，然后对工作场所中所有职业类型和层次的整体情况作出分析，以有效识别对于目标群体成员产生负面影响的就业障碍。在此之后，准备和实施一份就业平等计划，以实现工作场所的平等。该计划应包括年度目标、实现目标的时间表、应实施的肯定性行动、该计划的有效期以及实施该计划产生争议时的内部解决程序等内容。在实施就业平等计划时，雇主负有义务定期向劳动部门报告实施就业平等计划的进展情况，并且向劳动条件委员会报告工作场所中所有职业类型和层次的员工收入差异情况。由于在采取肯定性行动时雇主的任务比较明确，需要考量的因素广泛，而且基本平衡了各方的利益，因此在实践中执行得相对较好。但是，就业歧视发生之后行政和司法部门对歧视受害者进行救济的问题，其实践状况则要复杂得多。

《就业平等法》建立了一种广泛的监督与执行机制以推进法律的实施，一方面针对具体的歧视控诉进行争端解决，另一方面监督和促进雇主遵守和履行法律义务的情况。其中，既涉及范围很广的监督主体，又涉及较多的监督执行方式。监督主体包括：就业平等委员会，劳动监察员，劳动行政部门，调解、调停和仲裁委员会，劳动法院，每一个雇员和工会代表及雇主等。监督执行方式包括正式的官方监督和来自雇员、工会及雇主的自我约束方面的社会监督。在正式的官方监督中，既有就业平等委员会的一般性监督，又有其他机构的具体性监督。其他机构的具体性监督包括：由调解、调停和仲裁委员会与劳动法院作出的准司法监督以及由劳动监察员与地方劳动部门的行政长官作出的行政监督。此外，政府还可以通过合同监督的形式促进雇主遵守《就业平等法》的相关规定。① 因此，尽管设立了就业平等委员会这样的专门机构，致力于促进和监督就业平等，但是在现实中解决就业歧视问题的方式错综复杂。大量的就业歧视问题最终还是作为涉及公民基本权利的一般案件进入普通法院或者宪法法院的审理程序之中，如著名的 Hoffmann v. South African Airways 案等。这一现象使得立法者所精心设计的复杂的就业歧视处理程序失去了其本应具有的效果。

同时，各种机构之间职能的交叉重叠也降低了机构本身的办事效率，更使当事人容易陷入法律的迷雾之中，不知道自己遭遇的歧视问题究竟应当向谁求助。在这一问题上，公民社会对歧视受害者提供的帮助是很有价值的。例如，性别平等委员会、人权委员会等推动公平矫正的非政府组织经常协助受到歧视的公民提起典型的就业歧视诉讼，利用《南非共和国宪法》中有关保障公民平等权利和禁止歧视的较为完善的规定，在南非的宪法法院获得胜诉。

此外，在非洲整个地区的层面上，为了更好地执行《非洲人权和民族权宪章》，非洲统一组织内部还设立了非洲人权和民族权委员会，协助实施《非洲人权和民族权宪章》中的各项规定，包括平等和反歧视的规定。然而，非洲人权和民族权委员会作出的决定没有法律约束力，对违反《非洲人权和民族权宪章》的国家不能构成有效的威慑。因此，非洲国家首脑会议在 1998 年又通过了《关于建立非洲人权和民族权法院的〈非洲人权和民族权宪章〉议定书》，决定设立非洲人权和民族权法院，进一步加强《非洲人权和民族权宪章》的实施。2004 年，非洲人权和民族权法院正式建立。目前，尽管非洲统一组织已经在 2002 年被非洲联盟取代，但是非洲人权和民族权委员会与非洲人权和民族权法院仍然在继续发挥作用，以确保《非洲人权和民族权宪章》中所规定的各项权利，包括平等和反歧视的权利，在非洲各国得以实现。人们对非洲联盟发展新的人权保护机

---

① 参见周严：《论南非反就业歧视法》，湘潭大学 2008 年硕士论文，第 23—38 页。

制,进一步维护地区和平与安全、保障人民的自由和平等权利,也充满了期待。①

4 非洲禁止歧视理念、制度和实践的启示

综上所述,非洲的禁止歧视理念随着非洲非殖民化浪潮的风起云涌而活跃登场。在后殖民主义时期,非洲的禁止歧视制度和实践努力向前发展。根据笔者目前对非洲的禁止歧视理念、制度和实践的不完全分析,Dimitrina Petrova 的统计在时间上稍有滞后,因而与当今非洲的禁止歧视理念、制度和实践的发展状况有些部分不太符合。在 Dimitrina Petrova 的统计中,非洲的反歧视法及其实施的总体情况较为一般。其中,南非在最近的 5—7 年内通过了比较完备的平等法律,并且组成了专门的实施机构以推进平等法律的执行,但是还没有或者很少有实施平等法律的经验,案例法的数量极少;阿尔及利亚、乍得、几内亚、马达加斯加、马里、尼日尔、塞内加尔、苏丹在宪法中规定禁止歧视,并且附带性地有一些在特定领域或针对特定种类的禁止歧视的法律规定,但是缺乏法律实施的记录;埃及、摩洛哥、塞拉利昂、突尼斯在宪法上完全缺乏或只有充满缺陷的、不适当的有关歧视的规定,这里包含那些基于宗教法典化而存在局限的国家和尚未加入主要的国际文件的国家。相应地,非洲的反歧视理念的总体发展水平比较一般。其中,南非的反歧视理念发展水平较高,阿尔及利亚、乍得、几内亚、马达加斯加、马里、尼日尔、塞内加尔、苏丹的反歧视理念发展水平比较一般,埃及、摩洛哥、塞拉利昂、突尼斯的反歧视理念发展水平比较落后。根据本章前面的分析,南非在 1996 年通过宪法比较详尽地规定了禁止歧视的基本制度,之后又通过了 1998 年的《就业平等法》、2000 年的《促进平等和防止不公平的歧视法》等禁止歧视的专门立法,设立了

---

① See Abou Jeng, Interview About the African Anti-discrimination Law, Accra, Apr. 8, 2010.

禁止歧视：理念、制度和实践

就业平等委员会这样的专门机构，致力于促进和监督就业平等；同时，出现 Hoffmann v. South African Airways 案等经典的反歧视案件。至今，南非已经积累了二十余年的禁止歧视立法及其实施的专门经验，因而已经可以算是有着相对先进和完备的反歧视法律、政策、实践和有关平等方面已经存在的案例法，并且反歧视法律和政策已经过至少 5—7 年活跃状态的实施的国家。因此，在 Dimitrina Petrova 的统计中，至少对南非的反歧视法及其实施情况有所低估。

具体而言，非洲的禁止歧视理念、制度和实践给中国带来了以下一些启示：

首先，非洲的禁止歧视理念随着非殖民化浪潮活跃登场，指导了非洲人民争取独立自由和平等对待的许多斗争，是非洲的禁止歧视制度和实践发展的重要基石。在不同的禁止歧视理念指引下，非洲的民族解放运动或者民权运动领导人采取了不同的斗争策略，最终获得了独立自由和平等对待，但是在具体的斗争结果与所采取的禁止歧视制度和实践方面差异较大。这表明，各种不同的禁止歧视理念可能都能达成反歧视的共同目标，但是每种理念所形成的制度路径很不一致，国家需要从各种禁止歧视理念中选择比较适合本国的禁止歧视理念，从而更有针对性地推进本国的禁止歧视制度和实践。比如，坦桑尼亚国父尼雷尔在坦桑尼亚独立建国和建国后的发展中都贯彻了一种新的禁止歧视理念：在单纯的反对殖民主义、争取平等的基本人权的基础上，增加了反对帝国主义和种族主义、在国际和国内都实现平等的要求。在对内的经济发展方面，他主张由国家掌握经济的命脉，人人参与劳动，按劳取酬，共享经济发展的成果。在对外的国际交往方面，他主张联合各国的革命政府和政党，实现非洲的统一，反对新老殖民主义、帝国主义和种族主义对非洲的压迫。最终，坦桑尼亚顺利建国，并且在一段时间内实行了注重平等的非洲社会主义制度。在南非白人种族主义政权垮台的过程中，以曼德拉为代表的南非黑人运动领袖发展了"非洲主义""民族主义"等宣传黑人与白人平等的或激进或克制的不同理论，最终在比较持中的理论基础上建立起倡导所有种族平等的新的独立国家。最初，南非黑人运动领袖很多都受到了伦比德提出的比较狭隘激进、

第六章
非洲禁止歧视理念、制度和实践

排斥白人的"非洲主义"平等理论的影响。后来,坦博率先倡导一种更为克制、包容白人的"民族主义"平等理论。最终,以曼德拉为代表的南非黑人运动领袖选择了更具融合性、包容性的"民族主义"平等理论,反对种族歧视和种族隔离,获得了成功。

其次,非洲的禁止歧视制度和实践在后殖民主义时期努力前行。非洲的禁止歧视制度和实践的一大特点是,禁止歧视立法的规定看起来比较成熟和完善,但是在现实中不一定真正能够实现。这体现了禁止歧视立法与其实施有时可能发生脱节,徒法不足以自行,因此需要建立较为强有力的禁止歧视实施机制,以辅助禁止歧视立法在现实中得到贯彻。例如,津巴布韦通过了禁止歧视的专门立法——《反歧视法》,在其中规定了较为复杂的歧视定义。《南非共和国宪法》提出了16种禁止歧视的理由。南非《促进平等和防止不公平的歧视法》规定了非常广泛的性别歧视类型,同时还将继承家庭财产以及获得土地权利、财产和其他资源等领域普遍地纳入性别歧视的范围。这些禁止歧视立法规定的内容即使与欧美发达国家相比,也已经称得上是比较先进的了。然而,这些比较先进的禁止歧视立法并不代表其实施机制也一样完善。事实上,非洲有些国家如利比里亚在独立建国后继续实施隔离、分化、歧视等政策,把国内人民分为三六九等,使贫富差距急剧地扩大,底层人民继续生活在水深火热之中。甚至有些国家如卢旺达还发生了种族灭绝、种族屠杀等极端行为。所以,禁止歧视制度要想在实践中得到良好的实施,不仅需要完备的立法,而且需要在立法之外付出许多努力。

最后,非洲的禁止歧视制度和实践也是在立法、行政、司法和非官方行动者的共同努力下前行的。不过,各个国家前行的步伐相差较大。有的国家在禁止歧视立法及其实施的各个方面都走在前列,有着比较丰富的反歧视经验;而有的国家即使在禁止歧视立法中,也还存在着许多缺陷,甚至含有歧视性的规定。这显示了各国在禁止歧视制度和实践的发展步调方面很不一致。每个国家归根到底还是根据本国特定的歧视问题的需要以及现有反歧视制度的水平,设定自己所能够接受的禁止歧视制度和实践的发展速度。要想使每个国家的禁止歧视制度和实践加速发展,需要从外部和内部为国家增加适当的动力或者压力。例如,《南非共和国宪法》对禁止歧视制度规定得比较详尽,提出了多达16种禁止歧视的理由,并且将人的尊严作为判断歧视成立与否的重要的价值标准。之后,南非陆续颁布了一系列与禁止歧视有关的专门立法,对歧视的定义、理由、类型、领域等已经有一些比较成熟的规定。在实施禁止歧视立法时,不仅要求雇主采取专门的肯定性行动,而且有专门的行政和司法部门对歧视受害者进行救济。不过,在实践中,救济的情况比较复杂。在救济歧视受害者的问题上,公民社会提供的帮助很有价值。非政府组织经常协助受到歧视的公民提起典型的就业歧视诉讼并获得胜诉。相比于较为先进的南非禁止歧视立法及其实施情况,埃及等国只在宪法上规定了禁止歧视的基本原则,同时其宪法条款中还包含了性别歧视的内容。例如,《阿拉伯埃及共和国宪法》中规定了男女平等,要求国家保障妇女对家庭尽的义务与其在社会上的工作相适应,保障妇女在政治、社会、文化和经济生活领域中与男人平等,但是对男女平等的保障不得违反伊斯兰教立法章程。这条禁止歧视立法自身隐含歧视性,应当对其进行修改完善。推动禁止歧视立法修改完善的可以是内部或者外部的力量,如积极参与禁止歧视立法改进的非政府组织,更加具有强制执行效力的非洲区域合作机制等。

第七章
中国禁止歧视
理念、制度和实践

1 概　　述

中国，全称"中华人民共和国"，1949年10月1日成立，面积居世界第三位，是世界第一人口大国。中国的历史源远流长。在原始社会，中华文明产生。在奴隶社会，经过统一发展，进入诸侯争霸时期。在封建时期，秦朝建立了统一的、多民族的专制主义中央集权国家，其后几经分合，经过汉、唐、宋、元、明、清的高度发展之后走向衰落。在近代，中国沦为半殖民地半封建社会，受到封建主义、帝国主义、官僚资本主义的压迫。在现代，新中国成立后，建立了社会主义制度。在当代，实行改革开放后，中国各方面的发展突飞猛进。在政治方面，中国实行社会主义制度，人民当家作主，作为联合国安理会的五大常任理事国之一，在世界政坛发挥重要作用。在经济方面，中国实行公有制经济为主体、多种所有制经济共同发展的基本经济制度和按劳分配为主体、多种分配方式并存的分配制度，坚持社会主义市场经济体制，目前是世界第二大经济体和经济增长速度最快的国家之一。在社会方面，中国当前处在社会主义初级阶段，社会整体和谐，但是弱势群体急需保护。在文化方面，中国文化源远流长，博大精深，至今仍是东方文明的中心。中国有34个省级行政区，分为华北、东北、华东、华中、华南、西南、西北7个地理区。华北包括北京、天津、河北、山西、内蒙古，因拥有首都北京而成为中国的政治中心、经济金融决策和管理中心、文化中心、教育中心。东北包括辽宁、吉林、黑龙江，为老工业区，现正进行经济转型。华东包括上海、江苏、浙江、安徽、江西、福建、山东、台湾8个省级行政区，是中国经济发展最快、经济和文化最发达的地区。台湾地区在1949年后长期与大陆分离，自1960

禁止歧视：理念、制度和实践

年起，发展突飞猛进，成为曾经的"亚洲四小龙"之一。华中包括河南、湖北、湖南3个省级行政区，是中国经济较为发达的地区，工农业的"心脏"和交通中心。华南包括广东、广西、海南、香港、澳门5个省级行政区，以第一经济大省广东为中心，促进地区共同繁荣。香港特别行政区曾受英国的殖民统治，也是曾经的"亚洲四小龙"之一，回归后继续成为全球最富裕、经济最发达和生活水准最高的地区之一。澳门特别行政区曾受葡萄牙的殖民统治，是国际自由港，回归后仍然是全球最富裕、经济最发达的地区之一。西南包括重庆、四川、云南、西藏、贵州5个省级行政区，发展不太均衡，其中云贵、西藏交通不便，比较贫穷。西北包括陕西、甘肃、青海、宁夏、新疆5个省级行政区，深居内陆，发展较为缓慢。①

在Dimitrina Petrova对世界各国反歧视法及其实施情况的分析中，没有专门提到中国。事实上，整个东亚地区都没有被纳入分析的范围，好像完全被遗忘了。这也许是因为西方学者对东亚、中国的反歧视法及其实施情况整体上不够了解，无法作出评判。如果是出于这样的原因，向世界较为准确地介绍中国的禁止歧视理念、制度和实践的状况就更为必要了。本章将对中国的禁止歧视理念、制度和实践进行比较具体和深入的探讨，对照Dimitrina Petrova的统计标准，看看中国的反歧视法及其实施情况和反歧视理念的发展水平大致已经达到何种程度。

2 历史悠久、内涵丰富的中国禁止歧视理念

中国的禁止歧视理念产生得相当早，与希伯来先知们的禁止歧视理念一样，是亚洲早期平等观念的一个重要组成部分，在当时与西方世界的古希腊、古罗马的禁止歧视理念交相辉映。中国早期的禁止歧视理念集中体现在公元前8世纪到公元前3世纪的春秋战国

---

① 参见《中国大百科全书》总编委会：《中国大百科全书（第二版）》（第30卷），中国大百科全书出版社2009年版，第353—379页。

时期诸子百家的思想中。诸子百家中，最著名和影响力最大的思想流派包括儒家、道家、墨家、法家等。这些思想流派的许多代表人物就平等问题表达了自己的观点，形成了中国早期比较丰富的禁止歧视理论。

在这些思想流派中，儒家思想对后世的影响力最大。儒家的缔造者孔子在讨论国和家的治理时，阐述了他的平等思想："丘也闻有国有家者，不患寡而患不均，不患贫而患不安。盖均无贫，和无寡，安无倾。"孔子相信，平等在国和家的治理中是非常重要的，因为它可以克服人少、贫穷等问题。有国有家的诸侯们不应该担心国家中的人少，而应该为个人之间的分配不均而感到忧虑；不应该担心人们的贫穷，而应该为社会中的不安定而感到忧虑。只要分配平均，人们就不会感到自己很贫穷；只要人与人之间的关系和谐，人们就不会感到社会中人少；只要社会中保持安定，国家就没有倾覆的危险。孔子向当时治理各个国家的诸侯们提出建议，要把平等问题，尤其是人与人之间的平均分配，作为治理国家的重要问题对待，这样就能尽量减少国家人口较少和经济水平较低所带来的影响，保持国家和社会的和谐稳定。此外，孔子称"有教无类"，即教育应当不分类别地提供。孔子在讲学的过程中坚持贯彻这一思想，从不以家境贫穷或富裕、天资聪明或愚笨为标准选择学生。凡是真心向他求学的，孔子都乐于收为学生。相传孔子的学生有三千多人，他们虽然性格、禀赋等差异巨大，但是都在孔子这里受到了平等而有针对性的教育，后来纷纷在自己擅长的领域中取得了很大成就。[①] 总体上，孔子的平等思想有其先进性。在当时奴隶制度仍然盛行的情况下，提出在国家治理中平均分配和平等地提供教育这样的主张是非常需要勇气的。孔子的平等思想不仅震动了当时的统治者，改变了一些诸侯对国民残酷剥削和压迫的行为，而且为后世禁止歧视理念的发展提供了良好的思想基础。平均分配财产、平等的受教育权这些观念的雏形从两千五百多年前的孔子这里就可以找到了。

与孔子主要针对国家治理、教育等现实问题提出以平等为重要

[①] 参见杨伯峻译注：《论语译注》，中华书局2012年版，第288页。

禁止歧视：理念、制度和实践

解决方案的思想不同，道家的创始人老子在谈到平等问题时，主要论述了平等来源于天道的正当性以及天道对"损有余而补不足"的要求。老子提出："天之道，其犹张弓欤？高者抑之，下者举之；有余者损之，不足者补之。天之道，损有余而补不足。人之道，则不然，损不足以奉有余。孰能有余以奉天下？唯有道者。是以圣人为而不恃，功成而不处，其不欲见贤。"老子的思想以天道为基础，认为在人世的规则之上还存在着更高的上天的原理，或者称之为"自然的原理"。老子指出，自然的原理是从拥有较多的人手中拿出富余的部分补偿给拥有不足的人。因此，自然的原理不就像是人们张弓射箭时要调整高低一样吗？对地位高的人要使他谦抑，对地位低的人要将他抬举；对拥有较多的人要从他手中拿走，对拥有不足的人要给他补偿。然而，人世的规则并不是这样。在人世中，人们通常从拥有不足的人手中拿取他仅有的，并且交给已经拥有较多的人。如何能做到将自己所富余的拿出来交给天下人呢？只有追求自然的原理的人才能做到。所以，圣贤的人将自己所富余的拿出来交给天下人，但是并不因此而恃才傲物，功成名就之后也不愿意养尊处优，他不希望别人将自己称作圣贤。① 老子的这一平等思想对当时社会中所存在的以富欺贫的不公正现象进行了无情的揭露，不过他主要的目的是论证自然的原理本身的合理性。在老子所提出的理想社会中，自然对人们是公正的，总是从拥有较多的人那里拿来给拥有较少的人，使前者和后者达到利益的均衡。然而，这种理想社会是很难实现的，尤其在当时的奴隶制国家中根本就不可能达成。因为奴隶主阶级的本质就是要剥削、压迫奴隶，使自己越来越富有，使奴隶变得一无所有。因此，老子的平等思想由于比较偏于理想化而在当时难以实现。不过，在后世的许多农民起义中，可以看到在老子的平等思想基础上形成的口号，如"我行法，当等贵贱，均贫富"等。在当今国家所实行的福利政策中，也有着老子的平等思想的影子，因为福利政策实施的主要手段就是通过多收富人的税以补偿穷人的不足。因此，老子的平等思想在后世追求平等的实践中还是发挥了

---

① 参见汤漳平、王朝华译注：《老子》，中华书局2014年版，第239页。

重要的理论指导作用。

与孔子主要基于现实主义的平等思想和老子理想主义色彩浓厚的平等思想相比,墨家的创始人墨子提出了更为激进的平等思想。墨子的核心理念是"兼爱",并且在"兼爱"中包含比较浓厚的平等要求。墨子谈道:"若使天下兼相爱,爱人若爱其身,犹有不孝者乎?视父兄与君若其身,恶施不孝?犹有不慈者乎?视弟子与臣若其身,恶施不慈?故不孝不慈亡有。犹有盗贼乎?故视人之室若其室,谁窃?视人身若其身,谁贼?故盗贼亡有。犹有大夫之相乱家,诸侯之相攻国者乎?视人家若其家,谁乱?视人国若其国,谁攻?故大夫之相乱家,诸侯之相攻国者亡有。若使天下兼相爱,国与国不相攻,家与家不相乱,盗贼亡有,君臣父子皆能孝慈,若此则天下治。"墨子指出,如果让天下的人都能相亲相爱,爱别人就像爱自己,还有不孝敬的吗?看待父亲、兄长及君上像自己一样,怎么会做出不孝敬的事情呢?还有不慈爱的吗?看待儿子、弟弟及臣子像看待自己一样,怎么会做出不慈爱的事情呢?所以,不孝敬、不慈爱就没有了。还有强盗和贼寇吗?看待别人的家像自己的家一样,谁还盗窃?看待别人的身体就像自己的身体一样,谁还害人?所以,强盗、贼寇就没有了。还有大夫之间相互侵害、诸侯之间相互攻伐的吗?看待别人的家族就像自己的家族一样,谁还侵害?看待别人的国家就像自己的国家一样,谁还攻伐?所以,大夫之间相互侵害,家族、诸侯之间相互攻伐封国就没有了。如果让天下的人都能相亲相爱,国家与国家之间互相不再攻伐,家族与家族之间互相不再侵害,没有了强盗、贼寇,君臣、父子之间都能孝敬慈爱,像这样的情况就是天下治理好了。①墨子的平等思想兼具现实主义和理想主义的因素,比孔子和老子的平等思想更为激进。墨子的平等思想的现实主义因素主要表现为,他针对春秋战国时期混乱的时局提出了"兼爱"的理念。当时,君臣、父子、兄弟之间的关系不孝不慈,强盗、贼寇流行,大夫、诸侯互相征战,正是一副"礼崩乐坏"的典型景象。墨子对此提出了根本性的解决办法——大家相亲相爱,爱

---

① 参见谭家健、孙中原注译:《墨子今注今译》,商务印书馆2009年版,第81页。

禁止歧视：理念、制度和实践

别人就像爱自己一样。这一根本性的解决办法正是墨子的平等思想的理想主义因素和激进性质的集中表现。由于每个人都有利己的动机，"爱人若己"与人的本能产生了冲突，因此非常难以实现。虽然墨子创立了墨家学派，身体力行地贯彻他的"兼爱"理想，但是后来墨家思想还是由于不符合统治者的需要而逐渐没落了。即便如此，今天人们在回顾中国早期的禁止歧视理念时，墨子较为激进的"兼爱"这一平等思想是一个不可忽视的高峰。

相对于儒家、道家、墨家的禁止歧视理念来说，法家的禁止歧视理念在当时真正得到了一定程度上的实施，成为中国早期的平等观念中最具有执行能力的一种。法家的禁止歧视理念的这种特点与法家这一思想流派自身重视实践的传统很有关系。法家的主要代表人物李悝、商鞅、韩非等都是各国的改革家或变法家，他们的思想在变法时期基本上都成为国家的法令而在全国颁行。法家的禁止歧视理念主要体现在法律的平等适用方面。例如，李悝在魏国主持变法时谈道："为国之道，食有劳而禄有功，使有能而赏必行、罚必当。"他认为，治理国家的原则就是，给付出劳动的人衣食，封赏有功劳的人，任用有能力的人，并且要赏就要实行，要罚就要得当。这是他主持变法的核心原则，要求按照人们付出的劳动、获得的功劳，相应地给予报酬，论功行赏，并且赏罚必须分明，按照所获得的功劳和所犯的罪过的大小分别进行赏罚。这就打破了奴隶主阶级完全的不劳而获，而力图在社会中发展一种较为平等的激励机制。这种思想对当时魏国变法的成功起到了比较关键的作用。商鞅在秦国主持变法时提出："所谓壹刑者，刑无等级，自卿相将军以至大夫庶人，有不从王令、犯国禁、乱上制者，罪死不赦。"他指出，所谓的统一刑罚，是指使用刑罚没有等级，从卿相、将军一直到大夫、平民，有不听从君主命令的、违反国家法令的、破坏君主制定的制度的，要处以死罪而不能得到赦免。商鞅的主张第一次明确地打破了奴隶主阶级在刑罚上享有的"刑不上大夫"的特权，将违逆君主和违反法令的人一律平等地处死。这虽然从刑罚的人道性来说是过于残酷的，但是不能否认其对法律平等适用的积极意义。今天人们所坚持的"法律面前人人平等"原则在商鞅的平等思想中可以找到

第七章
中国禁止歧视理念、制度和实践

一些早期的端倪。韩非虽然没有在韩国主持变法,但是他提出的种种思想后来被秦始皇采纳,成为中国第一个统一的中央集权的封建制国家建立的理论基础。韩非宣称:"法不阿贵,绳不挠曲。法之所加,智者弗能辞,勇者弗敢争。刑过不避大臣,赏善不遗匹夫。"在他的理念中,法律不能偏袒权贵,法律的准绳决不能屈从于邪恶,就像木匠用的墨线决不会屈就弯曲的木料一样。应该受到法律制裁的人,即使他有才智也不能用言辞来辩解、搪塞,即使他英勇无比也不敢用武力来抗争。惩罚犯罪和过错不可以回避权贵大臣,奖赏善行不可以遗漏普通百姓。韩非的平等观念结合了李悝、商鞅等人的思想,既提出了要平等地奖赏善行与惩罚犯罪和过错,又指出了在奖赏善行与惩罚犯罪和过错的过程中要坚持法律的不偏不倚,对权贵不能偏袒,对有才智的人、有勇力的人也不能网开一面。这里不仅要求对法律的执行要平等,而且要求法律制度的设计要尽量精细,使人们无法找到其漏洞或与之相抗争。①

从整体上看,李悝、商鞅、韩非等法家思想流派的代表人物对法律的平等适用提出了不少有价值的思想。他们的平等思想不仅指导了当时的统治者进行比较有效的社会改革,而且影响了后世的人们在立法中坚持"法律面前人人平等"的原则,为今天平等和反歧视作为一项法律的基本原则在中国法中得以确立做出了贡献。

不过,法家的平等思想也存在着一些明显的缺陷:第一,法律的平等适用主要是指涉及违逆君主命令、违反国家法令的行为,类似于后世所说的"不敬""不道"一类的犯罪行为,而不涉及其他类型的犯罪行为,更不涉及有关土地、官位等财富和权利的分配问题。第二,刑无等级虽然能够上至大臣、大夫,但是并不包括国家的最高统治者及其亲属。"王子犯法,与庶民同罪"在当时还是一种理想中的状态。"国王犯法,与庶民同罪"则更是大逆不道的思想。第三,法律的平等适用本身并不能保证所实行的法是良法。春秋战国时期的各个国家实行改革或变法,其主要目的是巩固君主的统治。

---

① 参见金东瑞编著:《韩非与法家思想》,吉林文史出版社 2012 年版,第 1—135 页。

法家的平等思想在提出之时就是为君主的利益服务的。因此，尽管法家强调"不别亲疏，不殊贵贱，一断于法"，但是对人民平等地享有权利这一问题很少提及，而是集中关注让人民平等地承担义务这一问题。主要强调义务承担的法律在普遍意义上增加了人民的负担，尽管这种负担的增加对大家来说是平等的，但是对于改善人民的生活水平、获得更多的权利和更好的待遇来说并没有什么帮助。因此，法家的平等思想虽然看起来与今天人们所熟知的"法律面前人人平等"原则相似，但是有着本质上的重大区别，仅仅是一种很不彻底、很不完善的有关法律平等适用的早期观念。

以儒教、道家、墨家、法家为代表的早期比较丰富的禁止歧视理念，在进入封建社会之后受到了一定程度的压制，经历了较为曲折的发展。从公元前221年到公元1911年，中国一直处在漫长的封建社会，占统治地位的哲学思想是一种经过统治阶级改造、更能适应封建等级制度要求的儒家思想。这种儒家思想由西汉时期的董仲舒率先提出，声称"天子受命于天，天下受命于天子，一国则受命于君"，肯定了君权神授和等级制度，普遍否定了人民享有平等的权利。尽管受到了压制，但是在漫长的中国封建社会历史上，仍然出现了一些其他的平等观念，支持人民对平等的权利和自由进行积极追求。这些平等观念比较集中地体现在反抗封建统治者剥削和压迫、要求平等分配土地和财产的农民起义中。例如，秦朝末年，陈胜、吴广领导了中国农民第一次大规模的反抗封建统治者的大泽乡起义。在起义中，陈胜对起义群众说："王侯将相，宁有种乎？"这一口号激励起义群众通过斗争，积极改变自己的命运，成为未来的"王侯将相"。可以说，这一口号质疑了封建统治阶级享有高高在上的统治地位的合理性，具有一定的平等主义色彩。此后，在西汉末年，赤眉起义中提出了"杀人者死，伤人者偿"的平等赔偿要求；在东汉晚期，黄巾起义中要求建立一个"黄天太平"的理想社会；在唐朝末期，王仙芝在起义中称自己为"天外平均大将军"；王仙芝之后，黄巢在起义中将自己称为"冲天太保平均大将军"，并且提出在赋役负担上应当做到平均。北宋前期，在王小波、李顺领导的青城县起义中，第一次明确地提出了"均贫富"的口号。王小波指出："吾疾

第七章
中国禁止歧视理念、制度和实践

贫富不均,今为汝均之。"他痛心于当时贫富不均的社会现实,决定通过起义为大家"均贫富"。这一口号的提出,是继承了之前数次农民起义中逐渐发展壮大的平等主义思想。在起义的过程中,起义军杀掉了大批贪官污吏和世族豪强,荡平了他们的住宅,将财帛、车马、屋宇和粮食分给农户和城镇贫民,在一定程度上实现了财富的平均分配。明朝末年,李自成领导了著名的明末农民大起义,成功地推翻了明王朝的统治,在中国历史上第一次提出了平均分配土地的农民斗争纲领,并通过建立农民起义政权的方式将其转化为国家法律予以实施。在起义中,参谋李岩针对明朝地权集中和赋税繁重的情况,首先提出了"均田免赋"的口号,后来又发展出"贵贱均田""五年不征""劫富济贫"等说法。在实践中,起义军所采取的具体措施包括:允许农民进行自发的夺地斗争,不论远近的地产,都允许农民自己领回耕种;为农民颁发土地登记卷册,以保证农民所占有和耕种的土地的合法性;没收藩王的府第和大臣富户所存积的粮食和大量金钱,并且以其中的一部分赈济贫民。① 由于在中国的封建社会时期对农民束缚最大的问题就是土地问题,李自成起义能够提出土地的平均分配就是从根本上动摇了封建制度的根基。相比以前的农民起义中仅仅提出了"均贫富"等思想,李自成平均分配土地的思想在平等观念上是一种重大的进步。

中国农民起义的平等思想发展到晚清太平天国起义时,基本上达到了最高峰。1840年之后,中国开始逐渐进入半殖民地半封建社会。在这一时期,随着西方列强纷纷进入中国,各种西方理念也不断传入中国。1851年,洪秀全领导了中国封建社会规模最大的一次农民起义,提出了一套比较系统的反封建的人人平等理论。洪秀全宣称:"开辟真神唯上帝,无分贵贱拜宜虔。天父上帝人人共,天下一家自古传。"他认为,开辟天地的唯一真正的神只有上帝,人们不分地位的高贵、低贱,都应该虔诚地敬拜上帝。天父上帝是每个人所共有的,从古代传到当今,天下人都是一家人。洪秀全的思想受

---

① 参见白光耀编著:《中国古代的农民起义》,北京科学技术出版社2013年版,第1—127页。

到了西方传来的基督教的影响,主张天下应当由上帝统一进行治理,而不是由君王自己决定如何行使权力。他正是从这种人人共有天父上帝的理论中,引申出"人人在上帝面前是平等的"这一重要的主张。洪秀全进一步提出:"盖实见夫天下凡间,分言之,则有万国,统言之,则实一家。皇上帝天下凡间大共之父也……天下多男人,尽是兄弟之辈,天下多女子,尽是姊妹之群,何得存此疆彼界之私,何可起尔吞我并之念。"他指出,人们所看到的天下凡间,分开来说,则有万国;合起来说,则实际上都是一家。皇上帝是天下凡间共同的父亲。天下有这么多的男人,互相之间都是兄弟。天下有这么多的女人,互相之间都是姐妹。这样怎么能心存私念,认为疆界有彼此之分呢?这样怎么能生出贪念,彼此之间互相吞并呢?在这种人人平等思想的基础上,太平天国在定都天京后颁布了《天朝田亩制度》这一纲领性文件,根据"务使天下共享天父上主皇上帝大福,有田同耕,有饭同食,有衣同穿,有钱同使,无处不均匀,无人不饱暖"的总目标,对平均分配土地、平均分配财产、男女平等等问题作出规定。在平均分配土地方面,以"凡天下田,天下人同耕"为原则,规定废除封建土地所有制,以户为单位,按照人口和年龄平均分配土地。在平均分配财产方面,以"天下人人不受私,物物归上主"为原则,规定实行圣库制度,每户留足口粮,其余归圣库。在男女平等方面,以"凡分田照人口,不分男女""一夫一女,理所宜然"为原则,规定废除"男尊女卑""夫为妻纲"的封建传统礼教观念,实行一夫一妻的平等的婚姻制度,妇女与男子享有同等的经济、政治、军事等权利。洪秀全的上述主张在很大程度上否定了"君权神授"思想和封建等级制度。但是,他的主张没有完全摆脱封建观念的影响。比如,他将唯一真神的称呼从"上帝"发展为"皇上帝"。在"皇上帝"的概念中,既包括作为封建君主的皇帝,又包括作为基督教真神的上帝。通过将"皇帝"和"上帝"结合起来,他试图创造出一个能够为当时的民众所接受的唯一真神概念,但是这样可能会使民众把"皇上帝"和人们所熟悉的封建君主的形象混同起来。因此,洪秀全尽管提出了一套比较系统的反封建的人人平等理论,但是这套理论仍然是不太彻底的,并受到了封建

第七章
中国禁止歧视理念、制度和实践

传统思想和西方外来思想的影响。同时,洪秀全的这套人人平等理论并没有在实践中得到较好的实施,在很多方面甚至出现了理论和实践的矛盾。例如,在平均分配土地上,太平天国的许多土地没有完全分配给农民,而是保留在地主豪强的手中,以便征收更多的粮食和税收。在平均分配财产问题上,圣库收缴了普通老百姓的所有财物,但是对太平天国的领导阶层却允许保留私有财产。在男女平等问题上,能够分给田地、担任官职的女性一般只有天王的忠臣、功臣等的妻女,一夫一妇的规定只在民间百姓中实行,从上到下的各级官吏们则按照各自的地位高低都配给不同数量的妻妾。① 以上种种问题削弱了洪秀全的人人平等理论在现实中所应当发挥的作用,也导致太平天国运动后来发生分裂和失去人心,最终被清政府镇压。

从陈胜、吴广起义到太平天国运动,在前后将近两千年的中国封建社会历史上,农民反抗封建统治、争取平等权利尤其是平均分配土地和财产的斗争一直都没有停息。在农民斗争的整个过程中,禁止歧视理念也得到了丰富和发展,从最初对统治阶级的固有地位产生质疑,到提出"均贫富"的口号,再到对土地进行平均分配,最后形成了一套比较系统的反封建的人人平等理论。这一发展过程体现了农民起义中的禁止歧视理念从早期较为朴素单一的平等思想向近代较为复杂多样的平等观念的进化。在这种进化中,农民普遍显示出对平等、平均的向往和追求,具体表现为在农民起义中多次提出了"等富贵""均贫富""均田地"等一些口号。这种对平等、平均的普遍向往和追求主要是由农民起义当时所处的社会环境所决定的。农民起义大多是在统治阶级横征暴敛、人民生活苦不堪言的时候发生的。在这些时候,老百姓最大的愿望就是能够继续生活下去。但是,封建统治者的强力剥削和压迫往往使老百姓这种最简单的生存需求也不能得到满足。因此,在很多时候,农民除了奋起反抗,将封建统治者所强行占有的土地和财产夺回自己手中之外,没有其他出路。这就导致平均分配土地和财产成为农民起义中的平等

---

① 参见中国社会科学院近代史研究所、《近代史资料》编译室主编:《太平天国资料》,知识产权出版社 2013 年版,第 1—233 页。

观念最为关心的话题。一方面,以平均分配土地和财产为中心的平等观念具有其进步意义,因为这一观念对封建统治者造成足以动摇封建制度根基的重大打击。另一方面,以平均分配土地和财产为中心的平等观念具有其局限性,表现为农民对土地和财产之外的事物不够关注,提出的平等要求不完整、不全面,尤其是没有对封建等级制度本身进行比较有力的挑战。这主要是由于农民受到自身阶级利益和阶级视野的局限,只关注到与自己生存息息相关的土地和财产,对造成土地和财产被封建统治者剥削和掠夺的更广泛的政治、经济、社会、文化等制度不够关心。此外,农民也受到了自身阶级觉悟的限制,往往不能较好地贯彻实施自己所提出的平均分配土地和财产的观念。例如,太平天国运动中,虽然提出了一套比较系统的反封建的人人平等理论,但是自天王以下,拥有私产、一夫多妻等直接违反这套理论的现象比比皆是。由于存在着上述局限性,农民起义斗争中尽管提出了许多平等分配财产和土地的口号,但是仍然没有对封建制度本身造成根本性的冲击,发挥的历史作用仍然比较有限。此外,农民起义斗争中发展起来的平等思想并不是完全反映了农民自身的平等观念。尤其是在封建社会后期,如太平天国运动时,洪秀全提出的一套比较系统的反封建的人人平等理论明显地受到了西方外来思想的强烈影响。这表明,西方外来思想,尤其是宗教中的平等观念,对中国禁止歧视理念的发展起到了一定的推动作用。

中国的禁止歧视理念发展到近代,不可避免地受到社会变迁的压力,在西方传入的平等思想和中国传统的平等思想之间发生了碰撞,在吸收两种思想共同影响的基础上,发展出一些更加复杂的、兼容并包的平等观念。当时,政治家们如康有为、孙中山等,从其他国家学习了一些近代的平等和非歧视理论,向传统的建立在社会等级制度之上的各种不平等思想发起了挑战,并提出了他们心目中中国社会比较理想的平等状态。由于在政治立场方面存在着不同的倾向,康有为等资产阶级改良派和孙中山等资产阶级革命派在究竟什么样的平等理念及制度实践更适合中国在当前和未来的发展这个根本问题上,产生了比较明显的分歧。作为资产阶级改良派的代表

第七章
中国禁止歧视理念、制度和实践

人物,戊戌变法的主要领导人康有为的禁止歧视理念很大程度上建立在他的"大同世界"理想的基础之上。

首先,康有为批评了晚清时期中国传统的封建社会中极度不平等的状况。他总结说:"中国之俗,尊君卑臣,重男轻女,崇良抑贱,所谓义也","习俗既定以为义理,至于今日,臣下跪服畏威而不敢言,妇人卑抑不学而无所识,臣妇之道抑之极矣,此恐非义理之至也,亦风气使然耳"。康有为认为,中国的不平等问题的主要表现在于君主尊贵、臣子卑微,重视男性、轻视女性,崇尚良民、抑制"贱民",并且以这三种表现为礼义之所在。长期坚持遵从这种礼义,就把它当成了真理。到了今天,臣子下跪,屈服于君主的权威而不敢畅所欲言;女性地位卑微,受到抑制,不能学习而没有知识。臣子和女性的地位被压制到了极限,这恐怕不是真理而是社会风气所造成的。

其次,康有为对戊戌变法之后新出现的资本主义工业发展中的不平等问题也有所察觉。他揭露道:"一厂一场,小工千万仰之而食;而资本家复得操纵轻重小工之口食而控制之或抑勒之,于是富者愈富,贫者愈贫矣","贫富之不均远若天渊"。康有为敏锐地指出,资本主义工业发展中出现的每一个工厂,都是许多工人赖以生活的经济来源。资本家通过操纵工人的经济来源,就可以控制、压制或者逼勒工人。于是,富的人越来越富,穷的人越来越穷。贫富之间的不平等就像是天渊之别那么大。

再次,康有为就构建一个理想社会的制度进行了探讨,提出了他的平等观念。他认为,构建一个理想社会的制度,至少需要从四个方面考察其是否符合要求,分别是:"几何公理""格致家所考明之实理""人道"和"众人之见",也就是不用证明即可作为根据的命题、自然科学家所考察证实的实践原理、人性的道德理念和公众的意见。根据他的考察,人类平等"是几何公理","最有益于人道","均合众人之见"。因此,平等在理想社会的构建中是一个非常重要的基本制度。为此,康有为极为反对封建专制统治,主张在封建制度下,应当建立新的君臣之间和君民之间的关系,由臣民推选国君,君臣之间和君民之间应该是一种利益上的委托和被委托的关系，同时取消下跪、叩首等区分高低贵贱的礼仪，代之以拱手、揖礼、握手等代表平等关系的礼节；在各种人际关系中，应当完全体现平等原则，如男女平等、父子平等、长幼平等、朋友平等、种族平等。

最后，康有为定义了他的理想社会，也就是"大同世界"，并把平等思想作为建立"大同世界"的主要原则。他的"大同世界"主要分为"大道""天下为公，选贤与能""讲信修睦""男有分，女有归""大同"和"公"六个方面。第一，在"大道"方面，康有为提出："人理至公，太平世大同之道也。"他认为，人间的公理是以公道为至上的，太平世界应当遵行的是大同的公道。第二，在"天下为公，选贤与能"方面，康有为提出："夫天下国家者，为天下国家之人公共同有之器，非一人一家所得私有，当合大众公选贤能以任其职，不得世传其子孙兄弟也。"他认为，天下的国家，是在天下的国家中生活的人所公共享有的事物，而并不是某一个人或某一个家族所能够据为己有的。人们应当联合起来进行公共的选举，选拔有品行、有才能的人担任国家的公职，不能世世代代只把国家传给自己的子孙、兄弟等人。第三，在"讲信修睦"方面，康有为提出："国之与国际，人之与人交，皆平等自主，不相侵犯，但互交和约而信守之，于时主义，和亲康睦，只有无诈、无虞戒争、戒杀而已，不必定万法矣。"他认为，国家与国家之间的交往，个人与个人之间的交往，都要遵循互相平等、独立自主的原则，不能互相侵犯。国家之间和个人之间进行交往，只需要互相缔结并信守和平条约，在平时秉持公义行事，注重和谐、友爱、安康、和睦就可以了。要注意的只有不要互相欺诈、互相争执、杀伤对方而已，根本就不需要制定详细的法律规则了。第四，在"男有分，女有归"方面，康有为提出："男子虽强，而各有权限，不得逾越"，"女子虽弱，而巍然自立，不得陵抑"。他认为，男性在体力上虽然比较强悍，但是各自有其权利的界限，不能够越界行事。女性在体力上虽然比较弱小，但是应当坚定地在天地间自强自立，不能够对其应得的权利进行压制。第五，在"大同"方面，康有为提出，应当去除"国界""家界""身界"，"只有天下为公，一切皆本公理而已"。他认为，国家、家族、个人的界限都是不必要的。只有天下是天下人所共有的这一条界线,一切天下的事务都要依照公共的原理行事。第六,在"公"方面,康有为提出:"人人如一","人人皆教养于公产而不持私产","人人皆公,人人皆平"。他认为,每一个人都像是同一个人一样。每一个人都应该用公共的财产来教育抚养,而不应该持有私有的财产。每一个人都应当追求公道和平等。根据以上阐述,平等思想贯穿了康有为想要构建的"大同世界"的全部六个方面。可以说,他的"大同世界"就是一个理想的平等社会。① 不过,在现实中,这种"大同世界"完全没有实现的可能。

康有为在构建这个理想的平等社会中的思想是有些矛盾的:一方面,他看到了中国传统封建社会中的不平等状况和资本主义工业发展中的不平等问题,对这两种不平等都进行了批评,在当时是非常先进和敏锐的;另一方面,他不顾社会现实的客观需要,要求中国倒退到两千多年前的孔子时期儒家思想流派所提倡的"大同世界",也是非常不切实际的。因此,以康有为为代表的资产阶级改良派的禁止歧视思想具有内在的矛盾性,既有着反对封建专制制度和资本主义压迫的先进特征,又存在不切实际和复古守旧的历史局限。

作为资产阶级革命派的代表人物、辛亥革命的主要领导人、中华民国的"国父"孙中山的禁止歧视理念与康有为的禁止歧视理念相比,显得更加全面和务实,较好地顺应了时代和人民的需要。孙中山在提出其民主革命的核心主张"三民主义"时讨论了平等。他称:"吾人今日欲改造新国家,当实行三民主义。何谓三民主义?即民族、民权、民生之主义是也。民族主义,即世界人类各族平等,一种族绝不能为他种族所压制。……民权主义,即人人平等,同为一族,绝不能以少数人压制多数人。人人有天赋之人权,不能以君主而奴隶臣民也。民生主义,即贫富均等,不能以富者压制贫者是也。"后来,孙中山对"三民主义"作了一个更加简洁明了的阐释:"民族主义是对外国人争平等的,不许外国人欺负中国人;民权主义是对本国人争平等的,不许有军阀官僚的特别阶级,要全国男女的

---

① 参见《康有为全集》(第一卷),上海古籍出版社1987年版,第181—294页。

禁止歧视：理念、制度和实践

政治地位一律平等；民生主义是对于贫富争平等的，不许全国男女有大富人和大穷人的分别，要人人都能够做事，人人都有饭吃，这就是三民主义的大意。"因此，孙中山的平等观念是结合了民族主义、民权主义和民生主义的三种意义上的平等。

首先，孙中山的平等观念表现为民族主义意义上的平等。孙中山认为，民族主义将促进中国在国际地位、政治地位、经济地位等方面与其他国家平等，使中国永远能够适合存在于这个世界上，所以是一种救国主义。当时，西方列强如英国、美国、法国等仍然像强盗一样在中国大肆地剥削和掠夺，使中国的主权逐渐沦丧。民族主义就是要使中国与这些外国之间一律平等的主张。中国不允许外国的侵略，不受外国的压迫，要联合一切对中国平等相待的民族共同抵抗西方列强，废除一切不平等的条约，打破一切不平等的枷锁。

其次，孙中山的平等观念表现为民权主义意义上的平等。孙中山认为，近代思想家提出了"天赋人权，人人平等"的革命口号，但是这一口号实际上是缺乏科学依据的。"天赋人权，人人平等"本来是针对封建皇帝的专制统治而提出的，是为了能够与"君权神授"的理论相抗衡。然而，世界本来就是千差万别的。不要说人，自然界中的各种生物都不是天生平等的。人和人之间更是差别巨大，不可能生来就是平等的。"天赋人权，人人平等"在自然界的基本原理中是不可能存在的。自然界中的现实是"弱肉强食，优胜劣汰"。所以，人和人之间的这种不平等是正常的，是符合自然界的基本原理的，无须对它过分谴责。可是，在封建专制制度下，这种天生存在的不平等很大程度上被恶化了，在自然的不平等之外，还存在着比较严重的人为的不平等。封建时期的分封制度、爵位制度等，就是这种人为的不平等的典型例子。封建统治阶级可以对老百姓任意地剥削和压迫，直到人民不堪忍受而奋起反抗，就会发生斗争、起义或革命。斗争、起义或革命的本来目的主要就是消除这种严重的人为的不平等，恢复一个比较清明的社会环境。等社会上大家都平等了，也就不再需要进行斗争、起义或革命了。孙中山提出，平等主要是一个政治上的要求，是人民在政治地位和权利义务等方面的平等。他说道："四万万人一律平等"，"凡为国民皆平等地有参政权"，

"国民之权利义务,无有贵贱之别,贫富之别,轻重厚薄,无有不均"。也就是说,全国人民一律平等,只要是属于中国的国民,就应当能够平等地享有参政议政的权利。国民的权利和义务都平均分配,相互之间没有高贵或低贱、贫穷或富有的分别,一律享有同样轻重、同等厚薄的平均的权利和义务。这说明,孙中山对人民的政治权利平等相当看重,在他以前的各种政治家、思想家所阐发的平等思想中,没有如此看重人民在政治上实现平等的。孙中山指出,以政治为立足点的平等是平等的要义,是"真平等"。这种平等有利于社会的进步和发展。反之,如果不管每个人天生的能力和聪明才智方面的差别,将成就高的人一律压制住,就是"假平等"。这种平等阻碍和延缓了社会的进步与发展,对后进的、弱小的、无能的人予以迁就和纵容。

最后,孙中山的平等观念表现为民生主义意义上的平等。孙中山认为,在中国当时的情况下,应当从平均地权和节制资本两个方面推进贫富均等。在平均地权方面,他主张"令人民自己报告地价""照价纳税""照价收买""涨价归公"。简单来说,就是由人民自己报告土地的价格进行定价;按照土地的定价征纳税收,价格高的地多收税,价格低的地少收税;国家按照土地的定价,可以随时收买土地,以免土地价格受到操控;如果土地价格确实上涨,上涨的部分归国家公有,不让土地的所有人从中牟利。在节制资本方面,他主张"取善果""避恶果",就是对资本主义的发展,要利用其生产力发展的好的成果,但是要避免其无限制压榨工人的坏的结果。当时,外国的殖民资本主义和中国的民族资本主义都有了一定程度的发展,呈现出资本家剥削和压迫工人的残酷景象。为此,孙中山痛斥资本家还不如封建专制时期的皇帝。考察了欧美各国资本主义的发展状况之后,孙中山敏锐地发现了其中贫富悬殊越来越扩大、两极分化越来越严重的问题,力图通过节制资本,使人民达到共同富裕。他谈道:"在一个国家之内,只有少数人有钱是假富,要多数人有钱才是真富";"要革命成功以后,不受英国、美国现在的毛病,多数人都有钱,把全国的财富分得很均匀,便要实行民生主义,把全国大矿业、大工业、大商业、大交通都由国家经营,国家办理那些大实业,发了财以后,所得利益让全国人民都可以均分"。这里,孙中山要求多数人有钱、通过国家经营大实业让全国人民均分利益的想法与后来邓小平提出的发展国营企业、达到共同富裕的观点有很多相似之处,显示了孙中山平等思想的先进甚至超前。① 总的来说,孙中山结合民族主义、民权主义和民生主义三种意义上的平等的禁止歧视理念在当时是具有开创性的,适应了中国半殖民地半封建社会发展的需要。孙中山将外国的国家主义、民主和社会均等等思想与中国传统的民生等观念结合起来,提出了新的关于种族、权利、经济等方面平等的要求,反映了他建立一个自由、民主、平等的中华民国的政治理想,是当时社会中追求和实践平等的楷模。尽管孙中山的禁止歧视理念也存在着一些受制于阶级视野和政治觉悟的局限,并且在实践中遭受了很多挫折,但是仍然具有顽强的生命力,在后来的民主革命中得到了进一步的发展,随着国民党政府的统治在比较有限的程度上得到了一定的实现。

在中华人民共和国于1949年成立后,中国共产党的领导人毛泽东、邓小平等,进一步发展了禁止歧视理念。他们的禁止歧视理念既吸取了马克思、恩格斯、列宁等共产主义理论的创始人和先驱者所坚持的比较彻底的社会主义平等观念,又继承了中国历代的仁人志士所宣扬的比较传统的"大同社会"的平等观念,还根据中国社会当时发展的实际情况,对上述两种平等观念进行了更加适合当代中国发展的整合和改造,创造了比中国历史上所存在的各种禁止歧视理念更加完整、彻底、实际的禁止歧视理念。中国共产党人所创造的禁止歧视理念以实现人民当家作主和解放社会生产力为主要的出发点,在政治和经济方面都设定了较为明确的平等目标。在政治方面,这种禁止歧视理念主要追求让人民拥有平等的主人翁地位,能够平等地参与管理国家事务和管理社会事务的活动,平等地享有权利和承担义务。在经济方面,这种禁止歧视理念主要追求让人民享有平等的经济关系,能够平等地开展解放生产力和发展生产力的活动,平等地占有生产资料和分配生活资料。

---

① 参见《孙中山全集》(第二卷),中华书局1986年版,第320—512页。

第七章
中国禁止歧视理念、制度和实践

从1949年到1978年，中国主要处在社会主义改造时期和社会主义建设的初步发展时期，中国共产党人所创造出的禁止歧视理念主要体现在毛泽东的平等思想中。毛泽东的平等思想主要分为政治、经济两个方面。

第一，在政治方面，毛泽东提出了要实现人民当家作主。毛泽东认为，社会主义的国家就是人民当家作主的国家，人民是国家和社会的主人，应当平等地参与国家事务和社会事务的管理，同时由国家和社会平等地保障人民的利益。毛泽东提出，首先要明确中华人民共和国的国家性质，说明社会各阶级在国家中的地位。他率先指出，中国的国家性质是人民民主专政的国家，并且是在工人阶级的领导下，以工人、农民的联合为基础而建立的。毛泽东认为，人民民主专政这一国家性质反映了民主与专政的辩证统一：一方面，人民内部实行民主，人民平等地享有言论、出版、集会、结社、游行、示威等各项民主和自由的权利；另一方面，人民对反动派和敌人实行专政，不许他们破坏社会主义建设的进程。在人民民主专政中，社会中绝大多数占统治地位的人民群众平等地对少数敌人和反动派实行专政。为了维护人民民主专政的国家性质，毛泽东主张，要建立人民当家作主的政权组织形式，具体地实现人民民主专政。这种政权组织形式就是人民代表大会制度。他认为，通过人民代表大会制度，人民享有平等地表达自己意见的机会，并由人民所选择的代表经过平等的投票将之上升为国家的共同意志。此外，毛泽东还提出，国家机关及其工作人员必须维护人民民主专政制度，依靠人民群众，接受群众监督。

第二，在经济方面，毛泽东提出了要实行生产资料的社会主义公有制和生活资料的按劳分配制。毛泽东认为，在生产资料私有制下，少数的私人大量占有社会财富，使社会中存在剥削和压迫，是社会经济关系不平等最重要的经济根源。在生产资料公有制下，全体的劳动者共同占有生产资料，从根本上铲除了人对人进行剥削和压迫的经济基础，为建立平等的社会经济关系创造了最根本的前提条件。毛泽东考察了中国近代资产阶级改良派和资产阶级革命派提出的各种经济平等主张，对孙中山提出的平均地权和节制资本的思想表示赞赏。他明确指出，中国的经济一定要走平均地权和节制资本的道路，决不能为了少数人的所得而实行私有化政策，决不能让少数的资本家和地主为了自己的利益而操纵国民生计。在中华人民共和国成立初期，为了尽快消灭各种私有制和建立社会主义公有制，毛泽东提出，要对封建地主继续开展"打土豪，分田地"的行动，对官僚资本无偿收归国有。后来，他又提出了比较系统的对农业、手工业和资本主义工商业进行社会主义改造的主张。在三大改造完成之后，他领导发动了"大跃进"和农村人民公社化运动，试图使农村的集体所有制尽快向社会主义的全民所有制转变。他认为，只有在完全的生产资料公有制下，人与人之间才会形成真正平等的生产关系，实现古代仁人志士所构想的"天下人同耕""耕者有其田"的大同社会。

在对待生活资料的分配问题上，毛泽东经历了一个思想转变的过程。在中华人民共和国成立初期，毛泽东曾经一度主张实行各尽所能、按劳分配的工资分配制度。但是，后来在"大跃进"和农村人民公社化运动中，他强调要破除资产阶级法权，考虑取消原有的工资制。他认为，工资制带有比较浓厚的资本主义色彩，会产生两极分化，导致在社会主义社会中仍然存在与资本主义类似的不平等问题。毛泽东主张恢复战争年代实行的供给制。他认为，供给制的分配方式比较公平，而且是一种便于过渡的形式，不会对当时建设社会主义造成障碍，是为了从社会主义过渡到共产主义奠定基础。工资制则有很大的弊端，在社会主义时期不是非要实行不可的制度。于是，在农村人民公社化运动中，毛泽东领导推行了供给制的分配改革。但是，随后在全国出现了"吃大食堂""吃大锅饭"的巨大浪费，使他意识到在现阶段推行供给制还存在着巨大的现实困难，因此又逐渐恢复了工资制。后来，毛泽东再次强调，社会主义的分配原则仍然是"各尽所能，按劳分配"，而不是"各尽所能，按需分配"。按劳分配和等价交换这两个原则，是在建设社会主义阶段人们必须严格遵守的马克思列宁主义的两个基本原则。整体来看，毛泽东尽管在实行工资制还是供给制的具体分配方式上出现了一些思想变化，但是他还是一直坚持按劳分配是社会主义的基本分配原则。

他认为，通过生活资料的按劳分配，至少可以保证人民按照对社会的贡献程度，平等地享有社会主义的发展成果。①

毛泽东的平等思想较好地反映了中国共产党人在社会主义改造和社会主义建设的初步发展时期所创造的禁止歧视理念，以政治上人民平等地当家作主和经济上在社会主义公有制下平等地按劳分配为主要特色，确立了人民拥有平等的主人翁地位和享有平等的经济关系，为新中国初步奠定了公平正义的社会发展基础。不过，由于在分配制度中出现了供给制和工资制之间的摇摆等问题，过于强调平均分配而对社会效率有所忽视，过于重视结果的平等而对过程的平等有所忽视，毛泽东的平等思想在一定时期内使国家的经济发展和人民的生活水平受到了消极的影响。当然，对比中国历史上产生的各种平等观念，毛泽东的平等思想总体上还是有着质的飞跃。通过实践毛泽东的平等思想，中国的绝大多数人口第一次在政治、经济等方面获得了平等的地位和权利，极大地鼓舞了全国人民建设社会主义的信心和决心。

1978年之后，中国进入社会主义建设的新时期，即改革开放时期。在这一时期，中国共产党人禁止歧视理念主要体现在邓小平的平等思想中。邓小平丰富和发展了毛泽东的平等思想，提出了较为系统的"共同富裕"理论。邓小平在阐述有中国特色的社会主义发展道路时，讨论了"共同富裕"问题。他谈道："社会主义的目的就是要全国人民共同富裕，不是两极分化"；"总之，一个公有制占主体，一个共同富裕，这是我们所必须坚持的社会主义的根本原则"。他对"共同富裕"的基本含义作了如下解释："社会主义财富属于人民，社会主义的致富是全民共同致富。社会主义原则，第一是发展生产，第二是共同致富。我们允许一部分人先好起来，一部分地区先好起来，目的是更快地实现共同富裕。正因为如此，所以我们的政策是不使社会导致两极分化，就是说，不会导致富的越富，贫的越贫。"对于邓小平较为系统的"共同富裕"理论，主要分为以下三个层次进行论述：

---

① 参见《毛泽东选集》（第1卷），人民出版社1991年版，第85—94页。

禁止歧视：理念、制度和实践

首先，社会主义的目的是要实现全国人民共同富裕，而不是共同贫穷或者共同落后。中华人民共和国成立之后，在较长的一段时间里都处在社会主义改造和社会主义建设的初步发展时期。在这一时期，由于对外受到西方资本主义普遍的经济封锁以及与苏联交恶的影响，对内受到三年自然灾害和各种"左"倾错误的影响，社会生产力解放的程度不够，经济的发展水平不高，人民的生活比较贫穷，社会的发展较为落后。这使人们对社会主义产生了一些不正确的认识，认为社会主义就是大家一起贫穷、落后。尤其是在"文化大革命"期间，林彪、"四人帮"等反革命集团公然提出"宁要穷的社会主义，不要富的资本主义"，"宁要社会主义的草，不要资本主义的苗"，把社会主义和贫穷、落后自然等同起来。邓小平坚决驳斥了这些不正确的认识。他指出，贫穷不是社会主义，社会主义要消灭贫穷，不发展生产力，不提高人民的生活水平，不能说是符合社会主义要求的。社会主义如果老是穷的，它就站不住。马克思主义历来认为，社会主义要优于资本主义，它的生产发展速度应高于资本主义。在此基础上，邓小平提出，社会主义的本质，是解放生产力，发展生产力，消灭剥削，消除两极分化，最终达到共同富裕。社会主义的目的就是要全国人民共同富裕。

其次，要实现全国人民共同富裕的目标，就必须坚持以按劳分配为原则，充分调动大家的积极性。在之前较长时间的社会主义改造和社会主义建设的初步发展时期，虽然国家在总体上还是实行以按劳分配为原则的社会主义基本分配制度，但是在很多具体的历史时期，曾经采取过比较极端的平均主义的具体分配方式，比如供给制。相比于工资制，供给制提倡大家"吃大食堂""吃大锅饭"，不考虑每个人所付出的劳动的多少和劳动所形成的贡献的大小，对每个人一概进行平均的分配。供给制在"大跃进"和农村人民公社化运动中不仅产生了巨大的浪费，造成了之后许多年人民的生活水平受到不利的影响，而且挫伤了人们工作的积极性，生产力的发展水平不仅没有提高，反而发生了显著的下降。尽管后来毛泽东多次重述了按劳分配仍然是社会主义的分配原则，但是平均主义对当时人们的思想和实践已经造成不可挽回的损害。对此，邓小平专门强调了在社会主义建设中应当正确地坚持按劳分配原则的问题。他指出："坚持按劳分配原则。这在社会主义建设中始终是一个很大的问题，大家都要动脑筋想一想。所谓物质鼓励，过去并不多。人的贡献不同，在待遇上是否应当有差别？同样是工人，但有的技术水平比别人高，要不要提高他的级别、待遇？技术人员的待遇是否也要提高？如果不管贡献大小、技术高低、能力强弱、劳动轻重，工资都是四五十块钱，表面上看起来似乎大家是平等的，但实际上是不符合按劳分配原则的，这怎么能调动人们的积极性？"只有正确地坚持按劳分配原则，才能最大限度地调动人民群众的积极性，促进共同富裕目标的实现。

最后，要实现全国人民共同富裕的目标，就必须允许一部分地区、一部分人先富起来，但是不能出现两极分化。这是邓小平"共同富裕"理论的核心部分。"共同富裕"从概念上讲就分为两个有机结合起来的部分，第一是"富裕"，第二是"共同"。其中，"富裕"代表着生产力的解放和发展，人民生活水平的提高；而"共同"则代表着生产关系的平等和协调，人民生活水平不存在过大的差异。因此，"富裕"要求让一部分地区、一部分人先富起来，带动其他地区、其他人"共同"致富；而"共同"则要求在先富起来的一部分地区、一部分人与其他地区、其他人之间缩小"富裕"程度的差距，使社会不出现两极分化。将"富裕"和"共同"有机地结合起来，就能在平等的基础上实现社会主义的进一步发展和繁荣，这就是邓小平所提出的"共同富裕"理论的最终目的。在具体实现"富裕"和"共同"的方式上，邓小平也发表了自己的观点。例如，在允许一部分地区、一部分人先富起来的问题上，他提出："在经济政策上，我认为要允许一部分地区、一部分企业、一部分工人农民，由于辛勤努力成绩大而收入先多一些，生活先好起来。一部分人生活先好起来，就必然产生极大的示范力量，影响左邻右舍，带动其他地区、其他单位的人们向他们学习。这样，就会使整个国民经济不断地波浪式地向前发展，使全国各族人民都能比较快地富裕起来。"在不能出现两极分化的问题上，他谈道："社会主义制度就应该而且能够避免两极分化。解决的办法之一，就是先富起来的地区多交点

禁止歧视：理念、制度和实践

利税，支持贫困地区的发展。当然，太早这样办也不行，现在不能削弱发达地区的活力，也不能鼓励吃大锅饭。什么时候突出地提出和解决这个问题，在什么基础上提出和解决这个问题，要研究。可以设想，在本世纪末达到小康水平的时候，就要突出地提出和解决这个问题。"①

邓小平的平等思想丰富和发展了毛泽东的平等思想，在改革开放时期进一步深化了中国共产党人所创造的禁止歧视理念，以较为系统的"共同富裕"理论为主要内容，强调在坚持社会主义原则的前提下推动人民平等地解放和发展生产力，从而最终达到全国人民共同富裕的目标。邓小平的平等思想是对马克思和毛泽东所提出的社会主义平等思想的一次重大推进，第一次在科学的基础上解读了平等和效率的关系，要求把两者有机地统一起来，共同作用于解放和发展社会生产力，最终达到共同富裕目标的社会主义本质要求。不过，邓小平的平等思想仍然是比较原则和抽象的，对于如何具体地适用平等和效率的关系、实现先富地区与后富地区的均衡发展等问题，仍然需要人们在实践中继续积极地探索。

进入 21 世纪之后，中国的禁止歧视理念进一步发展，呈现出更加丰富多元的状况。在集体层面上，作为领导核心的中国共产党在历次全国代表大会上都关注平等问题。

具体来说，2002 年党的十六大报告谈到平等问题 6 次，涉及以下内容：创造各类市场主体平等使用生产要素的环境；巩固和发展平等团结互助的社会主义民族关系；坚持法律面前人人平等；树立互信、互利、平等和协作的新安全观；世界上的事情应由各国平等协商；继续坚持独立自主、完全平等、互相尊重、互不干涉内部事务的原则。其中，包括经济平等、政治平等、法律平等、对外平等 4 个方面，以对外平等为重点。

2007 年党的十七大报告谈到平等问题 14 次，涉及以下内容：坚持平等保护物权；形成各种所有制经济平等竞争、相互促进新格局；坚持各民族一律平等；树立社会主义民主法治、自由平等、公平正

---

① 参见《邓小平文选》（第 3 卷），人民出版社 1994 年版，第 110—172 页。

第七章
中国禁止歧视理念、制度和实践

义理念;坚持公民在法律面前一律平等;依法保证全体社会成员平等参与、平等发展的权利;巩固和发展平等、团结、互助、和谐的社会主义民族关系;形成男女平等、尊老爱幼、互爱互助、见义勇为的社会风尚;保障经济困难家庭、进城务工人员子女平等接受义务教育;形成城乡劳动者平等就业的制度;政治上相互尊重、平等协商;坚持国家不分大小、强弱、贫富一律平等;共同营造和平稳定、平等互信、合作共赢的地区环境。其中,包括经济平等、政治平等、法律平等、社会平等、对外平等5个方面,以社会平等、对外平等为重点。

2012年党的十八大报告谈到平等问题17次,涉及以下内容:保证人民平等参与、平等发展的权利;保证各种所有制经济依法平等使用生产要素、公平参与市场竞争、同等受到法律保护;让广大农民平等参与现代化进程;促进城乡要素平等交换和公共资源均衡配置;坚持法律面前人人平等;巩固和发展平等、团结、互助、和谐的社会主义民族关系;倡导自由、平等、公正、法治;积极推动农民工子女平等接受教育;坚持男女平等基本国策;促进平等协商;在国际关系中弘扬平等互信、包容互鉴、合作共赢的精神;平等互信;坚持国家不分大小、强弱、贫富一律平等;建立更加平等均衡的新型全球发展伙伴关系;营造党内民主平等的同志关系;切实做到纪律面前人人平等,遵守纪律没有特权,执行纪律没有例外。其中,包括经济平等、法律平等、政治平等、社会平等、对外平等、党内平等6个方面,以经济平等、社会平等、对外平等为重点。

2017年党的十九大报告谈到平等问题7次,涉及以下内容:人民平等参与、平等发展的权利得到充分保障;凡是在我国境内注册的企业都要一视同仁、平等对待;树立宪法法律至上、法律面前人人平等的法治理念;坚持男女平等基本国策;要相互尊重、平等协商;坚持国家不分大小、强弱、贫富一律平等。其中,包括经济平等、法律平等、社会平等、对外平等4个方面,以经济平等、对外平等为重点。

数据表明,中国共产党对平等问题的关注度在2002年到2012年呈现上升的状态,从2012年到2017年有所下降,但是仍然把平等问题当作一个重要的话题。在所有平等问题中,政治、经济、社会、法律、对外方面的平等问题经常出现在党的讨论范围内。其中,最受关注的是对外平等,比较受关注的是社会平等和经济平等。从2007年到2012年社会平等受到集中关注,从2012年到2017年经济平等受到集中关注。

从中国共产党最近的四次全国代表大会对平等问题的关注中,可以了解到最近15年来中国官方的禁止歧视理念发展的一些特点:第一,对平等和反歧视问题在整体上十分重视,尤其是在2002年到2012年。随着平等问题受到集中关注,禁止歧视理念也有了较好的发展空间。第二,在政治、经济、社会、法律、对外方面长期坚持平等和反歧视,发生歧视问题时会及时关注并提出改善措施。第三,十分重视与其他国家在平等的基础上开展对外交往,在对外方面的禁止歧视理念非常强烈。第四,从2007年到2012年较为关注在社会方面禁止歧视,从2012年到2017年较为关注在经济方面禁止歧视。

在个人层面上,中国共产党的最新一代领导人习近平提出了关于平等问题的新观点、新论断。有学者总结说:"习近平的平等观内涵丰富、寓意深刻,将平等问题提升到了前所未有的高度,贯穿到全面深化改革的方方面面。习近平认为平等问题是社会主义社会的内在要求,是要以促进人的全面发展为宗旨,让人民群众共享改革成果为目标。只有在平等的国际秩序环境下,建立以权利平等、机会平等、规则平等、分配平等为主要内容的保障体系,才能保障改革成果惠及全体人民群众,保障人民群众都有平等的权利、平等的机会、平等的规则,才能保障人民群众平等享有改革和发展成果,保障人民群众应有的权利得以实现和社会的健康稳定发展。"①

习近平内涵丰富、寓意深刻的平等观念可以概括为5个方面:

第一,在权利平等方面,习近平指出,要保证人民平等参与、平等发展的权利,维护社会公平正义。首先,保证权利平等需要全面推进依法治国,依法尊重和保障全体公民享有参与、发展等广泛

---

① 秦书生、王一:《习近平的平等观探析》,载《理论学刊》2017年第1期。

的平等权利。平等是社会主义法律的基本属性,是社会主义法治的基本要求。任何组织和个人都必须尊重宪法法律权威,都必须在宪法法律范围内活动,都必须依照宪法法律行使权力或权利、履行职责或义务,都不得有超越宪法法律的特权。要全面推进依法治国,努力实现依法治国基本方略的全面落实,从而使人民的权利得到切实的尊重和保障。必须反对特权思想、特权现象,除了法律和政策规定范围内的个人利益,不得谋求任何特权。其次,保证权利平等需要强化国家权力运行制约和监督体系。要健全权力运行制约和监督体系,让人民监督权力,让权力在阳光下运行,确保国家机关按照法定权限和程序行使权力。要坚持用制度管权、管事、管人,抓紧形成不想腐、不能腐、不敢腐的有效机制,让人民监督权力,把权力关进制度的笼子里。要强化监督,着力改进对领导干部特别是一把手行使权力的监督。推行各级政府及其工作部门权力清单制度,依法公开权力运行流程。完善党务、政务和各领域办事公开制度,推进决策公开、管理公开、服务公开、结果公开。最后,保证权利公平需要改革创新社会体制。要进一步实现社会公平正义,通过制度安排更好地保障人民群众各方面权益。必须切实转变政府职能,深化行政体制改革,创新行政管理方式,增强政府公信力和执行力。

第二,在机会平等方面,习近平论述了机会平等对中国人民的重要意义。首先,机会平等体现为每位社会成员发展机会的平等。生活在我们伟大祖国和伟大时代的中国人民,共同享有人生出彩的机会,共同享有梦想成真的机会,共同享有同祖国和时代一起成长与进步的机会。其次,机会平等要求净化经济生态,确保不同经济主体平等参与、平等竞争。任何想把公有制经济否定掉或者想把非公有制经济否定掉的观点,都是不符合最广大人民根本利益的,都是不符合我国改革发展要求的。最后,机会平等要求政府发挥宏观调控作用。该政府管的事一定要管好、管到位。政府的职责和作用主要是保持宏观经济稳定,加强和优化公共服务,保障公平竞争,加强市场监管,维护市场秩序,推动可持续发展,促进共同富裕,弥补市场失灵。

第三,在规则平等方面,习近平指出,治理一个国家、一个社

禁止歧视：理念、制度和实践

会，关键是要立规矩、讲规矩、守规矩。首先，法律面前人人平等。谁都没有超越法律的特权。坚持法律面前人人平等，必须体现在立法、执法、司法、守法各个方面。引导群众遇事找法、解决问题靠法，逐步改变社会上那种遇事不是找法而是找人的现象。其次，党规党纪面前对所有党员一视同仁。对于党的规矩，党组织和党员、干部必须遵照执行，不能搞特殊、有例外。最后，建立健全体制机制，营造实现规则平等的社会环境。要通过创新制度安排，努力消除人为因素造成的有违公平正义的现象，保证人民平等参与、平等发展的权利。

第四，在分配平等方面，习近平重申了平等的分配制度是实现社会公平正义的必要方面。首先，分配平等需要以社会快速发展为前提。全面深化改革必须着眼创造更加公平正义的社会环境，不断克服各种有违公平正义的现象，使改革发展成果更多、更公平，惠及全体人民。要在不断发展的基础上尽量把促进社会公平正义的事情做好，既尽力而为，又量力而行。其次，初次分配和再分配都要确保平等。要逐步规范国有企业收入分配秩序，对不合理的偏高、过高收入进行调整。扶贫、脱贫是全面小康的最后一公里，要进行精准扶贫。

第五，在国际秩序平等方面，习近平还多次强调要建立更加平等的新国际秩序。希望世界各国都走和平发展道路，国与国之间、不同文明之间平等交流、相互借鉴、共同进步，齐心协力推动建设持久和平、共同繁荣的和谐世界。要增加新兴市场国家和发展中国家的代表性和发言权。①

总体上看，习近平内涵丰富、寓意深刻的平等观念从权利平等、机会平等、规则平等、分配平等和国际秩序平等5个方面对平等问题作了全新的、比较系统的探索，是中国的禁止歧视理念在21世纪的最新官方主流代表，引领了中国当今其他的禁止歧视理念的发展，为人们更好地理解和应对今天社会中发生的各色各样的歧视问题提

---

① 参见秦书生、王一：《习近平的平等观探析》，载《理论学刊》2017年第1期，第17—22页。

供了最具有针对性和时效性的理论武器。

3 处于初步建立和发展阶段的中国禁止歧视制度和实践

严格来说，中国的禁止歧视制度直到近现代建立了一定意义上的民主国家之后才正式产生。不过，在此之前，在中国的奴隶社会和封建社会中，也有一些制度带有某种程度上的平等性质。例如，春秋战国时期，法家在各国主持变法或者改革，其代表人物李悝、商鞅、韩非等的"赏罚必当""刑无等级""法不阿贵"等平等思想在魏国、秦国等的变法或者改革中作为国家法令推行，客观上起到了抑制奴隶主的法外特权，使国家法令尤其是刑法规定得到较为平等的适用的效果。不过，这些法令主要是为了确保君主的统一权威，而不是为了保障人民的权利，并且实施中不能完全实现平等适用，因而是很不彻底、很不完善的早期法律实践。之后，在中国漫长的封建社会中多次出现的农民起义中，有过许多"均贫富""等贵贱"的制度尝试，但是一般只在起义所涉及的区域内短暂地实行，随着起义被统治阶级镇压而很快被废除了。这些典型的保护农民平等权利，尤其是平等的土地权利和财产权利的制度尝试包括：王小波、李顺领导的北宋农民起义军在"均贫富"的口号下，将贪官污吏和世族豪强的财帛、车马、屋宇和粮食没收并平均分配给农户和城镇贫民；李自成领导的明末农民起义军在"均田免赋""劫富济贫"等口号下，允许农民自发夺地并颁发土地登记卷册，没收藩王、大臣和富户的府第、粮食和金钱，赈济贫民；洪秀全领导的晚清农民起义军在《天朝田亩制度》的指导下，实行平均分配土地、财产和男女平等的政策，废除封建土地所有制，并且以户为单位，按照人口和年龄平均分配土地，规定每户留足口粮，其余归圣库，实行一夫一妻的平等的婚姻制度，并且妇女与男子享有同等的经济、政治、

禁止歧视：理念、制度和实践

军事等权利。① 这些保护农民平等权利的制度尝试虽然存在很大的局限性，而且最后都失败了，但是对中国日后建立禁止歧视制度还是起了重要的先行试验作用。正是在吸取了这些制度的经验和教训的基础上，中国近现代的政治家们建立了一些更加符合中国国情和当时发展水平的禁止歧视制度。

1840年后，中国进入半殖民地半封建社会时期。在这一时期，不仅中国的封建统治者继续对人民进行剥削和压迫，而且各国的殖民者也对中国展开了疯狂的侵略和掠夺。正是在这种内忧外患的情况下，中国的仁人志士们强烈地感受到了国家需要独立自主、人民需要平等富强的要求，着手对当时的社会制度进行改革。在改革社会制度的过程中，他们一方面吸取了中国历史上各种争取平等的斗争的经验，坚持中国本土的"大同社会"的平等理想；另一方面也受到了西方传入的各种平等制度和实践的影响，提倡西方民主、平等的宪政思想，把许多平等要求融会于社会制度改革中。首先登上历史舞台的资产阶级改良派如康有为等；以平等的"大同世界"为理想蓝图，通过戊戌变法，力图改变中国传统的极不平等的封建专制统治，建立较为开明的君主立宪制度，并且和外国发展平等、独立的外交关系。在资产阶级改良派的影响下，当时名义上的国家最高统治者光绪皇帝也受到感染，下达了《定国是诏》和一百多道变法诏令以推行改革，在内政和外交方面采纳了不少资产阶级改良派的平等主张。光绪皇帝在1891年向意大利国王发送的国书中，公开宣称："中外一家，罔有歧视"，即希望中国与外国如同一家之兄弟，相互之间没有不平等的对待。这可能是中国最早正式使用"歧视"一词的官方记录。② 然而，随着戊戌变法被慈禧太后等守旧派镇压，许多富含平等理想的政策，如满汉平等，也随之被废止。此后，在内外交困的压力下，清政府被迫在1908年颁布了《钦定宪法大纲》，在1911年颁布了《宪法重大信条十九条》。在这两部中国最早的宪

---

　　① 参见白光耀编著：《中国古代的农民起义》，北京科学技术出版社2013年版，第1—127页。
　　② 参见（清）薛福成：《出使英法义比四国日记》，商务印书馆、中国旅游出版社2016年版，第331页。

法性文件中，逐渐缩小了君上的权力，扩大了议会和总理的权力，同时规定了臣民的权利和义务。不过，这两部文件并没有能够提出平等问题，从所使用的"君上""臣民"等称呼中也能看出其意只在于清政府极力自救，而非心甘情愿地给予人民权利和自由，故而与公民平等地享有权利还有很大的差距。

1911年辛亥革命之后，中国绵延了两千多年的封建专制统治终于结束，进入中华民国时期。正是在这一时期，中国的禁止歧视制度开始初步确立起来。在中国第一部资产阶级宪法性文件——1912年通过的《中华民国临时约法》中，第一次出现了专门保障人民平等权利的法律条款。《中华民国临时约法》第5条规定："中华民国人民一律平等，无种族、阶级、宗教之区别。"这条规定虽然内容简单，但是意义深刻，不仅声明了人民具有普遍的平等权利，而且专门指出了种族、阶级、宗教不是进行区别对待的理由。尽管这条规定没有使用"歧视"的字样，却在事实上禁止了基于种族、阶级、宗教的歧视。其中，种族、宗教都是西方国家法律上已经存在的禁止歧视理由，而阶级则是中国法律中新提出的禁止歧视理由。这说明，以孙中山为代表的资产阶级革命派已经看到了阶级差异造成的中国社会不平等的现状，体现了他们的革命创新精神。当然，由于《中华民国临时约法》自身仍然存在很多缺陷，比如过于笼统，而且随着袁世凯的上台很快就被废止，在实践中很难真正适用第5条的规定，禁止基于种族、阶级、宗教的歧视。

此后，在军阀混战和国民政府时期，各个新上台的政府都出台了资产阶级性质的宪法，基本上都以《中华民国临时约法》为蓝本，具有或多或少的有关保障人民平等权利和禁止歧视的规定。其中，1923年通过的《中华民国宪法》中，在第127条增加了住居省内一年以上之中华民国人民于省之法律上一律平等的规定。1931年通过的《中华民国训政时期约法》中，在第6条将之前禁止种族、阶级、宗教歧视的规定扩展到禁止性别歧视，要求中华民国国民无男女、种族、宗教、阶级之区别，在法律上一律平等；同时，还在第48条强调了男女教育之机会一律平等。1936年通过的《中华民国宪法草案》中，分4个条款阐明了人民的平等权利。其中，第5条规定，中华民国各民族均为中华民族之构成分子一律平等；第8条规定，中华民国人民在法律上一律平等；第28条规定，国民代表之选举以普通、平等、直接无记名投票之方法行之；第132条规定，中华民国人民受教育之机会一律平等。1946年通过的《中华民国宪法》集上述平等权规定之大成，分5个条款保障公民的平等权利。其中，第5条规定，中华民国各族一律平等；第7条将禁止歧视的范围进一步扩大到禁止党派歧视，要求中华民国人民，无分男女、宗教、种族、阶级、党派，在法律上一律平等；第129条规定，本宪法所定之各种选举，除本宪法别有规定外，以普遍、平等、直接及无记名投票之方法行之；第141条创新性地提出了平等互惠的外交原则，指出中华民国之外交，应本独立自主之精神，平等互惠之原则，敦睦邦交，尊重条约及联合国宪章，以保护侨民权益，促进国际合作，提倡国际正义，确保世界和平；第159条规定，国民受教育之机会一律平等。①

总的来说，民国时期的各部宪法性文件都提出要保障人民的平等权利，并且逐渐扩大了禁止歧视的理由和事项范围。禁止歧视的理由从种族、宗教、阶级三种扩展到种族、宗教、阶级、男女、党派五种。禁止歧视的事项从内政扩展到外交，从省内平等的公民权利扩展到教育机会的平等、民族平等、选举权的平等、平等互惠的外交原则等，体现了历史的进步。当然，中华民国本质上仍然是半殖民地半封建社会，各种内外矛盾阻碍了人民真正利用上述条款救济自身受到的不平等对待。因此，尽管这些宪法性文件中的禁止歧视条款在不断进步，但是它们在现实中尚未能够转化为人民实际享有的不受歧视的权利。此外，由于当时的中国处在社会急剧变化时期，颁布了上述宪法性文件的很多政府只存在了较短时间就走下了历史舞台，也使这些宪法性文件，包括其中所涵盖的禁止歧视的相关规定，失去了得到普遍适用的良好机会。

从1921年中国共产党建立到1949年中华人民共和国成立，在

---

① 参见柴荣、柴英：《从等级身份到法律平等——以辛亥革命为中心考察》，载《法学研究》2011年第5期，第181—189页。

二十多年的革命斗争中,中国共产党也发展了不少与禁止歧视相关的制度。这些制度集中表现在革命根据地的各种宪法性文件中。

1931年通过的《中华苏维埃共和国宪法大纲》在前言中规定了一部分人享有平等的公民权利,并且禁止基于性别、种族、宗教的歧视:"在苏维埃政权领域内的工人、农民、红军兵士及一切劳苦民众和他们的家属、不分男女、种族(汉、满、蒙、回、藏、苗、黎和在中国的台湾、高丽、安南人等)、宗教,在苏维埃法律前一律平等,皆为苏维埃共和国的公民。"由于当时建立的中华苏维埃共和国将其政权属性定位为"属于工人、农民、红军兵士及一切劳苦民众",因此《中华苏维埃共和国宪法大纲》规定的平等的公民权利和禁止歧视限于这些人及其家属所享有,而把军阀、官僚、地主、豪绅、资本家、富农、僧侣及一切剥削人的人和反革命分子排除在外,体现了当时革命根据地的禁止歧视制度具有比较强烈的阶级属性。另外,从括号中对"种族"的解释来看,当时所说的"种族"歧视和今天所说的"民族"歧视的含义比较相近。

1941年通过的《陕甘宁边区施政纲领》中包含较为丰富的保障平等和禁止歧视的要求。其中,第6条规定了保障一切抗日人民的权利和自由:"保证一切抗日人民(地主、资本家、农民、工人等)的人权、政权、财权及言论、出版、集会、结社、信仰、居住、迁徙之自由权。"第16条规定了男女平等原则:"依据男女平等原则,从政治经济文化上提高妇女在社会上的地位,发挥妇女在经济上的积极性,保护女工、产妇、儿童,坚持自愿的一夫一妻婚姻制。"第17条规定了民族平等原则:"依据民族平等原则,实行蒙、回民族与汉族在政治经济文化上的平等权利,建立蒙、回民族的自治区,尊重蒙、回民族的宗教信仰与风俗习惯。"第19条规定了禁止对社会游民分子进行歧视:"给社会游民分子以耕种土地、取得职业与参加教育的机会,纠正公务人员及各业人民中对游民分子加以歧视的不良习惯,对会门组织实行争取、团结与教育的政策。"由于当时处在抗日战争的特定历史背景下,革命根据地的禁止歧视制度规定得比较彻底,以便尽可能地争取社会各阶级和阶层踊跃参与对日斗争。此外,《陕甘宁边区施政纲领》不仅提出了男女平等原则,还要求采

禁止歧视：理念、制度和实践

取"从政治经济文化上提高妇女在社会上的地位，发挥妇女在经济上的积极性，保护女工、产妇、儿童"等举措，具体促进男女平等。这些举措基本等同于今天平权行动中的暂行特别措施。1946年通过的《陕甘宁边区宪法原则》继续规定了平等的选举权利、民族平等和男女平等，在表述上有所简化："人民普遍、直接、平等、无记名选举各级代表，各级代表会选举政府人员"；"边区人民不分民族，一律平等"；"妇女除有男子平等权利外，还应照顾妇女之特殊利益"。①

与民国时期各个政府颁布的宪法性文件相比，革命根据地的宪法性文件更加注重平等的阶级性，着力维护工人、农民、战士、劳苦大众平等地享有各种基本权利和自由；尤其是平等的选举权利，强调禁止性别、民族、宗教等方面的歧视，并且积极发展暂行特别措施，以推进性别平等的实现。当然，在革命根据地发展后期，随着中国共产党革命斗争工作的重点逐渐转移到团结广大人民集中力量进行抗日战争和解放战争，平等的普遍性也得到了较好的体现。因此，革命根据地的宪法性文件中所包含的保障平等和禁止歧视的规定显示了不同时期中国共产党工作的重点，并且为日后中华人民共和国宪法设置有关的禁止歧视规则奠定了基础。

中华人民共和国成立后，禁止歧视制度在官方层面的立法、行政、司法等活动与非官方层面的个人和集体等行动中都获得了一定的发展。

首先，在立法活动中，各部宪法性文件都明确规定了保障公民平等权利和禁止歧视的内容。

第一，在新中国于1949年成立时通过的《中国人民政治协商会议共同纲领》中，主要提出了男女平等、民族平等和禁止歧视、平等互利的外交关系和通商贸易关系等要求。其中，第6条规定，妇女在政治、经济、文化教育、社会生活各方面均有与男子平等的权利。第9条规定，各民族均有平等的权利和义务。第50条规定，各

---

① 参见杨永华：《根据地时期法律平等原则的历史回顾》，载《法律科学》1993年第6期，第64—69页。

民族一律平等，禁止民族间的歧视、压迫和分裂各民族团结的行为。第 56 条规定，可在平等、互利及互相尊重领土主权的基础上与一些友好的外国政府谈判建立外交关系。第 57 条规定，可在平等互利的基础上与各外国的政府和人民恢复并发展通商贸易关系。

第二，1954 年通过的中华人民共和国的第一部《宪法》中，主要涵盖了公民在法律上一律平等、民族平等和禁止歧视、男女平等、平等的选举权、平等互利的外交关系等内容。其中，序言规定，各民族团结成为一个自由平等的民族大家庭；根据平等、互利、互相尊重主权和领土完整的原则同任何国家建立和发展外交关系。第 3 条规定，各民族一律平等，禁止对任何民族的歧视和压迫。第 58 条规定，保障少数民族的平等权利。第 85 条规定，公民在法律上一律平等。第 86 条规定，年满 18 岁的公民，不分民族、种族、性别、职业、社会出身、宗教信仰、教育程度、财产状况、居住期限，都有选举权和被选举权，但是有精神病的人和依照法律被剥夺选举权和被选举权的人除外；妇女有同男子平等的选举权和被选举权。第 96 条规定，妇女在政治、经济、文化、社会和家庭生活各方面享有同男子平等的权利。与 1949 年的《中国人民政治协商会议共同纲领》相比，1954 的《宪法》增加了公民在法律上一律平等的基本原则和平等的选举权的具体内容，同时删去了平等互利的通商贸易关系的规定。

第三，分别在 1975 年和 1978 年通过的两部《宪法》由于受到"左"倾思想的影响，减少了许多关于平等保护和禁止歧视的规定。其中，1975 年的《宪法》仅仅保留了平等互利的外交五项原则之一、民族平等、男女平等等一般规定，1978 年的《宪法》在前者的基础上增加了禁止民族歧视、男女同工同酬的具体要求。不过，总的来看，两者都还比较粗略。

第四，现行的 1982 年通过、历经四次修正的《宪法》是中华人民共和国成立后平等保护和禁止歧视相关规则最完善的一部宪法，主要囊括了公民在法律面前一律平等、公民的权利和义务平等等一般原则，以及平等的选举权、男女平等、民族平等和禁止歧视、禁止宗教歧视、平等互利的外交五项原则之一等具体规则。其中，序言规定了平等、团结、互助的社会主义民族关系，以及平等互利的外交五项原则之一。第 4 条规定，各民族一律平等，维护和发展各民族的平等、团结、互助关系，禁止对任何民族的歧视和压迫。第 5 条规定，任何组织或者个人都不得有超越宪法和法律的特权。第 33 条规定，公民在法律面前一律平等，任何公民享有宪法和法律规定的权利，同时必须履行宪法和法律规定的义务。第 34 条规定，年满 18 周岁的公民，不分民族、种族、性别、职业、家庭出身、宗教信仰、教育程度、财产状况、居住期限，都有选举权和被选举权，但是依照法律被剥夺政治权利的人除外。第 36 条规定，不得歧视信仰宗教和不信仰宗教的公民。第 48 条规定，妇女在政治、经济、文化、社会和家庭生活等各方面享有同男子平等的权利，国家保护妇女的权利和利益，实行男女同工同酬，培养和选拔妇女干部。第 89 条规定，国务院保障少数民族的平等权利。① 上述条款共同构成了我国现行《宪法》有关保障平等权利和禁止歧视的一个较为完整的规范系统。在这个规范系统中，既有关于公民在法律面前一律平等和享有平等权利、义务的一般性规定，又有关于民族平等、男女平等等的具体性规定；既有关于平等权利的正面规定，又有关于反对特权、禁止歧视的反面规定；既有关于禁止民族歧视、宗教歧视的消极不作为义务的规定，又有关于培养妇女干部以促进性别平等的积极暂行特别措施义务的规定。因此，现行《宪法》有关保障平等权利和禁止歧视的规范系统给当今中国的禁止歧视制度提供了最基本的宪法上的依据。

其次，在宪法性文件之外，中国目前还有许多与禁止歧视有关的法律法规。不过，令人感到遗憾的是，在这些法律法规中，并没有任何一部专门针对普遍或具体的歧视问题制定的平等或反歧视立法，而是在普遍或具体的权利保护领域或人群的立法中包含一些禁止歧视的规定。

第一，在法律层面，包含禁止歧视规定的立法主要有《就业促进法》《劳动法》《教育法》《传染病防治法》《妇女权益保障法》《残

---

① 参见朱应平：《论平等权的宪法保护》，北京大学出版社 2004 年版，第 1—40 页。

疾人保障法》等。其中,《就业促进法》第三章专章规定了"公平就业"问题,提出了消除就业歧视的总体要求,并特别强调用人单位招用人员不得歧视妇女、少数民族劳动者、残疾人、传染病病原携带者和农村劳动者。《劳动法》第 3 条规定劳动者享有平等就业和选择职业的权利,第 12 条要求劳动者就业不因民族、种族、性别、宗教信仰不同而受歧视,第 13 条声明妇女享有与男子平等的就业权利。《教育法》第 9 条规定公民不分民族、种族、性别、职业、财产状况、宗教信仰等,依法享有平等的受教育机会;第 37 条确认受教育者在入学、升学、就业等方面依法享有平等权利,尤其是保障女子在入学、升学、就业、授予学位、派出留学等方面享有同男子平等的权利。《传染病防治法》第 16 条指出,任何单位和个人不得歧视传染病病人、病原携带者和疑似传染病病人。《妇女权益保障法》在各章具体规定了各个领域妇女的平等权利,并在第 2 条总括性地阐明:妇女在政治的、经济的、文化的、社会的和家庭的生活等各方面享有同男子平等的权利,实行男女平等是国家的基本国策;国家保护妇女依法享有的特殊权益,禁止歧视、虐待、遗弃、残害妇女。《残疾人保障法》也在各章分别规定了保障残疾人平等地充分参与社会生活,并在第 3 条集中指出残疾人在政治、经济、文化、社会和家庭生活等方面享有同其他公民平等的权利,禁止基于残疾的歧视。这些法律层面的立法效力仅低于宪法,是实践中经常援用的禁止歧视的法律制度。

第二,在行政法规、部门规章层面,包含禁止歧视规定的立法主要有《就业服务与就业管理规定》《女职工劳动保护特别规定》《残疾人就业条例》《残疾人教育条例》等。这些行政法规、部门规章层面的立法,其效力低于法律,但是一般比法律更具体,因而在实践中也比较经常得到适用。

第三,在地方性法规、地方政府规章层面,包含禁止歧视规定的立法主要有《北京市农民工养老保险暂行办法》《广东省分散按比例安排残疾人就业办法》等。这些地方性法规、地方政府规章层面的立法只能在本地适用,不过经济较为发达地区的立法一般比全国性的立法更注重公民平等权利的保护,往往在禁止歧视制度建设方面领先于全国其他地方。

第四,除了上述法律的正式渊源之外,实践中还存在着大量的规范性文件包含专门的禁止歧视规定。例如,人力资源和社会保障部、教育部、卫生部联合发布的《关于进一步规范入学和就业体检项目维护乙肝表面抗原携带者入学和就业权利的通知》等。这些规范性文件也属于禁止歧视制度不可缺少的一部分,甚至有时因为其中规定的情形更为具体,可能在禁止歧视的实践中发挥比上述法律更为重要的作用。

第五,根据中国已经签署、批准或者加入的国际公约,如1965年通过的《消除一切形式种族歧视国际公约》、1979年通过的《消除对妇女一切形式歧视公约》、2006年通过的《残疾人权利公约》等的要求,中国有义务在国内法上禁止种族歧视、性别歧视、残疾歧视等。① 这些公约对禁止歧视提出了比较高的要求,当中国的国内法律法规暂时达不到这些要求时,仍然要按照公约的要求进行更为严格的平等权利保护,并且加快在国内立法上转化公约的要求。

总的来说,与欧美各国相比,中国与禁止歧视有关的法律法规目前还处在初步立法阶段,有待进一步加强。

最后,在当前中国禁止歧视的相关立法中,对歧视的定义、理由、类型、领域等的规定很多还尚未明确或很不完善。

第一,在歧视的定义方面,虽然上述宪法和法律法规中均包含禁止歧视的具体条款,但是没有任何一个条款阐明了歧视本身的定义。立法者甚至根本没有意图提出关于歧视定义的问题,而是默认大家都了解"歧视"的概念,从而直接在上述相关立法中使用这一词语。然而,事实上,对于什么是歧视,人们还有颇多不同的看法。周伟教授在他领衔提出的《反歧视法学术建议稿》中指出,歧视是指"任何以种族、民族、宗教信仰、性别、婚姻状况、社会出身、年龄、传染病病原携带、性取向、人体特征等理由损害特定群体或他人合法权益的不合理的差别对待"②。蔡定剑教授在他领衔提出的

---

① 参见陆海娜:《我国对平等就业权的国家保护——以国际法为视角》,法律出版社2015年版,第5—75页。

② 周伟:《反歧视法研究:立法、理论与案例》,法律出版社2008年版,第135页。

第七章
中国禁止歧视理念、制度和实践

《反就业歧视法专家建议稿》中阐明，就业歧视是指"用人单位基于劳动者与工作能力和职业的内在需要不相关的因素，在就业中做出区别对待，从而取消或损害劳动者平等就业权利的行为"①。由此可见，人们对歧视的定义颇有差异。

第二，在歧视的理由方面，目前中国的相关立法已经明确提出，在公民享有某一权利或进入某一领域时禁止歧视的理由包括性别、民族、种族、宗教信仰、残疾、农村户籍、家庭出身、职业、教育程度、财产状况、居住期限、患有或疑似患有传染病或携带传染病病原等12种。不过，在各个具体的权利或领域中禁止歧视的理由很不统一，而且因为法律规定自身的封闭性不同，可能在实践中继续扩大差异。例如，《劳动法》规定的禁止歧视理由包括民族、种族、性别、宗教信仰，而《教育法》规定的禁止歧视理由则包括民族、种族、性别、职业、财产状况、宗教信仰等。这里，前者规定的禁止歧视理由只有4种且不可以扩展，而后者不仅直接规定了6种禁止歧视理由，而且通过一个"等"字还可以在现实中根据需要灵活地扩展出其他的禁止歧视理由。

第三，在歧视的类型方面，中国的相关立法中基本上只明确了禁止直接歧视和骚扰，而没有对间接歧视、迫害等类型的歧视行为加以规定。

第四，在歧视的领域方面，目前歧视本身发生的领域非常广泛，但是禁止歧视制度规制的领域还是比较狭窄，除了《宪法》规定妇女在比较广泛的政治、经济、文化、社会和家庭生活等各方面享有同男子平等的权利之外，绝大部分的禁止歧视相关立法集中在就业、职业和教育方面，对其他方面尤其是各种公共服务、公共福利中的歧视问题规制不足。上述不太明确或不够完善的立法再次说明了中国的禁止歧视制度目前还处在初步发展的阶段。

在行政活动中，中国的禁止歧视制度也取得了一些发展，但是目前还存在着一些实质的缺陷。

---

① 蔡定剑、刘小楠主编：《反就业歧视法专家建议稿及海外经验》，社会科学文献出版社2010年版，第11页。

首先，在由政府设立禁止歧视的专门机构方面，目前最为突出的一个问题是，中国至今尚未能就推进平等和反歧视的事项设立任何一个专门机构，与禁止歧视有关的法律法规一般都是由相对应的政府部门自行负责实施的。例如，在禁止基于健康状况的歧视中，实践中多是由卫生部门、劳动部门和教育部门这些参与禁止歧视相关立法活动的部门负责立法的实施。尽管这些部门在维护乙肝表面抗原携带者入学和就业权利方面曾经有过联合行动，但是它们在大部分情形下还是倾向于单独行事，仅就自己管理范围内的事项负责，有时就会造成职责的重叠或者缺失，影响对歧视受害者的救济效果。当然，缺乏禁止歧视的专门机构在很大程度上与中国没有一部专门的平等或反歧视立法有关。一旦有了这样的专门法律，作为实施这一法律的主要部门而诞生一个专门的禁止歧视机构就变得顺理成章了。中国政府在2016年发布的《国家人权行动计划（2016—2020年）》中，提出要开展设立国家人权机构的必要性与可行性研究。如果国家人权机构在未来能够正式建立起来，作为保障人权，包括禁止歧视的主要责任机构，将有助于中国的禁止歧视法律法规加快落实。

其次，中国的禁止歧视制度中已经规定了一部分行政救济手段，不过这些行政救济手段的积极效果比较有限。例如，《就业促进法》中提出，劳动行政部门应当对本法实施情况进行监督检查，建立举报制度，受理对违反本法行为的举报，并及时予以核实、处理。但是，在实践中，劳动行政部门经常不受理就业歧视受害者的投诉，直接把他们推向法院，而法院的举证责任等门槛又把这些就业歧视受害者再次拒之门外，使他们最终投诉无门。劳动行政部门有时会依照职权对法律法规的实施情况进行监督检查，但是这些监督检查的结果往往不是公开的，这样就失去了社会监督的意义。当劳动行政部门在调查投诉或者主动检查中确实发现就业歧视存在时，相关立法规定劳动行政部门可以对就业歧视加害者采取责令改正、处以罚款、没收违法所得、吊销营业执照等惩处措施。不过，这里的惩处措施有些轻微。例如，《就业服务与就业管理规定》指出，用人单位在国家法律、行政法规和国务院卫生行政部门规定禁止乙肝病原

第七章
中国禁止歧视理念、制度和实践

携带者从事的工作岗位以外招用人员时,将乙肝病毒血清学指标作为体检标准的,由劳动保障行政部门责令改正,并可处以一千元以下的罚款。这一罚款的数额过小,在实践中很难对歧视加害者起到足够的震慑作用。

最后,在中国的禁止歧视制度中,目前已有一些相关立法规定了必要的暂行特别措施,但是这些措施在实践中的实施状况尚不理想,负责监督这些措施实施的政府部门对此也没有提出较好的解决方案。例如,《残疾人就业条例》为了促进残疾人的就业平等权利而特别规定:用人单位应当按照一定比例安排残疾人就业,并为其提供适当的工种、岗位;用人单位安排残疾人就业的比例不得低于本单位在职职工总数的1.5%;用人单位安排残疾人就业达不到其所在地省、自治区、直辖市人民政府规定比例的,应当缴纳残疾人就业保障金。这里,主要的暂行特别措施是按照一定比例安排残疾人就业,这些措施无法实现时附带的措施是缴纳残疾人就业保障金(简称"残保金")。然而,在实践中,按比例就业和缴纳残保金之间出现了本末倒置的状况。据统计,2013年企事业单位缴纳残保金的金额是2005年的10倍,但是按比例就业的残疾人比2005年的比例还低。对此,人力资源和社会保障部门多次发文呼吁企事业单位依法安排残疾人就业,但是实际效果并不好。[①] 这也表明了当国家缺乏专门的推进平等和禁止歧视机构时,对平等权利的救济往往不够及时和有效。

在司法活动中,目前中国的禁止歧视法律法规主要还是在法院得到适用,对当事人的救济大多数是通过司法途径进行的。然而,法院提供的救济往往不能达到立法者和歧视受害者所期待的效果。例如,《就业促进法》规定,违反本法规定,实施就业歧视的,劳动者可以向人民法院提起诉讼。这一条款看起来明确赋予就业歧视受害者司法救济的权利,但是在实践中却反映出其规定原则性过强,对歧视受害者的指导作用不足。劳动者在向人民法院提起诉讼的过

[①] 参见刘小楠主编:《反歧视法讲义:文本与案例》,法律出版社2016年版,第151—203页。

程中，可能会遇到诸如以下一系列的问题：可以由哪些主体提起诉讼？用什么具体的案由提起诉讼？在诉讼中如何分配举证责任？诉讼中认定歧视的标准和例外的情形是什么？这一系列的问题在目前的相关立法中都还缺乏较为清晰的规定。即使法院在诉讼中认定就业歧视的情形成立，歧视受害者能够获得的赔偿的形式和内容也比较有限。《就业促进法》关于歧视责任的规定非常笼统，没有专门针对就业歧视问题列明责任形式，而是仅仅指出：违反本法规定，侵害劳动者合法权益，造成财产损失或者其他损害的，依法承担民事责任；构成犯罪的，依法追究刑事责任。一般来说，就业歧视案件很少会构成犯罪，大部分是造成财产损失或者其他损害，因此主要承担民事责任。根据民法的有关规定，承担民事责任的形式主要包括停止侵害、排除妨碍、消除危险、返还财产、恢复原状、修理、重作、更换、继续履行、赔偿损失、支付违约金、消除影响、恢复名誉、赔礼道歉等。在就业歧视案件中，适用较多的是赔偿损失（如赔偿工资、误工费和精神损害赔偿）、继续履行（如继续履行劳动合同）、赔礼道歉（如登报就歧视行为道歉）、停止侵害（如停止骚扰）。歧视受害者几乎都在诉讼中要求精神损害赔偿，但是现实中能够获得的赔偿额度通常较小甚至没有。例如，在2008年发生的北京比德创展通讯技术有限公司歧视乙肝病毒携带者的案件中，赔偿歧视受害者2000元精神损害抚慰金；而在2010年发生的京闽中心大酒店歧视乙肝病毒携带者的案件中，法院虽然确认就业歧视存在，但是认为被告的主观恶意不大，除了赔礼道歉之外，无须承担任何责任。

根据某非政府组织在2011年开展的调查，就业歧视案件的主要障碍有以下几个方面：（1）立案难——法院找不到合适的案由或者干脆与劳动争议案件混同；（2）举证难——举证责任分配不合理，原告的举证责任过重；（3）胜诉难——由举证责任过重和适用法律不明确所导致的结果；（4）赔偿低——不支持或仅少量支持精神损害抚慰金；（5）成本高——案件审理时间长并且花费大；（6）缺乏

第七章
中国禁止歧视理念、制度和实践

司法解释——对立法如何适用缺乏解释。① 这些障碍影响了中国的禁止歧视法律法规在司法活动中得到有效的实施，使歧视受害者不能获得应有的救济。

在非官方层面的行动中，近些年来，真正推动中国的禁止歧视制度和实践向前发展的最有力的催化剂就是积极投身各类禁止歧视行动的个人和集体。

首先，在个人行动方面，歧视受害者以及关心禁止歧视制度建设的人大代表、律师、学者等纷纷投身实践，以个人力量聚焦公民社会对歧视问题的关注，以促进解决歧视问题。例如，2001年，身高歧视受害者蒋韬对中国人民银行成都分行录用行员规定身高条件提起诉讼，成为"中国平等权诉讼第一案"；全国人大代表周洪宇从2004年到2007年连续4年提出有关反歧视法的议案，促使国家出台了包含较多禁止就业歧视规定的《就业促进法》；四川大学人权法律研究中心主任周伟教授带领他的多名学生为歧视受害者辩护，办理了有关身高、乙肝、性别、地域、社会出身、基因等方面歧视的一系列在全国有重大影响力的案件，并领衔提出了《反歧视法学术建议稿》；中国政法大学宪政研究所所长蔡定剑教授主持开展了较早的关于中国和海外就业歧视制度和实践的研究，并领衔提出了《反就业歧视法专家建议稿》，在其于2010年不幸病逝后，刘小楠教授继续推进他的工作，每年组织反歧视的研究并修改了《反就业歧视法专家建议稿》。

其次，在集体行动方面，致力于推进平等和反歧视制度发展的非政府组织和学者团体成为倡导中国建立比较成熟完善的禁止歧视制度的先锋。例如，健康非政府组织北京益仁平中心从2006年到2012年总共协助了超过200起反歧视诉讼案件，其中大约有40%获得胜诉或和解；中国政法大学宪政研究所从2005年到2017年不间断地组织了全国研究平等和反歧视问题的上百位专家学者进行合作，出版了多种著作、期刊以及中国的第一本反歧视法教材《反歧视法

---

① 参见陆军：《反就业歧视诉讼之困——用人单位违法成本低，劳动者依法反歧视成本高》，载刘小楠主编：《反就业歧视的策略与方法》，法律出版社2011年版，第231—236页。

禁止歧视：理念、制度和实践

讲义：文本与案例》。

当然，目前在非官方层面的推进禁止歧视制度和实践的行动中，也存在着一些问题，诸如学界对反歧视法理论的研究缺失，法律上对反歧视公益组织的认可度不高等。① 其中，前一个问题使反歧视专门立法的理论依据不够充分，而后一个问题则影响了反歧视公益活动的广泛开展。目前的相关立法对非政府组织的注册登记仍然设置了一些较高的要求。由于难以达到这些要求，一些非政府组织无法按照"社会组织"进行登记，而只能作为企业注册，因而无法享受税收减免等优惠政策。这些问题都需要在中国的禁止歧视制度和实践未来的发展中进一步解决。

在今天讨论中国的禁止歧视制度和实践时，还应当特别注意地域差别所可能带来的影响。一方面，在经济较为发达的地区，地方性法规中更有可能规定比较完备细致、保障充分的禁止歧视规定。另一方面，在经济较为发达、发展水平较高的地区，对禁止歧视规定的实施也可能更加认真负责、贯彻到位。此外，主要是由于历史上的原因，香港特别行政区、澳门特别行政区和台湾地区与内地有较长时间的隔离，这些地方的禁止歧视制度和实践与内地很不相同。目前，这些地方的禁止歧视制度和实践的发展水平已经颇为先进，甚至在某些方面达到了欧美发达国家的程度。这里主要以香港为例进行说明。

在禁止歧视的立法方面，香港当前已经有两项宪法性法律规定了禁止歧视。其中，1990年通过的《香港特别行政区基本法》第25条确认了香港居民享有平等权：香港居民在法律面前一律平等。1991年通过的《香港人权法案条例》第1条规定了享受权利不分区别：人人得享受人权法案所确认之权利，无分种族、肤色、性别、语言、宗教、政见或其他主张、民族本源或社会阶级、财产、出生或其他身份等等。人权法案所载一切公民及政治权利之享受，男女权利，一律平等。第22条规定了在法律前平等及受法律平等保护：

---

① 参见刘红春：《我国反歧视法的学理探究及其反思——兼论反就业歧视的理论回应》，载刘小楠主编：《反歧视评论》（第2辑），法律出版社2015年版，第155—175页。

第七章
中国禁止歧视理念、制度和实践

人人在法律上一律平等,且应受法律平等保护,无所歧视。在此方面,法律应禁止任何歧视,并保证人人享受平等而有效之保护,以防因种族、肤色、性别、语言、宗教、政见或其他主张、民族本源或社会阶级、财产、出生或其他身份而生之歧视。此外,还有至少4项专门的条例规定禁止歧视,包括1995年通过的《性别歧视条例》和《残疾歧视条例》、1997年通过的《家庭岗位歧视条例》和2008年通过的《种族歧视条例》。这些立法对歧视的定义、理由、类型、领域等的规定都包含非常丰富且完备的内容。

在实施禁止歧视的专门机构方面,香港已经在1996年成立了平等机会委员会这一禁止歧视的专门机构。平等机会委员会负有调查及调解、教育及推广、法例及指引等职责,主要工作包括:处理投诉及调解、法律协助、培训及顾问服务、社会参与资助计划、免费讲座、特别合作项目、出版刊物以及参与社区活动。平等机会委员会有专门的调解和法律援助程序。凡因违法歧视或骚扰行为而感到受屈的人士,均可以向平等机会委员会投诉。平等机会委员会必须就投诉进行调查,并尝试以调解方式解决事件。平等机会委员会在进行调查和调解时秉持独立公正,确保双方得到公平对待。平等机会委员会仅仅负责调解,不会对投诉作出裁决。调解是免费的、完全自愿性质的,假如达成协议,各方所签署的调解协议书便是一份契约,具有法律约束力。和解条件可以是要求道歉、更改政策和行事方式、检讨程序、复职、金钱赔偿等。如果调解不成功,申请人可以向平等机会委员会申请法律协助,以便在区域法院提出民事诉讼。但是,平等机会委员会不保证一定提供法律协助。只有在申请人已经完成投诉程序并且调解证实并不成功,同时平等机会委员会认为合适的情况下,才会提供法律协助。受害人也可以自行提出民事诉讼。在实践中,平等机会委员会已经成功地调解处理了关于性别歧视、性骚扰、怀孕歧视、残疾歧视、家庭岗位及婚姻状况歧视、种族歧视、性倾向歧视等方面的众多典型案例。平等机会委员会处理个案的效率和成功率都比较高。仅2006年一年,平等机会委员会就接到了14235宗查询和717宗投诉。连同上一年未完结的个案,平等机会委员会共处理了930宗投诉个案,其中706宗个案已经完结。

另外，香港的非政府组织和个人在推动禁止歧视方面行动特别积极。新妇女协进会、香港工会联合会等非政府组织为加强禁止歧视立法及其实施做了大量工作，包括：通过对歧视问题进行研究调查及公布结果，引起公众关注并推动立法；运用联合国人权公约机制，向公约委员会递交"影子报告"或意见书进行游说；推行人权教育，提高公众平等意识；运用司法机制，对反歧视诉讼进行司法复核或民事诉讼。① 上述经验都可以为中国内地未来发展禁止歧视的制度和实践提供有益的参考。

4 展望中国禁止歧视理念、制度和实践的未来发展趋势

综上所述，中国的禁止歧视理念历史悠久，内涵极为丰富，而禁止歧视制度和实践目前仍然处于初步建立和发展的阶段。对照 Dimitrina Petrova 提出的统计标准，中国当前的反歧视法及其实施情况的发展水平大致与第三类国家阿尔巴尼亚、阿尔及利亚、乍得、几内亚、印度尼西亚、吉尔吉斯斯坦、马达加斯加、马里、尼日尔、俄罗斯、塞内加尔、苏丹、塔吉克斯坦、乌克兰、土耳其等相当，即在宪法中规定禁止歧视，并且附带性地有一些在特定领域或针对特定种类的禁止歧视的法律规定，但是缺乏法律实施的记录。与世界其他国家相比，中国当前的反歧视法及其实施情况的发展水平比较一般。相对应地，中国当前的反歧视理念的发展水平也比较一般。作出这样的判断主要是基于以下一些原因：

第一，中国目前还没有禁止歧视方面的专门立法。如本书在附录中所展示的，针对所有领域的歧视问题的专门立法"反歧视法"与仅仅针对就业领域的歧视问题的专门立法"反就业歧视法"，目前

---

① 参见林燕玲、王玲玲：《香港反就业歧视研究报告》，载林燕玲主编：《反就业歧视的制度与实践——来自亚洲若干国家和地区的启示》，社会科学文献出版社 2011 年版，第 181—213 页。

第七章
中国禁止歧视理念、制度和实践

都还处在专家提出建议草案的阶段,尚未被正式列入国家的立法计划之中。

第二,中国目前还没有禁止歧视方面的专门机构。如前文所述,中国至今尚未能就推进平等和反歧视的事务设立任何一个专门机构,与禁止歧视有关的法律法规一般都是由相对应的政府部门自行负责实施的。

第三,中国在宪法中规定禁止歧视,并且附带性地有一些在特定领域或针对特定种类的禁止歧视的法律规定,但是缺乏法律实施的记录。现行的1982年《宪法》规定了公民在法律面前一律平等、公民的权利和义务平等等一般原则,以及平等的选举权、男女平等、民族平等和禁止歧视、禁止宗教歧视、平等互利的外交五项原则之一等具体规则。在特定领域或针对特定种类的歧视问题方面,中国目前主要通过以下一些立法进行规制:通过《就业促进法》,提出了消除就业歧视的总体要求;通过《劳动法》,要求劳动者就业不因民族、种族、性别、宗教信仰不同而受歧视;通过《教育法》,规定公民不分民族、种族、性别、职业、财产状况、宗教信仰等依法享有平等的受教育机会;通过《传染病防治法》,指出任何单位和个人不得歧视传染病病人、病原携带者和疑似传染病病人;通过《妇女权益保障法》,阐明妇女在政治、经济、文化、社会和家庭生活等各方面享有同男子平等的权利,并且禁止歧视、虐待、遗弃、残害妇女;通过《残疾人保障法》,指出残疾人在政治、经济、文化、社会和家庭生活等方面享有同其他公民平等的权利,并且禁止基于残疾的歧视;等等。然而,无论是在适用宪法还是上述各项立法的过程中,目前都没有专门就禁止歧视规定的实施情况进行的官方层面的统计,仅有一些很不完全的非官方层面的记录。

第四,虽然中国的禁止歧视理念在进入21世纪之后又经历了进一步的发展,呈现出更加丰富多元的状况,但是目前仍然没有能够提出比较系统完整、理论性强的专门的禁止歧视学说,以支持禁止歧视的制度和实践。因此,中国当前的反歧视法及其实施情况以及反歧视理念的发展水平都比较一般,在未来还有很大的发展空间。

在本书前面几章中,欧洲、美洲、大洋洲、亚洲、非洲的禁止歧视理念、制度和实践给中国带来了许多的启示。具体而言：

第一，欧洲的禁止歧视经验表明：较为先进、符合时宜的禁止歧视理念对禁止歧视制度和实践能够起到良好的引领作用，为禁止歧视制度和实践的发展提供充分的思想基础。比较强有力的地区禁止歧视机制对加快各国的禁止歧视制度和实践的发展是一个重要的外部推动力量。一个内容较为完备、运转相对较好的禁止歧视制度不是单方面的努力便可以实现的，需要在各种相关力量的共同影响下充分发挥作用。

第二，美洲的禁止歧视经验表明：禁止歧视理念不在乎形成时间的早晚，只要能够契合本地实际的需要，坚持本地特色进行发展，一样能够形成非常有力的禁止歧视理念，对本地的禁止歧视制度和实践进行充分的指导。禁止歧视制度和实践的发展需要时时顾及社会现实的需要，不能只顾追求平等而不考虑追求平等的代价，一味追求平等的失衡的禁止歧视制度和实践是无法走得长远的。一个比较完整、有效的禁止歧视制度可以通过多种不同的途径达到，而不一定要依循某种固定的模式才能实现。

第三，大洋洲的禁止歧视经验显示：各种类型的国家都可以根据本国的特色发展相应的禁止歧视理念，即使是前殖民地和移民国家，也有机会形成自己较为先进的禁止歧视理念，引导本地建立良好的禁止歧视制度和实践。各国人民在推动本国的禁止歧视制度和实践方面有着充分的勇气、智慧和创新精神。对于别的国家所创造的良好的反歧视经验，尤其是那些与本国的适用条件相近的，可以大胆地拿来在本国进行尝试；对于那些与本国的适用条件不相符合的，甚至可能引起观念、实践方面冲突的反歧视经验，要以分外谨慎的态度参考借鉴；而对于本国自身比较有特色的歧视问题，需要结合本国的实际情况，勇敢地进行制度创新，走最适合本地实际的禁止歧视制度和实践发展道路。国家在借鉴其他地方的经验发展本国的禁止歧视制度和实践时不是万能的，只能尽力契合当前社会的发展需要，推进禁止歧视的立法及其实施。

第四，亚洲的禁止歧视经验表明：要想在受到西方理念冲击的国家发展一套适合本地文化的禁止歧视理念，十分需要在传统文化

第七章
中国禁止歧视理念、制度和实践

和外来理念之间找到比较恰当的平衡，通过取长补短、去芜存菁等方式，将两者有机地结合起来，共同为有效地指导当今的禁止歧视制度和实践服务。在一个禁止歧视制度和实践发展不均衡的地方，应当充分利用各个地区的有利条件，加快禁止歧视制度的整体建设，使禁止歧视制度和实践的基础水平有所提高。同时，应当加强对局部先进地区发展禁止歧视制度和实践的良好经验进行推广，以先进促后进，使整个地方的禁止歧视制度和实践发展更为均衡。在一些传统文化植根深厚的地区发展禁止歧视制度和实践，需要更多地将传统文化进行转化和融合，使之符合现代的禁止歧视理念，从而能够与当前的禁止歧视制度和实践和谐地共存和发展。

第五，非洲的禁止歧视经验表明：各种不同的禁止歧视理念可能都能达成反歧视的共同目标，但是每种理念所形成的制度路径很不一致，国家需要从各种禁止歧视理念中选择比较适合本国的禁止歧视理念，从而更有针对性地推进本国的禁止歧视制度和实践。禁止歧视立法与其实施有时可能发生脱节，徒法不足以自行，因此需要建设强有力的禁止歧视实施机制，以辅助禁止歧视立法在现实中得到贯彻。各国在禁止歧视制度和实践的发展步调方面很不一致。每个国家归根结底还是根据本国特定的歧视问题的需要以及现有反歧视制度的水平，设定自己所能够接受的禁止歧视制度和实践的发展速度。要想使每个国家的禁止歧视制度和实践加速发展，需要从外部和内部为国家增加适当的动力或者压力。

根据上述启示，结合历史悠久、内涵丰富的中国禁止歧视理念与处于初步建立和发展阶段的禁止歧视制度和实践，我们可以对中国的禁止歧视理念、制度和实践的未来发展趋势进行一些展望。在禁止歧视理念的未来发展方面，中国需要通过一些较为先进、符合时宜的禁止歧视理念，引领未来禁止歧视制度和实践的发展。这就需要从中国以外地区的禁止歧视理念中查找那些比较适合中国的进行吸收和借鉴，同时在中国本土的禁止歧视理念中探索那些能够适应于当今社会实际需要的进行继承和发扬，以形成既符合时代潮流又具有中国特色的禁止歧视理念。

一方面，在查找、吸收和借鉴中国以外地区的禁止歧视理念时，

禁止歧视：理念、制度和实践

对于一些比较先进并且与中国当前的平等观念较为契合的禁止歧视理念，应当充分地吸收。例如，马克思和恩格斯的平等理念从无产阶级的实际需求出发，强调消灭阶级和解放生产力的重要性，在此基础上，人们才能享有真正的平等，并且这种平等不仅重视平等的权利，也重视平等的义务。这种较为彻底的禁止歧视理念指导中国建立和发展社会主义，也是人们今天需要继续深入学习和具体适用的。对于一些比较先进但是与中国当前的平等观念还有一定距离的禁止歧视理念，应当部分地借鉴。例如，罗尔斯的公平的正义论是一种极为重视平等的正义论，对功利主义的正义观进行了严厉的批评，指出"最大多数人的最大幸福"是一种谬论，很容易牺牲社会中少数人，尤其是最无能为力者的利益。公平的正义论强调在社会平等的基础上享有自由和实现利益，对社会中处于最不利境况的人实行最优先的保护。这种禁止歧视理念尽管没有从阶级意义上提出更为彻底的平等要求，但是它强调对社会中处于最不利境况的人实行最优先的保护是符合社会主义对弱势群体的优先关怀的，因此可以借鉴这部分内容指导中国加强对弱势群体平等权利的立法和实践的保障。

另一方面，在探索、继承和发扬中国本土的禁止歧视理念时，对于一些有针对性地指出当前中国的歧视问题，并且恰当地提供了消除这些歧视问题的有力思想武器的禁止歧视理念，应当充分地学习并发扬光大。例如，习近平的平等观内涵丰富、寓意深刻，将平等问题提升到了前所未有的高度，贯穿于全面深化改革的方方面面。通过在平等的国际秩序环境下，建立以权利平等、机会平等、规则平等、分配平等为主要内容的保障体系，保障改革成果惠及全体人民群众，使人民群众都有平等的权利、平等的机会、平等的规则，平等享有改革和发展成果，以及使应有的权利得以实现和社会健康稳定发展。这种禁止歧视理念为人们更好地理解和应对今天中国社会中发生的各种各样的歧视问题提供了最具针对性和时效性的理论武器，因而是人们需要深刻领会和努力践行的。对于一些在历史上起了进步作用，并且对今日中国的歧视问题有参考价值，但是还存在一定局限性的禁止歧视理论，应当部分地继承并对其进行改造，

第七章
中国禁止歧视理念、制度和实践

使之适合在当前适用。例如,孙中山将外国的国家主义、民主和社会均等等思想与中国传统的民生等观念结合起来,提出了关于种族、权利、经济等方面平等的要求,在当时是具有开创性的,适应了中国半殖民地半封建社会发展的需要。他的主张中关于不许外国人欺负中国人、不许有特别阶级、全国男女的政治地位一律平等、不许全国男女有大富人和大穷人的分别等内容,对今天中国加强对外平等、政治平等、经济平等仍有借鉴意义。因此,尽管其平等主张总体上存在过于理想化、对个人权利的重视程度不足等局限性,但是仍可以就好的部分主张进行学习,并根据当前的实际加以完善和适用。

在禁止歧视制度和实践的未来发展方面,中国需要发展一套内容比较完备、运转相对良好的禁止歧视制度,以更有力、高效地应对当前社会中较为严重的歧视问题。这样一套制度应当是在官方层面和非官方层面的共同行动中向前推进的。在官方层面,主要包括国家内部的立法、行政、司法等方面的行动和国家之间的共同合作机制的行动。在非官方层面,主要包括非政府组织和个人的行动。

在官方层面,首先,在立法方面,应当在现有的禁止歧视法律法规的基础上,制定一部新的与禁止歧视直接相关的专门立法。这样一部专门立法可能采取不同的形式,或者针对所有领域的歧视问题进行规制,如本书附录一所收录的《反歧视法学术建议稿》的形式;或者针对某一特定领域的歧视问题进行规制,如附录二所收录的《反就业歧视法专家建议稿》的形式。当然,无论采取何种具体形式,新的禁止歧视专门立法至少应当包括以下一些方面的内容:歧视的基本概念、歧视的常见种类、歧视的表现形式、歧视的例外规定、禁止歧视的基本原则、禁止歧视的主要理由、禁止歧视的机构设置、禁止歧视的救济措施。其中,在歧视的定义方面,由于我国目前所有包含禁止歧视规定的法律法规中都没有对歧视进行专门的定义,因此新的禁止歧视专门立法首要的任务就是明确歧视的法律概念。笔者认为,歧视的核心要素是"缺乏合理、适当或合法的原因对人进行不利对待",可以在此基础上发展一个比较完整的法律概念。在歧视的理由方面,现有的法律法规中至少规定了性别、民族、种族、宗教信仰、残疾、农村户籍、家庭出身、职业、教育程度、财产状况、居住期限、患有或疑似患有传染病或携带传染病病原等 12 种禁止歧视的理由，在新的禁止歧视专门立法中可以根据现实的需要进一步将其扩展。例如，禁止基于年龄、性倾向与性别认同、前科、容貌、学历、地域、基因等理由进行歧视。在歧视的类型方面，由于现有的禁止歧视相关立法中只阐明了禁止直接歧视和骚扰，新的禁止歧视专门立法应当根据现实的需要对间接歧视、迫害等歧视类型加以规定。在歧视的领域方面，由于目前绝大部分的禁止歧视相关立法集中在就业、职业和教育等领域，忽略了其他领域中发生的歧视问题，因此新的禁止歧视专门立法需要把各种歧视问题发生的具体领域都纳入管辖范围，尤其是要禁止发生在接受公共服务、获取公共福利领域中的歧视。

在新的禁止歧视专门立法出台之前，应当充分发挥现有的禁止歧视法律法规的作用。第一，对于现行《宪法》中所包含的有关禁止歧视的规定，应当尽量加强其在实践中的广泛适用，尤其是在反歧视案件中经常进行援引。中共十九大报告中明确提出："加强宪法实施和监督，推进合宪性审查工作，维护宪法权威"。在反歧视诉讼案件中，更多地援用《宪法》中有关禁止歧视的规定，有助于加强宪法的实施和监督，并且推进对一些下位法中具有歧视性规定的合宪性审查工作。第二，对于《就业促进法》《劳动法》《教育法》《传染病防治法》《妇女权益保障法》《残疾人保障法》等法律中所包含的有关禁止歧视的规定，应当进行进一步的修改和完善，使其内容更加完整，规定更加细致，成为对特定领域或者特定人群的平等权利保障更为有力的基本依据。第三，对于《就业服务与就业管理规定》《女职工劳动保护特别规定》《残疾人就业条例》《残疾人教育条例》等行政法规、部门规章中所包含的有关禁止歧视的规定，应当着重加强其在实践中的可操作性，对其中一些涉及惩罚歧视加害者、救济歧视受害者的具体规定，应当进行适当的修改，以加强其惩罚和救济的力度。第四，对于《北京市农民工养老保险暂行办法》《广东省分散按比例安排残疾人就业办法》等地方性法规、地方政府规章中所包含的有关禁止歧视的规定，应当选择其中一些地方比较先进、成熟的立法经验及时向全国推广，以先进带动后进，促使全国各地都能建立起较为完备的地方性反歧视立法，为全面推行统一的全国性反歧视立法作好准备。第五，对于《关于进一步规范入学和就业体检项目维护乙肝表面抗原携带者入学和就业权利的通知》等规范性文件中所包含的有关禁止歧视的规定，由于规范性文件不属于中国法律的正式渊源，这些规定缺乏强制的拘束力，在反歧视诉讼案件中有时不被法院参照，应当尽量将其整合规定在法律的正式渊源中，以增强在反歧视诉讼案件中援引这些规定的效力。

其次，在行政方面，应当建立一个职能较强、效率较高的禁止歧视的专门机构，负责实施与禁止歧视有关的立法。各国现有的禁止歧视专门机构的形式比较多样，有专门针对某个特定领域的歧视问题设立的机构，如美国的平等就业机会委员会；有针对所有领域的歧视问题设立的机构，如荷兰的平等待遇委员会；有针对普遍的人权保护问题设立的机构，如澳大利亚的人权委员会。无论是哪一种形式的机构，都负有促进禁止歧视立法实施的专门职责。当今中国，比较有可能采取的是与澳大利亚相仿的形式，即成立一个国家人权委员会，负责推动国内人权状况的普遍进步，其中包括促进禁止歧视立法的实施。在2016年发布的《国家人权行动计划（2016—2020年）》中，中国已经提出"开展设立国家人权机构必要性与可行性研究"。也就是说，中国目前已经在为设立国家人权机构进行准备。如果国家人权机构顺利建成，将很可能成为未来的禁止歧视专门机构。未来的禁止歧视专门机构应当具有一定程度的独立性、专业性、权威性、准司法性和可获得性，即需要在现有的行政机构之外独立设立，由熟悉反歧视事务的各方面专家所组成，享有实施禁止歧视立法的专门权力，有权对歧视问题的申诉进行调解或者裁决，并且低成本、高效率、无门槛地提供各种服务。

未来的禁止歧视专门机构在禁止歧视方面的主要职能至少应当包括以下一些方面：第一，解释禁止歧视立法的规定，制定实施禁止歧视立法的具体规则，对歧视问题进行一般的调查和研究，提出禁止歧视立法的修改建议。第二，对禁止歧视立法进行宣传，对大众进行普遍的反歧视教育，对特定群体，如容易成为歧视加害者或者歧视受害者的对象，进行专门的反歧视教育。第三，接受歧视问题的申诉，对歧视问题提供法律咨询，主动或者应当事人的申请发起对特定歧视问题的调查，对歧视问题的申诉进行调解或者作出裁决，代表或者支持歧视受害者向法院提起反歧视诉讼。上述三项职能中，最重要的是第三项。在行使第三项职能时，为了促进歧视问题的及时解决，应当规定禁止歧视的专门机构对歧视问题的申诉有一定的裁决权，在调解不成时能够自行作出裁决，当事人对裁决不服的，再到法院进行起诉。此外，禁止歧视的专门机构还应当负责加强实施推进平等的暂行特别措施，以促进禁止歧视立法目标的实现。

最后，在司法方面，应当在现有的司法体制中加强与禁止歧视诉讼有关的机制的建设，使反歧视诉讼案件得到公正、高效的审理，有效地惩罚歧视加害者，充分地救济歧视受害者。根据笔者对反健康歧视诉讼案件所作的研究，目前在以民事纠纷提起的反歧视诉讼案件中经常使用的案由有劳动权纠纷和一般人格权纠纷两种。以劳动权纠纷作为案由通常发生在就业歧视问题中，法院往往要求原告先经过劳动仲裁的前置程序再到法院起诉。然而，此时原告通常还没有与被告形成正式的劳动关系，没法经过劳动仲裁的前置程序。以一般人格权纠纷作为案由到法院起诉反歧视案件相对容易一些，但是也不能够确保法院一定会受理。因此，应当在新的禁止歧视专门立法中规定单独的平等权纠纷，作为反歧视诉讼案件的独立案由。当前，反歧视诉讼案件中适用的举证责任规则仍然是"谁主张，谁举证"。然而，由于歧视行为的证据一般都掌握在被告手中，原告想要证明被告的歧视意图非常困难。事实上，大部分的反歧视诉讼案件正是因为达不到举证责任的要求而导致败诉的。所以，也应当在新的禁止歧视专门立法中规定举证责任倒置的规则。在反歧视诉讼案件的原告初步证明区别对待行为存在之后，应当由被告来证明其作出区别对待的行为具有合法、合理或适当的理由，否则就判定被告构成歧视。为了使歧视加害者受到足够的威慑，同时给歧视受害者提供充分的救济，应当在新的禁止歧视专门立法中扩展现有的歧视责任形式，规定较高的歧视赔偿标准。除了现有的歧视责任形式

第七章
中国禁止歧视理念、制度和实践

如赔偿损失（如赔偿工资、误工费和精神损害赔偿）、继续履行（如继续履行劳动合同）、赔礼道歉（如登报就歧视行为道歉）、停止侵害（如停止骚扰）等之外，还可以要求歧视加害者做出某些特定行为，如雇用歧视受害者，使歧视受害者复职或者升职，授予歧视受害者某种资格或者身份等。此外，还应当对歧视加害者设置一定的惩罚性赔偿金，根据歧视行为的恶劣程度进行额外处罚，使其不敢再犯。对于现有的较低的歧视赔偿标准，则应当适当地提高，除了支付歧视受害者的直接损失如工资、误工费等之外，还应当赔偿歧视受害者的间接损失如预期工资、利息损失等，以保障歧视受害者的正当利益。

此外，在国家之间的共同合作机制方面，应当促进建立一些强有力的国际或地区的禁止歧视共同合作机制，作为加快国内的禁止歧视制度和实践发展的重要外部推动力量。如前所述，中国目前已经参加了联合国、世界贸易组织、国际劳工组织、世界卫生组织等国际组织，签署、批准或者加入了《公民权利和政治权利国际公约》《经济、社会、文化权利国际公约》《消除一切形式种族歧视国际公约》《消除对妇女一切形式歧视公约》《儿童权利公约》《残疾人权利公约》等国际公约。在这些国际组织的文件和国际公约的条款中，都有对缔约方保护平等、禁止歧视的基本要求。有些国际组织文件和国际公约条款还树立了高水平的禁止歧视共同标准，当中国的国内立法暂时还达不到这些共同标准时，仍然应当按照这些共同标准行事，并且加快在国内立法上转化这些共同标准。不过，目前中国在依据这些共同标准履行禁止歧视的国际义务时，还没有受到比较严格的国际法上的约束。因此，仍然有必要促进建立一些更加强有力的国际或地区的禁止歧视共同合作机制。由于亚洲联盟迟迟未能建立，要想借鉴欧洲、美洲、非洲的经验，建立起比较有效的洲际合作机制，目前还存在着比较大的困难。不过，中国可以充分利用现有的机制，从外部推进禁止歧视的区域合作。例如，在中国已经参加的亚太经济合作组织、上海合作组织、中国—东盟自由贸易区等合作机制中，加强禁止歧视共同标准的确立。此外，中国内地与

禁止歧视：理念、制度和实践

香港特别行政区、澳门特别行政区、台湾地区，应当进一步加强在禁止歧视方面的合作。香港特别行政区、澳门特别行政区和台湾地区禁止歧视制度和实践的发展水平已经颇为先进，在某些方面达到了欧美发达国家的水平，可以为内地提供可资学习和借鉴的经验。例如，香港特别行政区目前已经通过了4项专门的禁止歧视条例，建立了平等机会委员会作为禁止歧视的专门机构，在性别歧视、性骚扰、怀孕歧视、残疾歧视、家庭岗位及婚姻状况歧视、种族歧视、性倾向歧视等方面发展了众多的典型案例，因此可以对内地在相关领域的立法、行政、司法等工作进行指导。

在非官方层面，应当让非政府组织和个人继续充分地发挥主动性和积极性，在推动各种官方层面的禁止歧视行动方面成为主要的催化剂。积极投身各类禁止歧视行动的个人和集体对中国的禁止歧视制度和实践的发展做出了巨大贡献。

在个人行动方面，歧视受害者以及关心禁止歧视制度建设的人大代表、律师、学者等纷纷投身实践，以个人力量推动公民社会对歧视问题的关注，以促进解决歧视问题。为使他们能够继续发挥主动性和积极性，官方层面也应当及时对他们的行动予以充分的回应，提供有效的反馈。例如，本书附录中收录了四川大学法学院的周伟教授领衔在2007年提出的《反歧视法学术建议稿》和中国政法大学宪政研究所的蔡定剑教授、刘小楠教授领衔在2008年提出的《反就业歧视法专家建议稿》。近十余年来，这两个建议稿作为中国未来的禁止歧视专门立法的建议蓝本，已经在多届全国人民代表大会上作为议案被提出。尽管收到议案的全国人民代表大会财政经济委员会、人力资源和社会保障部等机构已经回复并表示了对这一问题的重视，但是这些议案至今仍然没有能够被列入全国人民代表大会常务委员会的正式立法规划。这说明，国家立法机关对这些个人推进禁止歧视行动的努力仍然需要更加及时地予以回应。

在集体行动方面，致力于推进平等和反歧视制度发展的非政府组织和学者团体目前已经成为倡导中国建立成熟完善的禁止歧视制度的先锋。然而，在这些集体行动中，仍然存在着不少障碍。例如，目前的法律对反歧视公益组织的认可度仍然不高。相关立法对非政府组织的注册登记仍然设置了一些较高的要求。由于难以达到这些要求,一些非政府组织无法按照"社会组织"进行登记,而只能作为企业注册,因而无法享受税收减免等优惠政策。在其他许多国家,从事反歧视公益活动的非政府组织通常能够按照慈善机构进行登记,不仅可以减免税收,而且还有政府的专项资金支持其开展活动。因此,在未来中国的禁止歧视制度和实践的发展中,应当促进相关法律制度进行改革,营造一个更为宽松、鼓励公益的社会环境,支持反歧视公益组织广泛开展各种推进禁止歧视立法及其实施的活动。禁止歧视与每一个人的基本权利息息相关,积极参与这些活动也是每一个中国公民维护自己权利的良好方式。

附录

附录一:《反歧视法学术建议稿》及其说明[①]

1 《中华人民共和国反歧视法学术建议稿》

第一章 总 则

第一条 为了维护公民的人格尊严,实现实质平等,保障公民平等地享有法律权利,根据宪法,制定本法。

第二条 歧视妨碍社会的公平正义,违背社会主义和谐社会人人平等的原则。

国家在劳动就业、教育和公共服务领域禁止一切形式的歧视。

消除歧视是劳动就业、教育和公共服务的企业事业组织或个人应当履行的法律责任。

第三条 歧视是指任何以种族、民族、宗教信仰、性别、婚姻状况、社会出身、年龄、身体特征等理由损害个人或特定群体合法权益的不合理的差别对待。

第四条 直接歧视是指在本质相同的情况下以种族、民族、宗教信仰、性别、婚姻状况、社会出身、年龄、身体特征等理由实施的损害他人或特定群体合法权利不合理的差别对待。

[①] 《反歧视法学术建议稿》及其说明由四川大学法学院的周伟教授领衔在 2007 年提出。该学术建议稿及其说明经周伟教授许可在此收录,收录时仅对格式进行了轻微的编辑。《反歧视法学术建议稿》是中国未来的禁止歧视立法的一个重要的可供参考的样本,是针对所有领域的歧视问题进行的专门立法。

第五条　间接歧视是指虽然在形式上没有以种族、民族、宗教信仰、性别、婚姻状况、社会出身、年龄、身体特征等理由的差别对待，但行为与其实现的目的无直接关系，要求的条件不合理、不必要、不合比例，实施的效果损害了他人或特定群体的合法权利，并且其合理性可以用与区别无关的客观标准予以证明。

第六条　中华人民共和国管辖范围内的企业、事业单位、社会团体、组织、农村承包经营户等（以下简称用人单位）在劳动就业、教育和公共服务中的活动适用本法。

国家录用公务员参照本法有关规定执行，但国家计划、行政给付和社会保障措施除外。

中华人民共和国缔结或者参加的国际条约与本法有不同规定的，适用国际条约的规定，但中华人民共和国声明保留的条款除外。

第七条　为实现特定事项的客观需要进行的合理差别且具有本法规定的下列情形之一的，不构成歧视：

（一）国家安全；

（二）公共利益；

（三）公共秩序；

（四）惩治刑事犯罪；

（五）保障他人的权利和自由。

第二章　劳动就业平等

第八条　用人单位在录用应聘者或在劳动合同履行中不得要求与劳动岗位无直接联系的任何条件、标准或措施。

前款规定始于用人单位通过公开或以其他方式招聘、录用应聘者签订劳动合同，以及履行、变更和终止劳动合同的行为。

第九条　用人单位应当制定下列措施保障劳动者享有平等的劳动权利：

（一）制定工作岗位、录用人员或职业要求的选择标准、聘用条件与福利待遇；

（二）对人员的职业指导、职业培训、高级职业培训和再培训；

（三）提供就业和工作条件，职务晋升、劳动报酬和社会保险等福利待遇；

（四）在集体协议、劳动合同、劳务派遣合同或职业规则中有关劳动者的权利。

第十条 用人单位要求的工作岗位条件与工作能力直接相关，并为职业能力所必需的合理差别不构成歧视。

第十一条 用人单位聘用人员可以根据工作岗位的需要制定下列条件：

（一）任职资格；

（二）资历制度；

（三）聘用核实；

（四）能力测试；

（五）体能测试；

（六）对退伍军人的优待。

第十二条 用人单位根据工作岗位的特殊情况和实际需要，为了解应聘用人员是否具备下列条件，可以对应聘人员的身体状况进行必要的检查：

（一）职业技术；

（二）劳动能力；

（三）法律规定的传染疾病；

（四）法律禁止的职业病。

第十三条 国家保护艾滋病和乙肝病毒携带者群体平等就业的合法权益。

用人单位实施本法第十二条规定的身体检查时，不得以任何理由和方式对应聘人员或劳动者进行艾滋病和乙肝病毒携带项目和标准的检查。

第十四条 用人单位需要对应聘用人员实施身体检查的，应当向被检查者说明理由，并在检查之后的 30 日内将体检项目与标准报本级人民政府劳动和卫生行政主管部门备案。

第十五条 禁止任何医疗机构接受和实施未经县级以上人民政府卫生行政主管部门批准对应聘者和劳动者实施特殊项目与标准的检查。

本条第一款规定的特殊检查项目与标准，由国务院劳动与社会保障与卫生行政主管部门制定。

第十六条　用人单位实施特殊项目与标准检查的，应当在检查之前15日将检查的项目与标准报县级以上人民政府卫生行政主管部门批准。

审批机关应当在收到申请之日起10日内做出是否批准的决定。未经批准不得组织实施。经批准可以进行检查的，应当向医疗机构和被检查人出具批准文件。

第十七条　应聘者和劳动者的体检情况属个人隐私，未经被检测人的书面同意，承检医院和用人单位不得以任何方式向第三人公开。

第十八条　用人单位对经检查不具备应聘相应工作岗位的劳动能力或患有国家规定的传染病并正处于传播期的人员可以不予录用。

被检测人对体检项目或标准有异议的，有权请求体检所在地县级以上人民政府卫生行政主管部门予以纠正。

卫生行政主管部门应当在收到异议书后30日内，对异议的体检项目和标准是否与工作岗位职责相关、合理进行认定。

第十九条　被检测人有权要求用人单位在异议期间保留其申请录用的职位。

被检测人员向用人单位提出本条第一款要求的，用人单位不得在卫生行政主管部门做出处理之前做出不予录用的决定。

第二十条　用人单位在聘用劳动者的过程中不得以任何方式了解应聘者的家庭状况、社会关系、恋爱、婚姻、妊娠、生育和哺乳等个人隐私，但聘用事项必需的个人通信联系等除外。

用人单位为劳动者办理社会保险等必需的国家规定的个人信息不受本条第一款的限制。

第二十一条　劳动者享有同工同酬、平等的劳动福利、劳动保险的权利。

用人单位对劳动者实行同样的劳动报酬和社会保险的政策。

用人单位根据劳动工资、劳动岗位、劳动绩效制度确定的薪酬制度不受前款的限制。

第二十二条 劳动者平等地享有获得晋升工资、晋升职务、解除劳动关系的权利。

第二十三条 用人单位对劳动者的打击报复构成就业歧视。

禁止用人单位对劳动者实施任何形式的打击报复，损害其人格尊严、人身权利和劳动权利等合法权利的行为。

前款规定的打击报复，是指用人单位因劳动者对其提起歧视的申诉或起诉，或者对有关机关、组织检举、控告或批评其违法行为后，无正当理由调换劳动者的工作岗位、降低职务或拒绝晋升、减少劳动报酬、停止工作、辞退或以其他方式迫使劳动者被迫解除劳动关系等不利的对待，但有充分证据劳动者不足以胜任现有工作岗位的除外。

第二十四条 用人单位实施经济裁员计划，应当优先保留与该单位签订无固定期限合同的劳动者，并且被保留的人员应当达到国家规定的用工人员的社会责任要求。

前款规定的用工人员的社会责任要求，是指用人单位在其劳动力结构中的性别、身心障碍者和少数民族员工的最低比例或配额。

第二十五条 用人单位应当为身心障碍者在本单位就业提供适宜其劳动能力的工作岗位，创造必要的工作环境、工作条件和工作便利。

第二十六条 工作场所中的性骚扰侵犯劳动者平等的劳动权利构成歧视。

国家禁止工作场所中一切形式的性骚扰。

第二十七条 性骚扰是指用人单位或其代理人对劳动者提出性要求、获取性满足、具有性意味或者性别歧视等其他一切不受欢迎的言论、行为、图画和涉及性的行为。

前款规定适用于用人单位或其代理人要求劳动者或求职者在劳动合同成立、履行、变更，以及获取劳动报酬、参加劳动考核、获得职务升降、给以劳动奖惩等其他一切形式的交换条件。

第二十八条 用人单位应当保障消除在工作场所中劳动者可能在性方面被冒犯、侮辱、胁迫或可能在性方面有敌意或羞辱的工作环境。

禁止歧视：理念、制度和实践

用人单位聘用劳动者五十人以上的，应当制定预防、申诉和处罚性骚扰的规则，并在工作场所的显著位置公开。

本条第二款规定的预防、申诉和处罚性骚扰规则的主要条款，由县级以上平等机会委员会制定。

第二十九条　用人单位获悉本单位职工可能、将要或正在实施性骚扰的举报，应当立即采取有效的措施予以纠正或补救。

第三章　教　育　平　等

第三十条　公民享有平等接受教育的权利。

学校和其他教育机构不得在入学、升学、学历、学位授予和其他教学活动中对受教育者进行不合理的差别对待。

第三十一条　学校和其他教育机构应当保障受教育者免受其教职工的性骚扰。

第三十二条　国家鼓励学校和其他教育机构对少数民族、女性和身心障碍者在入学、升学等方面的特殊优惠措施。

第三十三条　学校和其他教育机构的下列合理要求不构成歧视：

（一）学习能力；

（二）受教育者的选择；

（三）教育的内容与特点；

（四）教育环境多元化。

第三十四条　依法设立的特殊教育机构和单一性别教育机构依照学校章程招收学生，不构成歧视。

第三十五条　学校和其他教育机构可以对其所属的受教育者是否患有公共卫生传染疾病进行身体健康检查，但在受教育者进入教育机构学习前，不得对受教育者进行任何身体健康状况的检查。

第三十六条　学校和其他教育机构对受教育者实施的身体检查结果属于个人隐私。

前款规定的身体检查结果未经受教育者或经其监护人的同意，承检医院、学校和其他教育机构不得以任何理由和方式向第三人公开。

第三十七条　学校和其他教育机构不得根据对受教育者身体检

查结果，以任何方式和理由限制、克减或剥夺受教育者平等接受教育的权利，但受教育者被确认为传染病且在治疗期间的除外。

第三十八条　国家举办的义务教育机构必须保证居住在本行政区域内学区的适龄儿童就近入学，不得对受教育者的社会出身等实行差别对待。

高等教育机构和职业教育机构应当保证女性受教育者在学生中的合理比例。

第三十九条　高等教育机构和职业教育机构应当创造多元化的教育环境，采取必要的措施优先录取少数民族、身心障碍者或其他需要照顾的群体，并保障在校学生中有适当比例的少数民族、身心障碍者。

第四十条　国家鼓励和帮助社会力量举办帮助身心障碍者的学前幼儿园、托儿所、特殊教育机构及其他机构对身心障碍幼儿进行学前教育、托育服务和特殊训练。

第四章　公共服务平等

第四十一条　公民享有平等接受公共服务的权利，国家机关、企事业单位和社会团体提供的商品、服务，应当平等地向所有人开放，但根据民族宗教习惯所作的必要限制与要求除外。

前款规定不适用于商品销售者和服务提供者依照商业惯例或消费习惯对消费者的优惠、会员制或其他合理的差别。

第四十二条　城市道路、公共建筑、公共交通和其他公共设施应当实现无障碍，设置便于身心障碍者利用的设施与设备。

城市经人民政府交通主管部门批准禁止机动车辆通行的步行街道，应当特许身心障碍者利用辅助交通工具通行的便利。

第四十三条　新建公共设施、公共建筑物、公共活动场所、公共交通工具、文化娱乐、教育、卫生和体育医疗等设施，应当规划方便身心障碍者的设施与设备。

前款规定的设施未规划的不得批准其修建或施工，已经竣工的不得营业。

公共停车场所应当保留百分之二的比例作为身心障碍者的专用

停车位，车位不满一百个的公共停车场，至少应保留一个身心障碍者专用停车位。

第四十四条 学校、体育、文化、卫生和其他机构应当为身心障碍者利用设施提供方便和便利实现无障碍的环境，并不得因身心障碍者的障碍类别、程度或其他理由予以拒绝。

公共交通、医院、邮政、电信等场所应当制定方便身心障碍者利用的特殊优待措施。

第五章 临时特别措施

第四十五条 为了消除歧视，实现实质平等，国家对少数民族、妇女、身心障碍者在劳动就业和教育领域实施临时特别措施。

第四十六条 实施临时特别措施的条件和具体要求达到国家规定的比例后停止执行。

第四十七条 县级以上国家机关和纳入财政预算的行政、事业编制、行使国家委托的权力的社会团体和组织的组成人员中的女性和民族结构，应当达到国家规定的比例。

县级以上国家机关、纳入财政预算行政、事业编制、行使国家委托权力的社会团体和组织的工作人员中女性的比例，应当与该单位男性的比例大体相当。

第四十八条 民族区域自治地方的国家机关、纳入财政预算行政事业编制、行使国家委托的权力的社会团体和组织中工作人员中的民族比例，应当与汉族的比例大体相当，但实行区域自治民族的比例不得低于三分之一到五分之二。

第四十九条 用人单位劳动者中女性的比例应当不低于百分之五十，但国家禁止女性从事的职业和因工作岗位与职责的限制且经国家劳动行政主管部门的批准除外。

民族自治地方用人单位劳动者中民族的最低比例，由当地人民政府民族和平等机会委员会根据人口的民族分布情况具体确定。

第五十条 国有用人单位（含国家机关）人员总人数在一百人以上的，其录用具有工作能力的身心障碍者的比例不低于总人数的百分之二。

非国有企业事业组织人员总人数在一百人以上的，其录用具有工作能力的身心障碍者的比例不低于总人数的百分之一。

本条的规定不适用军队、武装警察、公安、消防、法警、保安等特殊行业与岗位。

第五十一条 身心障碍者的管理机构、社会团体、服务机构或非政府组织应当主要录用身心障碍者，但不适宜身心障碍者工作岗位的特殊要求除外。

本条第一款规定的用人单位中身心障碍者的比例不低于百分之八十。

第六章 平等机会委员会

第五十二条 国务院设立平等机会委员会，统一组织、领导、协调全国的反歧视工作。

国务院民族、宗教、劳动、教育、公共服务等主管部门负责其职责范围内的反歧视工作。

第五十三条 县级以上人民政府设立平等机会委员会，统一组织、领导、协调本级人民政府的反歧视工作。

县级以上人民政府民族、宗教、劳动、教育、公共服务等部门负责其职责范围内的反歧视工作。

第五十四条 中华全国妇女联合会、中华全国总工会、中国身心障碍者联合会依照法律规定的职责，协助本级人民政府平等机会委员会履行妇女、身心障碍者平等权益的保障工作。

前款规定的社会团体，在必要时可以支持其所属群体的个人向本级平等机会委员会申诉或者向人民法院起诉。

第五十五条 平等机会委员会行使下列职权：

（一）负责反歧视工作的宣传、教育与实施；

（二）对用人单位的反歧视工作提出建议；

（三）受理认为受到歧视的公民的申诉；

（四）对被认为构成歧视的差别对待进行调查；

（五）对申诉人与被申诉人进行调解；

（六）支持认为受到歧视的障碍、少数民族、妇女、艾滋病和乙肝病毒携带群体向人民法院的起诉。

第五十六条 差别对待具有下列情形之一歧视行为的，平等机会委员会可以主动开展调查：

（一）可能危害国家安全的；

（二）涉及公共利益的；

（三）贬低民族风俗习惯的；

（四）违背社会善良风俗的。

第五十七条 平等机会委员会实施调查时，被调查单位应当予以协助并如实提供有关的材料。

第五十八条 平等机会委员会调查认定差别对待构成歧视的，按下列情况处理：

（一）国家机关实施歧视的，建议其自行纠正。拒不纠正的，提请该机关的上一级机关或监察机关处理；

（二）单位或个人实施歧视的，责令其限期改正；

（三）对申诉人与对被申诉人就歧视纠纷进行调解；

（四）必要时向新闻媒体和社会公开处理情况。

第七章 法 律 责 任

第五十九条 医疗机构违反本法第十六条规定，对其责任人员和负责人给予行政处分，没收违法所得并处以罚款。

第六十条 用人单位违反本法第十九条第二款规定的，向被检测人赔偿应聘用岗位三个月的工资并处以罚款。

第六十一条 用人单位和学校不能证明其已经采取了本法第二十九条、第三十一条规定的有效措施，除行为人承担民事责任外，用人单位承担连带责任。

用人单位和学校能够证明对接到本单位性骚扰的投诉后立即采取了行动予以阻止或救济的，可以减轻或者免除其连带责任。

第六十二条 实施性骚扰具有下列情形之一构成违反治安管理的，依法追究法律责任：

（一）对年满十六周岁不满十八周岁的未成年人实施性骚扰的；

（二）对孕妇实施性骚扰的；

（三）实施性骚扰达三次以上的，不论其骚扰对象是否同一；

（四）有第三人在场实施性骚扰的。

第六十三条 用人单位录用的人员未达到本法第五十条、第五十一条规定的最低比例的，应当向县级以上身心障碍社会团体设立的身心障碍就业基金缴纳差额费。

身心障碍就业基金必须用于安排身心障碍者的就业或支付未就业者的生活补助。

第六十四条 公民认为用人单位、教育机构或公共服务机构对其实施歧视行为的，除本法有明确规定外，向行为发生地所在的县级以上平等机会委员会申诉或者向人民法院提起诉讼。

第六十五条 被调查的单位拒不提供或者不按照要求提供有关资料和证据的，平等机会委员会提请本级人民政府主管部门依法处理，并可以向新闻媒体予以披露。

第六十六条 公民对认为构成歧视的申诉或起诉的举证责任，按照以下方式承担：

（一）直接歧视由申诉人或原告就差别对待的事实举证。申诉人或原告初步证明侵犯其合法权利的差别对待事实的，由被申诉人或被告对该差别对待的合理性举证。

（二）间接歧视由被申诉人或被告举证。申诉人或原告初步证明被申诉人或被告侵犯其合法权利的事实后，由被申诉人或被告对争议行为的合理性、必要性与合比例进行举证。

（三）申诉人或原告负责对初步证明性骚扰的事实举证，被申诉人或被告对其已经采取必要的消除性骚扰的措施举证，行为人对其没有实施性骚扰进行举证。

（四）对临时特别措施有异议的，由申诉人或原告对存在差别对待的事实进行举证，被申诉人或被告对实施临时特别措施的必要性与合理性进行举证。

第六十七条 用人单位在聘用过程中对应聘者实施歧视的，应当向被聘用人员赔礼道歉、予以录用或者赔偿损失，不能聘用的支付应聘岗位三个月的工资。

第六十八条 违反本法第二十条规定且以此为录用程序条件的，

应当向聘用者赔礼道歉、赔偿损失。

第六十九条 用人单位拒不接受平等机会委员会的建议和处理结果的,平等机会委员会可以将有关情况向新闻媒体通报或者刊发在该委员会的工作刊物中予以公开公布。

第七十条 用人单位违反本法第二十三条的规定,依照解除劳动合同对劳动者予以赔偿。

第八章 附 则

第七十一条 本法的定义解释如下:

劳动就业,是指用人单位和劳动者形成劳动用工关系的行为。

教育,是指自然人在教育机构接受任何形式的训练或教学活动,包括学历教育与非学历教育。

公共服务,是指在面向不特定人利用和使用的购销商品、接受服务等的一切活动,包括利用公共设施、文化体育场所、图书馆、博物馆、宾馆住宿、旅游观光、交通工具、银行保险、房屋租赁、娱乐设施或恢复精神设施和其他专业和行业服务等。

社会出身,是指家庭背景、户籍登记、居住地域等个人或群体的社会环境。

身体特征,是指自然人的身高、容貌、五官端正、性取向、血型、基因等固有的不可改变的人体自然特征。

身心障碍,是指在心理、生理、人体结构上,某种组织、功能丧失或者不正常,全部或者部分丧失以正常方式从事某种活动能力的自然人,包括视力障碍、听力障碍、言语障碍、肢体障碍、智力障碍、精神障碍、多重障碍和其他障碍。

婚姻状况,是指未婚、已婚、与配偶分居、离婚、丧偶。

差别对待,是指对自然人或群体的待遇进行区分、排除、选择,且其效果是对自然人权利的限制、克减、剥夺或优惠的措施。

不合理,是指行为目的与条件所需的能力、职责或目的没有任何直接的、必要的联系或者行为与其实现目的的手段不成比例。

身体检查,是指具备国家卫生行政主管部门批准的医疗机构按照医学技术规程并由医师对自然人身体健康状况实施的医学诊断。

临时特别措施,是指对少数民族、妇女、身心障碍者群体因历史原因存在的与其他群体在事实上的不平等而采取的旨在降低、减少不平等的情形或促进、保障该群体合法权益的例外优惠措施。

第七十二条　国务院可以根据本法制定施行办法或禁止歧视的单行条例。

省、自治区和直辖市的人民代表大会常务委员会可以根据办法制定施行办法或禁止歧视的单行条例。

第七十三条　本法自　年　月　日起施行。

2　关于《中华人民共和国反歧视法学术建议稿》的说明

反歧视法是 20 世纪 50 年代以后北美和欧盟国家出现的一个新的法律部门,并在 20 世纪末和 21 世纪初期为一些国家和中国台湾、香港地区的立法所确认。随着世界范围内的尊重和保障人权法律制度的不断健全与完善,反歧视法在一个国家法律体系中的地位发展为宪法之下与行政法、民商法、刑法、社会法和诉讼法等并列的一个独立的法律部门。2006 年,中共中央在《中共中央关于构建社会主义和谐社会若干重大问题的决定》中提出构建社会主义和谐社会的目标,即"按照民主法治、公平正义、诚信友爱、充满活力、安定有序、人与自然和谐相处的总要求,以解决人民群众最关心、最直接、最现实的利益问题为重点,着力发展社会事业、促进社会公平正义、建设和谐文化、完善社会管理、增强社会创造活力,走共同富裕道路,推动社会建设与经济建设、政治建设、文化建设协调发展"。这是我国社会发展转型的重要标志。实现构建社会主义和谐社会的目标,需要国家和社会进一步预防、减少和消除各领域存在着的歧视现象,促进法律面前人人平等宪法原则的实施。

改革开放以来,我国在禁止歧视方面取得了许多经验。法律面前人人平等,实现社会的公平正义已经成为社会普遍接受的价值。但也应该看到,在反歧视的实际工作中,面临着现有立法中有关禁止歧视的规定仍然过于原则，可操作性不强，在禁止歧视的部分领域中立法缺位，这些问题在一定程度上放任了社会上歧视现象的蔓延，严重阻碍了反歧视法律工作的顺利开展，亟待国家制定反歧视法，保证禁止歧视的工作有法可依、有法必依、执法必严和违法必究。这对于维护公民平等地享有法律权利，推进社会主义法治国家的建设，促进社会主义和谐社会的构建和实现社会公平正义有着十分重要的意义。

2000年以来，反歧视法学术建议稿课题组在开展代理一些反歧视法律案件的同时，着手研究完善我国的反歧视法律制度的立法，并在调查研究的基础上起草了反歧视法试拟稿草案。草案形成后征询了相关领域专家的意见和建议，经反复修改形成了反歧视法学术建议草案。建议稿以宪法为依据，在借鉴国外反歧视立法例的基础上，根据我国反歧视法律工作的经验与实际需要，对制定反歧视法的立法目的、法的适用范围、歧视的法律定义与种类、禁止歧视的具体措施、实施反歧视的机构及其职权、歧视诉讼的举证责任和法律责任等作了比较具体的规定。现对建议稿中的6个主要问题说明如下，欢迎读者对建议稿提出批评、建议与修改意见，以推动我国反歧视立法工作的开展。

一、关于制定反歧视法的必要性与可行性

在我国的就业、教育、公共服务等社会生活中，歧视是一个在不同程度上存在着的较为普遍的社会现象。宪法规定，公民在法律面前人人平等，劳动法、妇女权益保障法和残疾人保障法禁止基于民族、种族、性别、宗教信仰和残疾的歧视。歧视不仅直接损害了公民的合法权益，而且导致社会的不和谐并引发了一些严重的社会问题。

在我国现有的法律体系中，一方面还没有一部禁止歧视的法律具体贯彻实施宪法关于法律面前人人平等的规定；另一方面现有的禁止歧视的法律规定难以约束现实社会生活中立法禁止以外的其他各种类型的歧视。禁止歧视在立法上的缺位、不明确、可操作性差，使得处理和解决已经出现的歧视纠纷无法可依，因此需要国家制定

反歧视法，保障公民平等地享有法律权利，促进社会主义和谐社会的构建。

2003年以来，一些全国人大代表和全国政协委员提出了制定反歧视法的议案或提案，得到了社会的普遍赞同。2005年8月，全国人大常委会批准了《1958年消除就业和职业歧视公约》，加快了我国禁止歧视立法工作的步伐。禁止歧视已经成为我国在劳动就业、教育和公共服务中社会普遍关注的问题。健全禁止歧视的法律制度，促进现有法律有关禁止歧视规定的实施，为反歧视法的制定提供了条件和可能。

二、关于反歧视法的立法目的与适用范围

反歧视法是禁止歧视、保障公民平等地享有法律权利的一个独立的法律部门，建议稿规定："为了维护公民的人格尊严，实现实质平等，保障公民平等地享有法律权利，根据宪法，制定本法（第一条）"。鉴于歧视主要存在于劳动就业、教育和公共服务领域，制定的统一的反歧视法有助于国家禁止歧视工作的实施，建议稿规定："国家在劳动就业、教育和公共服务领域禁止一切形式的歧视（第二条第二款）"。歧视存在于我国社会中的各领域，尤其国家机关录用公务员对社会各行各业用人单位的人事管理有着很大的影响，建议稿规定："中华人民共和国管辖范围内的企业、事业单位、社会团体、组织、农村承包经营户等（以下简称用人单位）在劳动就业、教育和公共服务中的活动适用本法"（第六条第一款）。"国家录用公务员参照本法有关规定执行，但国家计划、行政给付和社会保障措施除外（第六条第二款）"。为了使反歧视法与我国批准的国际条约中有关禁止歧视的立法例和谐一致，建议稿规定："中华人民共和国缔结或者参加的国际条约与本法有不同规定的，适用国际条约的规定，但中华人民共和国声明保留的条款除外（第六条第三款）"。由于反歧视基本法对禁止歧视的规定限于一般的情况，在各领域禁止歧视的具体实施中还可以根据需要制定专门的法律规范，建议稿规定："国务院可以根据本法制定施行办法或禁止歧视的单行条例。省、自治区和直辖市的人民代表大会常务委员会可以根据办法制定

施行办法或禁止歧视的单行条例（第七十二条）"。

三、关于歧视的法律定义和种类

我国批准的国际公约定义的歧视的主要法律特点是违反法律禁止的事由实施的侵犯个人或特定群体权益的不合理的区别对待。但国际公约禁止区别对待事由有些在我国的歧视现状中并不突出，而有些我国较为普遍存在的歧视事由在国际公约中没有被明确地禁止，建议稿根据歧视的法律构成要件与我国的实际情况和特殊需要规定："歧视是指任何以种族、民族、宗教信仰、性别、婚姻状况、社会出身、年龄、身体特征等理由损害个人或特定群体合法权益的不合理的差别对待（第三条）"，并对其中各种情况的法律定义与界限作了具体的规定（第七十一条）。

为了进一步明确歧视的内涵和外延，建议稿规定："直接歧视是指在本质相同的情况下以种族、民族、宗教信仰、性别、婚姻状况、社会出身、年龄、身体特征等理由实施的损害他人或特定群体合法权利不合理的差别对待"（第四条）；"间接歧视是指虽然在形式上没有以种族、民族、宗教信仰、性别、婚姻状况、社会出身、年龄、身体特征等理由的差别对待，但行为与其实现的目的无直接关系，要求的条件不合理、不必要、不合比例，实施的效果损害了他人或特定群体的合法权利，并且其合理性可以用与区别无关的客观标准予以证明（第五条）"。妇女权益保障法关于禁止对妇女实施性骚扰的规定，在具体实施中普遍认为缺乏具体的操作性，考虑到各国立法将性骚扰纳入反歧视法的调整范围，建议稿规定："性骚扰是指用人单位或其代理人对劳动者提出性要求、获取性满足、具有性意味或者性别歧视等其他一切不受欢迎的言论、行为、图画和涉及性的行为（第二十七条第一款）"。临时特别措施是反歧视立法的主要内容之一，我国在实施临时特别措施中取得了丰富的经验，其中一些规定对国际社会的立法产生了积极的影响，建议稿规定："为了消除歧视，实现实质平等，国家对少数民族、妇女、身心障碍者在劳动就业和教育领域实施临时特别措施（第四十五条）"；"实施临时特别措施的条件和具体要求达到国家规定的比例后停止执行（第四十六条)",并对临时特别措施的一些具体制度进行了规定。

四、关于反歧视法的实施机构及其职权

设立一个独立的反歧视法实施机构是保障反歧视法得到贯彻执行的组织与程序保证。国外较为成熟的做法是设立独立的反歧视机构——平等委员会或平等机会委员会具体负责反歧视工作的开展。建议稿在借鉴了国外成功经验的基础上,结合我国的实际情况规定:"县级以上人民政府设立平等机会委员会,统一组织、领导、协调本级人民政府的反歧视工作。县级以上人民政府民族、宗教、劳动、教育、公共服务等部门负责其职责范围内的反歧视工作(第五十三条)";"中华全国妇女联合会、中华全国总工会、中国身心障碍者联合会依照法律规定的职责,协助本级人民政府平等机会委员会履行妇女、身心障碍者平等权益的保障工作(第五十四条第一款)"。平等机会委员会的职权是保障其监督实施反歧视法的重要措施,建议稿规定:"(一)负责反歧视工作的宣传、教育与实施;(二)对用人单位的反歧视工作提出建议;(三)受理认为受到歧视的公民的申诉;(四)对被认为构成歧视的差别对待进行调查;(五)对申诉人与被申诉人进行调解;(六)支持认为受到歧视的障碍、少数民族、妇女、艾滋病和乙肝病毒携带群体向人民法院的起诉(第五十五条)"。平等机会委员会在以下四种情形下可以主动开展调查:"(一)可能危害国家安全的;(二)涉及公共利益的;(三)贬低民族风俗习惯的;(四)违背社会善良风俗的(第五十六条)"。

五、关于反歧视申诉与诉讼的举证责任

民事诉讼适用"谁主张,谁举证"的举证原则。由于歧视行为的特殊性,各国立法对歧视诉讼均规定适用举证责任倒置的原则,即由被申诉人或被告对自身行为的合法性承担举证责任。这主要是考虑到歧视的受害人与歧视实施者相比较处于弱势的地位。在通常的情况下,歧视的受害人能够证明区别对待事实的存在,但往往很难承担证明区别对待构成歧视事实的责任。建议稿根据直接歧视、间接歧视、性骚扰和临时特别措施的特点规定了不同的举证责任,

规定:"公民对认为构成歧视的申诉或起诉的举证责任,按照以下方式承担:(一)直接歧视由申诉人或原告就差别对待的事实举证。申诉人或原告初步证明侵犯其合法权利的差别对待事实的,由被申诉人或被告对该差别对待的合理性举证。(二)间接歧视由被申诉人或被告举证。申诉人或原告初步证明被申诉人或被告侵犯其合法权利的事实后,由被申诉人或被告对争议行为的合理性、必要性与合比例进行举证。(三)申诉人或原告负责对初步证明性骚扰的事实举证,被申诉人或被告对其已经采取必要的消除性骚扰的措施举证,行为人对其没有实施性骚扰进行举证。(四)对临时特别措施有异议的,由申诉人或原告对存在差别对待的事实进行举证,被申诉人或被告对实施临时特别措施的必要性与合理性进行举证(第六十六条)"。

六、关于法律责任

各国法律和我国批准的国际条约对处罚歧视行为有着比较成熟的规定,现实社会生活中各类歧视行为危害后果也有所区别。为了有效地预防和纠正歧视行为并对实施歧视的单位和个人给以必要的法律制裁,实施不同的歧视行为应当承担相应的法律责任。建议稿规定:"用人单位在聘用过程中对应聘者实施歧视的,应当向被聘用人员赔礼道歉、予以录用或者赔偿损失,不能聘用的支付应聘岗位三个月的工资(第六十七条)";"用人单位拒不接受平等机会委员会的建议和处理结果的,平等机会委员会可以将有关情况向新闻媒体通报或者刊发在该委员会的工作刊物中予以公布(第六十九条)";"用人单位违反本法第二十三条(即用人单位对劳动者的歧视申诉或起诉行为进行报复、调换工作岗位、解除劳动关系或其他不利的对待)的规定,依照解除劳动合同对劳动者予以赔偿。(第七十条)"。

附录二:《反就业歧视法专家建议稿》及其说明[①]

1 制定"反就业歧视法"的必要性

"平等"是社会主义核心价值观之一。《中华人民共和国宪法》规定:"中华人民共和国公民在法律面前一律平等","国家尊重和保障人权"。新中国成立后,党和政府一直高度重视社会平等,特别在消除社会经济不平等、男女不平等方面做出了举世瞩目的成就。但值得注意的是,随着市场经济的发展,贫富差距迅速拉大,就业压力增大,我国的就业歧视问题日益凸显,严重影响社会和谐及稳定。同时,整个社会的平等就业观念不强,平等就业权的社会保障机制严重不足,特别缺乏司法救济体系及措施。

有鉴于此,人大代表应当积极承担宪法责任,推动"反就业歧视法"进入国家立法议程。在2015年第十二届全国人民代表大会第三次会议上,孙晓梅等36名代表、高莉等31名代表分别提出关于制定"反就业歧视法"的议案。在2016年第十二届全国人民代表大会第四次会议上,罗和安等代表再次提出关于制定"反就业歧视法"的议案。全国人大财政经济委员会认为"反就业歧视法"有立法必要,建议有关部门加强调研起草工作,待草案成熟时,争取补充列入全国人大常委会立法规划或今后年度立法计划安排审议。人力资源和社会保障部也将制定"反就业歧视法"列为未来的重点工作目

[①] 《反就业歧视法专家建议稿》及其说明由中国政法大学宪政研究所的蔡定剑教授领衔在2008年提出,2010年蔡定剑教授不幸病逝后由刘小楠教授继续领衔提出并不断修改,此处收录的是2017年1月最新的修改版本。在其多次修改的过程中,笔者也有幸参与了一些修改的建议工作。该专家建议稿及其说明经刘小楠教授许可在此收录,收录时仅对格式进行了轻微的编辑。《反就业歧视法专家建议稿》是中国未来的禁止歧视立法的另一个重要的可供参考的样本,是针对就业领域的歧视问题进行的专门立法。

标。因此就制定"反就业歧视法",已经在立法机关、主管部门、专家学者和社会公众之间达成了初步共识,亟须正式进入立法规划和法案起草阶段。

有鉴于此,我再次提出建议,建议有关部门把制定"反就业歧视法"作为重点工作目标,尽快将该法纳入国家立法规划,推动"反就业歧视法"进入实质起草阶段,回应社会公众的广泛诉求。具体而言,我认为基于以下原因,中国社会迫切需要一部专门的"反就业歧视法"。

一、党和政府的要求

党和政府高度重视就业歧视问题。党的十八大报告指出:"必须坚持维护社会公平正义。公平正义是中国特色社会主义的内在要求。要在全体人民共同奋斗、经济社会发展的基础上,加紧建设对保障社会公平正义具有重大作用的制度,逐步建立以权利公平、机会公平、规则公平为主要内容的社会保障体系,努力营造公平的社会环境,保证人民平等参与、平等发展权利。"十八届三中全会通过的《中共中央关于全面深化改革若干重大问题的决定》强调:"规范招人用人制度,消除城乡、行业、身份、性别等一切影响平等就业的制度障碍和就业歧视"。党的十八届四中全会报告也提出"全面推进依法治国""坚持法律面前人人平等"。教育部、国务院办公厅近年来也多次发文禁止高校毕业生招聘中的歧视。

二、维护人格尊严和人的生存权、发展权的需要

我国《宪法》规定"中华人民共和国公民的人格尊严不受侵犯"。人格尊严是指每个人应受到他人的尊重,不能被鄙视、侮辱和不公正地对待。其最重要的方面就是被平等对待。在就业中设置性别、年龄、身高、长相等不合理的限制,都会使人产生严重的屈辱感,伤及个人人格尊严。同时,就业歧视埋没人的才能,剥夺人的生存权、发展权,妨碍其实现社会价值。

三、维护社会公平、公正、和谐的需要

只有建立在平等基础上的社会，才会和谐稳定。由于就业歧视损害人格尊严，有违公平竞争，使人失去平等发展的机会，遭受就业歧视的人容易对社会产生抵触甚至对立情绪，民众对社会公正的怀疑和否定会成为社会稳定的隐患，因此需要我们予以高度重视。浙江大学生周一超在公务员招录考试中受到歧视后愤然举刀杀人等一些恶性案件、上访事件及反歧视诉讼，既反映出我国歧视现象的严重，也充分说明消除就业歧视才能维护社会公平、公正与和谐。

四、避免社会资源浪费、促进经济发展的需要

人力资源的充分有效利用，是经济发展的最重要因素。但由于对人的不合理限制和区别对待，很多优秀人才被挡在就业、晋升之外，造成人才的严重浪费。例如，长期以来的性别歧视，使"半边天"们的才能得不到充分发挥；对农民的歧视和户籍歧视，使人口的大多数不能在公平竞争下发挥才能。更严重的是，由于歧视造成的不公平"占位"，导致庸人挡道或者"占位"者养尊处优。因此，只有平等，才能形成充分竞争，人尽其才，使优秀人才脱颖而出；只有平等，才能使人人心情舒畅，充分发挥潜能。这正是经济社会发展的最大活力。

五、履行国际公约、与国际人权保障实践接轨的需要

我国批准了联合国《消除对妇女一切形式歧视公约》《残疾人权利公约》以及国际劳工组织《1958年消除就业和职业歧视公约》（第111号公约）等一系列人权公约，把这些公约内容转化为国内法，保障公民平等就业权，成为政府的国际义务。

虽然我国在履行国际公约、保障人权方面做出很多积极努力，但是在反歧视方面仍存在改进的空间。例如，残疾人权利委员会在对我国初次履约报告的审议中就提到，"对歧视残疾人的行为缺少全面定义感到关切"，"还对许多地方法规和国家法律在禁止歧视方面存在矛盾而感到担忧"，并指出我国"在不歧视原则方面没有连贯一

禁止歧视：理念、制度和实践

致地应用合理便利理念"。消除对妇女歧视委员会在对我国履约报告的结论性意见中，也多次指出："中国法律仍然没有按照消歧公约的要求，为'对妇女的歧视'作出定义"，建议"在法律中为'对妇女的歧视'作出综合性的定义，该定义应该能覆盖生活各领域中直接与间接的、基于性和性别的歧视。禁止基于性和性别的歧视的法律条款应该辅以相应的实施机制和惩罚措施"。

六、制定专门法律以克服立法局限的需要

虽然我国现有法律法规中有反就业歧视的规定，但已不能适应社会发展需要：

首先，我国现行反就业歧视立法适用范围太窄。比如，《劳动法》只适用于"在中华人民共和国境内的企业、个体经济组织和与之形成劳动关系的劳动者"，以及"国家机关、事业组织、社会团体和与之建立劳动合同关系的劳动者"。也就是说《劳动法》保护的"劳动者"范围，远远小于在宪法上享有平等权和劳动权的"公民"范围，公务员、事业单位工作人员（或求职者）等遭受就业歧视，就无法适用该法得到救济。而《就业促进法》虽然可以适用于没有缔结劳动关系的求职者，但其立法目的是"为了促进就业，促进经济发展与扩大就业相协调，促进社会和谐稳定"，该法语境下的"就业"主要是指工作岗位的获取，因此其第三章"公平就业"中禁止的只是招录环节的就业歧视。更重要的是，"促进就业"和"促进公平就业"是不同的问题，前者是解决如何把蛋糕做大的问题，而后者关心的是如何公平分配蛋糕。因此，在立法功能上，《就业促进法》无法代替反就业歧视法。

其次，现行法律禁止就业歧视的事由过少，以致各种就业歧视大行其道。《劳动法》只禁止"民族、种族、性别、宗教信仰"四种就业歧视。虽然其他一些法律法规扩大了保护领域，如《残疾人保障法》《就业促进法》等法律禁止对残疾人、传染病病原携带者、农村进城务工的劳动者等人群的就业歧视，但现实中，一些相当严重的就业歧视，仍缺乏法律的明确禁止，如教育部、国务院办公厅通知中所禁止的关于毕业院校（985高校、211高校）、户籍、年龄、

学历等方面的歧视，在现行法上都找不到明确依据。我国批准的国际劳工组织《1958年消除就业和职业歧视公约》中所明确禁止的基于政治见解、社会出身等事由的歧视，在国内法中也没有规定。

再次，我国现有反歧视规定基本为权利宣告，缺少对就业歧视的界定以及程序和实施保障。法律意义上的就业歧视，有着特殊的含义、分类和构成要件，法律上缺乏必要的概念界定和认定标准，不但影响公众对相关权益的认知，而且会给法律适用带来困难。比如，法律在女性平等权利的宣告性保护方面相当全面，但这类就业歧视仍无所不在、明目张胆。而且，可以预计的是，随着全面二胎政策的实施，女性的平等就业权将更加难以保障。

最后，制定专门的反歧视法是国际上反歧视立法的趋势。越来越多的国家和地区，已经制定或正在制定反歧视基本法，对歧视的概念、适用范围、反歧视专门机构和纠纷处理机制，作出统一规定，以弥补原立法方式的不足。

因此，我国迫切需要制定一部反就业歧视方面的基本法，以针对当前的突出问题作出规定，明确其概念，建立专门机构，同时建立救济措施和机制，以真正保障劳动者获得及时、有效的救济。

我国在反就业歧视法领域，已有一定的研究基础和立法准备。2000年以后，中国学术界就开始就业歧视方面的研究，多次进行大规模的社会调查，发布了歧视性法规清理报告和就业歧视状况调查报告。2008年，以高校学者和人大法工委为主体的专家小组起草了《反就业歧视法（专家建议稿）》。2015年，为了配合全国人民代表大会财经委员会关于争取把包括反就业歧视法在内的26个立法项目补充列入全国人大常委会立法规划或今后年度立法计划安排审议的建议，反歧视领域的专家、学者又多次召开相关立法研讨会，对《反就业歧视法（专家建议稿）》反复调研、论证和修改。2016年，中国政法大学宪政研究所和常州大学平等权研究中心共同主办"反就业歧视立法专家座谈会"，邀请了全国人大代表孙晓梅、全国人大代表罗和安、全国政协委员曹义孙，人力资源和社会保障部就业促进司、法规司、国际劳动保障研究所、劳动科学研究所和全国总工会法律工作部的相关同志，以及来自国内多所知名高校的专家学者出席了

禁止歧视：理念、制度和实践

座谈会，就反就业歧视立法的必要性、可行性、基本概念和典型案例进行了深入研讨，对《反就业歧视法》（专家建议稿）进行了逐条讨论。截至目前，共有近八十位来自政府机关、高校、研究机构、非政府组织的相关专家，参与了《反就业歧视法（专家建议稿）》的起草和修改工作。

随着我国有中国特色的社会主义法律体系的建立和完善，以及我国在反就业歧视方面的研究和立法能力的加强，在借鉴国外相关立法和实践的基础上，我们将能很快制定出一部切合我国亟须，并造福我们民众和社会发展的《中华人民共和国反就业歧视法》。

2 制定"反就业歧视法"的可行性

很多人都认同中国的就业歧视问题相当普遍而且严重，很有必要制定"反就业歧视法"。但是，仍有人认为在我国制定专门的"反就业歧视法"不具有可行性或者时机不成熟，这种观点有几个理由支持：一是认为反就业歧视、实现就业机会平等是发达国家的事，中国是发展中国家，发展压倒一切，讲求效率优先，现在不能反歧视，讲平等就会影响经济发展和效率；二是说中国人口这么多，劳动力严重过剩，就业压力大，反就业歧视无助于增加就业，用人单位有歧视也是自然的；三是认为企业有用人自主权和选择权，要尊重企业的自主权；四是有关方面对于如何认定就业歧视，是否有必要设立反歧视专门机构等问题存在不同看法，要统一各方对反就业歧视立法的认识以及推动立法，仍然需要漫长的过程，立法时机尚未成熟。以上看法都有待商榷。

一、反就业歧视与效率和企业用人自主权并不必然冲突，就业压力大并非就业歧视的根源

中国是一个发展中国家，确实需要发展经济，讲求效率，也确实需要充分尊重企业的自主权。但是，持续的、长期稳定的发展必须建立在平等人权的基础上，应是体面劳动，尊重人的尊严，以平等权利为基础的发展。国际劳工大会2007年第96届会议报告《工作中的平等：应对挑战》中指出：容忍工作中的歧视现象会造成很高的经济、社会和政治代价，而更具包容性质的工作场所产生的益处要超过容忍歧视造成的代价。歧视基于人们的肤色、性别或社会背景，不让人们从事某些职业，或者干脆剥夺其就业机会，或者不根据成绩给予升迁奖励。这会造成社会和经济不利状况，后者又转而造成效率低下和不平等的结果。同时，收入、资产和机会方面明显、难以消除的不平等状况，会导致政局不稳定和社会动荡，从而使投资和经济增长受挫。

反就业歧视的另一种情况是需要采取积极措施实现就业机会平等，如为促进残疾人就业，政府应采取一些扶持政策、优惠措施。这种情况下，政府承担大部分责任，用人单位只承担小部分责任。所以，反就业歧视不会影响到经济和企业发展。事实也证明，一些反歧视工作做得好的国家和地区，那里的经济没有受到影响，而是社会更和谐了。这是经济社会发展最有利的条件。

至于就业压力与反就业歧视的关系，需要说明的是，反就业歧视不是解决就业问题，而是解决公平就业问题。从历史上经济与劳动力市场发展过程中发现，就业歧视并不是产生于劳动力市场的过剩，而是产生于劳动力的紧缺。每当经济发展需要大量劳动力的时候，资本必然寻求新的劳动力市场，往往会对这些新的劳动力群体形成歧视。所以，说就业歧视产生于劳动力过剩是一种表面现象，是没有根据的。就业歧视是雇用者本身造成的，而不是劳动力过剩造成的。这种本身的原因包括片面追求利润，加上传统文化和无知偏见等，歧视原因根源于社会文化和制度之中。如果从市场的角度，用人单位应该是以职业岗位所要求的能力标准选人用人，而不是以与职业能力要求无关的因素选人。从这点上说，反就业歧视不反对用职业能力选人，而是反对不符合经济理性的以非职业能力因素选人，这种要求与用人单位的要求是一致的。

二、我国具备制定反就业歧视法的能力

我国在"反就业歧视法"领域已经有一定的研究基础和立法准

备。2000年以后，中国学术界就开始就业歧视方面的研究，多次进行大规模的社会调查，发布歧视性法规清理报告和就业歧视状况调查报告。2008年以高校学者和人大法工委为主体的专家小组就起草了《反就业歧视法》专家建议稿。2014—2016年，反歧视领域的专家、学者又多次召开反就业歧视法立法研讨会，近八十位来自政府机关、高校和研究机构、非政府组织的相关专家参与讨论反就业歧视法专家建议稿的修改工作，对于就业歧视的界定、分类等问题已经基本形成共识。同时，海外的反就业歧视法律制度已经比较系统和完善，不但有反歧视的单行法律，而且有反歧视的基本法，建立了专门的反歧视机构，可以为我国的反就业歧视立法提供比较成熟的经验。

2015年两会期间，孙晓梅等36名代表、高莉等31名代表提出建议制定反就业歧视法的议案。人力资源和社会保障部认为，当前人力资源市场中确实存在对性别、户籍、相貌等方面的歧视现象，解决就业歧视问题是一项长期任务，制定反就业歧视法是该部未来的重点工作目标，将积极会同有关部门开展相关立法调研工作，总结实践经验，待条件成熟时提出立法建议，推动反就业歧视法纳入立法规划。全国人民代表大会会财经委员会表示同意上述意见，认为反就业歧视法确有立法必要，建议有关部门加强调研起草工作，待草案成熟时，争取补充列入全国人大常委会立法规划或今后年度立法计划安排审议。

2016年两会期间，高莉等32名代表、罗和安等31名代表再次提出制定"反就业歧视法"的议案。人力资源和社会保障部认为，国家高度重视保障劳动者平等就业权，反对各种就业和职业歧视，《劳动法》《就业促进法》《妇女权益保障法》《残疾人保障法》《残疾人就业条例》等法律法规对保障特定群体的就业权益作出了专门规定，配套制定了《就业服务与就业管理规定》等规范性文件。解决就业歧视问题是一项长期的任务，需要加强普法宣传，加大执法监督力度，促进平等就业。全国人民代表大会财经委员会表示同意上述意见，建议人力资源和社会保障部加大执法力度，解决议案所提问题。

随着我国有中国特色的社会主义法律体系的建立和完善，以及我国在反就业歧视方面的研究和立法能力的加强，在借鉴国外相关立法和实践的基础上，我们将能很快制定出一部切合我国亟须，并造福我们民众和社会发展的《中华人民共和国反就业歧视法》。

3 起草"反就业歧视法"的基本思路

针对上述我国反就业歧视法律制度存在的问题，我们在起草本法时着重把握以下三个方面的问题：

一、本法作为反就业歧视领域的基本法律，涵盖了反就业歧视法律制度的基本问题

根据国外反歧视立法的经验，反就业歧视法律体系应当包含三个层次的立法：一是反就业歧视的基本法，如荷兰的《平等待遇法》、英国的《平等法》等就属于此。反歧视基本法主要对歧视的概念、适用范围、救济组织和救济机制等作出规定。二是专门针对就业以及社会生活其他领域歧视现象的特别法律，如美国的《雇用年龄歧视法》《平等工资法》《美国残疾人法》等。三是在普通法律中，如劳动法、民法、刑法以及公务员法中涉及就业歧视问题的条款，如民法中规定就业歧视诉讼中的民事赔偿责任。

本法属于上述第一层次的立法，即反就业歧视的基本法。因此，本法对就业歧视的定义、适用范围、反就业歧视措施、救济组织和救济机制等作了规定。

二、本法针对当前就业歧视的突出问题规定了各类反就业歧视的措施

当前，我国就业歧视相当普遍而且严重，但是现行法律所禁止的就业歧视的事由过少。本法参考国际的经验，再针对我国就业歧视的突出问题，规定了禁止基于民族、种族、宗教信仰、性别、婚姻和生育状况、残障、健康状况、基因记录、身份、户籍、体貌特征、年龄、性别认同、性别表达、性倾向、前科、学历,以及法律规定的其他与工作能力和职业的内在需要不相关的因素的就业歧视。本法设专章规定了针对上述因素的反就业歧视措施,特别就性别歧视、残障歧视、健康歧视、民族种族歧视等特别严重的领域进行了详细的规定。

三、为使本法真正发挥作用,保障劳动者受到就业歧视后获得有效救济,本法建立了专门的救济组织和救济机制

虽然我国已经有了不少涉及反就业歧视的法律法规,但现有的立法缺少有效的实施和救济机制。用人单位违法对劳动者进行就业歧视,劳动者没有有效的救济途径寻求帮助,违法的单位也得不到应有的处罚,这就使得有关立法被虚置,就业歧视愈演愈烈。

考察国外反就业歧视做得好的国家和地区,一个重要的经验是,这些国家都设立了专门的反歧视机构。如荷兰设平等待遇委员会,职责是专门受理个人或组织对歧视问题的投诉。美国、中国香港等也有类似机构。反歧视专门机构与法院系统就像并驾齐驱的两驾马车,在各自的权限范围内,为就业歧视以及其他纠纷解决发挥着富有成效的作用。

与司法机构相比,专门的反就业歧视机构有自己突出的优势与特点:第一,更具亲民性。与复杂的司法程序和威严的司法机构相比,专门机构在解决问题时更注意对当事人心理的疏导,促使事情在和谐的氛围下解决,这种温和与折中的方式更为普通大众特别是矛盾双方接受,因而也能在更广泛的层面解决各种就业歧视问题。毕竟,在就业歧视领域里,冲突双方的身份比较特殊——雇主与雇工。一般情况下,雇工在受到歧视时,目的只是想解决问题,而不是丢掉饭碗。除非万不得已,雇工们也不愿意与雇主撕破脸皮、对簿公堂。因此,到平等待遇委员会投诉,求得事情的公平、温和解决,就成为大多数人的首选。第二,申诉是免费的。从经济的角度考虑,向专门机构申诉比向法院提起诉讼,成本要低得多,受害人不会因此而加重负担,有经济顾虑。这也是向专门机构寻求救济比诉讼更容易为普通民众接受的一个不容忽视的因素。第三,富于主动性。与司法机关的被动性相反，专门机构往往是反就业歧视法律的主动执行者和推动者。除接受当事人投诉外，专门机构通常还被赋予主动展开调查的权力。这样，他们一旦发现问题，就可以主动出击，必要时甚至可以代表被歧视者直接向法院提起相关诉讼。第四，在反就业歧视问题上，更具备专业性。作为专门应对就业歧视、促进就业平等待遇的机构，专门机构通常有该领域的专家和不同方面的代表，如法律专家、劳动专家、企业代表等，他们通过大量的实际调查和数据统计分析，发展出衡量和评价就业歧视问题的一系列有效方法。上述种种原因，使得人们在歧视发生时，更乐于选择到平等待遇委员会进行申诉，而不是到法院打官司。

除法律赋予的准司法权限外，专门的反歧视机构往往还具有接受咨询、解释法律和向政府部门以及社会组织提供意见建议的职能。这些意见和建议，都会对立法机关完善反歧视立法、政府部门制定就业政策，企业制定规章制度、消除就业歧视等诸方面，产生十分重要的影响。

有鉴于此，本法借鉴国外反歧视专门机构的有益经验和成功做法，设专章规定了反就业歧视救济的专门机构——平等机会委员会，并详细规定了相应的设置、职权，救济的条件、程序、举证责任等内容。此外，还规定了司法救济的内容。

四、关于本法的概念界定和适用范围

作为反就业歧视领域的基本法律，本法首次明确界定了就业歧视的定义，即"是指用人单位基于劳动者与工作能力和职业的内在需要不相关的因素，在就业中作出区别对待，从而取消或损害劳动者平等就业权利的行为"。同时，本法针对就业歧视的三种情形——直接歧视、间接歧视和骚扰，作了具体的规定。为了将某些表面看来存在区别对待，但实质上不属于就业歧视的情形排除在外，本法第四条明确列举了五类不认为是就业歧视的情形：

1. 用人单位出于职业内在需要、法律的特别规定或者相关业务及正常运营所必须提出的合理的标准和要求；

2. 基于国家安全的需要对劳动者提出的特殊要求；

3. 对怀孕、生育和哺乳期妇女给予的特别待遇；

4. 为实现少数民族、残障者和妇女在机会和待遇方面的平等而采取的暂行特别措施；

5. 根据残障劳动者具体需要，在不造成过度或不当负担的情况下，用人单位向其提供灵活安排工作时间或地点、改造工作场所与工作相关的设施设备等合理便利措施。

此外，总则中还明确规定了本法的适用范围。从适用主体来看，本法适用于国家机关、企事业单位、社会团体、个体经济组织、民办非企业单位等在内的所有用人单位。从适用领域来看，本法适用于招聘、录用、职业介绍、工作岗位安置、劳动报酬给付、职务晋升、工作时间和工作条件的安排、职业培训、劳动福利和保障的提供、退休和终止劳动关系等活动。本法弥补了现行《劳动法》和《就业促进法》适用范围窄，无法全面禁止就业歧视，保护劳动者平等就业权利的弊端。

五、关于反就业歧视措施

针对当前就业歧视的突出问题，本法第二章详细规定了针对各种就业歧视的反歧视措施，主要包括：

一是用人单位的不歧视义务、禁止了解劳动者的无关信息、用人单位保管劳动档案义务、禁止报复。

二是禁止性别歧视，包括禁止基于婚育状况的歧视、特别保护、禁止性骚扰。

三是禁止对残障者的歧视，包括提供合理便利，无障碍建设、禁止针对残障者的骚扰、按比例安排残障者就业等。

四是禁止健康方面的歧视，包括用人单位不得基于劳动者的健康状况实施就业歧视、禁止过度体检等。

五是禁止种族、民族歧视，包括禁止职业场所敌意环境、援助少数民族就业困难人员、优惠制度、便利设施。

六是禁止其他事由的就业歧视，包括禁止宗教信仰歧视、禁止身份歧视、禁止户籍歧视、禁止身体特征歧视、禁止年龄歧视、禁止前科歧视、禁止基于性别认同、性别表达及性倾向的歧视等。

六、关于救济组织和救济机制

为了有效地开展反就业歧视工作,借鉴国外的有益经验,本法第三章规定了专门的救济组织——平等机会委员会和救济机制。

专门的救济组织部分包括平等机会委员会的设置,平等机会委员会的人员组成,国家、省级平等机会委员会的职责和县(市)平等机会委员会职责,以及平等机会委员会实施救济的机制:向平等机会委员会申请救济的申请条件、申请时效、受理、送达与答辩、审查与裁决主体、调查权、调查程序与供证义务、和解、调解、听证、举证责任、被申请人供证义务、裁决。司法救济机制包括起诉、法院的受理和审理、执行。

七、关于法律责任

为了有效惩罚违反就业歧视法的行为,本法第四章详细规定了用人单位实施就业歧视,侵害劳动者平等就业权的,应当承担相应的民事责任、行政责任和刑事责任,具体包括就业歧视的民事责任、财产性损失、求职者财产性损失的计算、精神损害、招聘启事违法的行政责任、单位规章制度违法的行政责任、劳动合同违法的行政责任、性骚扰用人单位责任、国家机关违法责任等。

4 "反就业歧视法"(专家建议稿)

目 录

第一章 总则
第二章 反就业歧视的措施
 第一节 一般规定
 第二节 性别歧视
 第三节 残障歧视
 第四节 健康歧视
 第五节 种族、民族歧视

第六节　基于其他事由的歧视

第三章　救济组织与救济机制

第四章　法律责任

第五章　附则

第一章　总　　则

第一条【立法目的】　为了消除就业歧视，保障公民的平等就业权利，促进社会公平和谐，根据宪法，制定本法。

第二条【适用范围】　中华人民共和国境内的包括国家机关、企事业单位、社会团体、个体经济组织、民办非企业单位等在内的所有用人单位（以下统称用人单位）在就业中的活动都适用本法。

本法所称的就业是指招聘、录用、职业介绍、工作岗位安置、劳动报酬给付、职务晋升、工作时间和工作条件的安排、职业培训、劳动福利和保障的提供、退休和终止劳动关系等活动。

第三条【就业歧视的定义】　本法所称就业歧视，是指用人单位基于劳动者与工作能力和职业的内在需要不相关的因素，在就业中作出区别对待，从而取消或损害劳动者平等就业权利的行为。本法所称的劳动者，也包括求职者。

前款所指"不相关的因素"包括：

（一）性别、生育状况；

（二）残障；

（三）健康、基因；

（四）种族、民族；

（五）宗教信仰；

（六）身份、户籍；

（七）身体体征；

（八）年龄；

（九）学历；

（十）违法犯罪记录；

（十一）性别认同、性别表达及性倾向；

（十二）法律规定的其他不相关因素。

就业歧视包括下列情形：

（一）直接歧视，是指用人单位基于本条第二款所列因素对劳动者给予区别对待，取消或损害就业机会平等或待遇平等。

（二）间接歧视，是指用人单位采取形式上平等的就业政策或实践，但其实施效果会取消或损害本条第二款所列因素对应群体的就业机会均等或待遇平等。

（三）骚扰，是指受雇者在执行职务时，任何人以不受欢迎的言辞或行为，对其造成敌意性、胁迫性或冒犯性的工作环境，致侵犯或干扰其人格尊严、人身自由或影响其工作表现。

第四条【不认为是就业歧视的情形】 具有下列情形之一的，不构成本法所称就业歧视：

（一）用人单位出于职业内在需要、法律的特别规定或者相关业务及正常运营所必须提出的合理的标准和要求；

（二）基于国家安全的需要对劳动者提出的特殊要求；

（三）对怀孕、生育和哺乳期妇女给予的特别待遇；

（四）为实现少数民族、残障者和妇女在机会和待遇方面的平等而采取的暂行特别措施；

（五）根据残障劳动者具体需要，在不造成过度或不当负担的情况下，用人单位向其提供灵活安排工作时间或地点、改造工作场所与工作相关的设施设备等合理便利措施。

第五条【公开、公正、公平原则】 用人单位在劳动者就业过程中，应当遵循公开、公正、公平的原则，为劳动者提供平等就业的机会和环境。

第六条【反就业歧视的职责和社会责任】 反就业歧视是一切国家机关的职责和义务，是企事业单位和社会组织应尽的社会责任。

第七条【人民政府促进平等就业的责任】 县级以上人民政府应当保障劳动者平等就业的权利，并采取各种措施保障平等就业权实现。

县级以上人民政府统一负责、领导、组织、协调本行政区域内用人单位促进平等就业的工作，建立健全用人单位落实平等就业的工作机制，完善、落实平等就业责任制和评议、考核机制，加强平等就业能力建设，为平等就业工作提供保障。

人力资源和社会保障部门应当加强对本行政区域内用人单位实现平等就业的情况进行监督。教育、工商、公安、住房城乡建设、农业、商务、民族事务等行政管理部门应当在各自的职责范围内，依法做好促进平等就业工作。

县级以上人民政府对在平等就业工作中有突出贡献的单位和个人予以表彰和奖励。

第八条【群团组织协助实现平等就业的责任】 工会、共产主义青年团、妇女联合会、残疾人联合会以及其他社会组织，应当协助县级以上人民政府开展平等就业工作，依法维护劳动者平等就业权利。

第九条【平等就业的社会倡导】 县级以上人民政府应当通过电视、广播、网络、报刊等积极组织开展平等就业宣传教育工作，增强全社会平等就业的意识；县级以上人民政府应当建立健全平等就业奖励和举报保护制度，向社会公布举报网站、电话、电子邮箱、单位地址等，接受咨询、投诉、举报。

人力资源和社会保障部门应当向用人单位提供免费的平等就业业务指导和服务，加强平等就业法律、法规和平等就业知识的培训，在新闻媒体上定期公布平等就业日常监督管理信息。

行业协会应当加强行业自律，为协会会员依法保障公民平等就业权提供咨询、培训等服务。

用人单位应当在本单位内部组织开展平等就业的宣传教育，倡导平等就业的理念。

第十条【地位及效力】 本法为反就业歧视领域的一般法律，界定反就业歧视的定义，规定反就业歧视的原则、方法、程序和违法责任，指导其他法律中反歧视规则的适用。在与本法不相抵触的情况下，其他法律规定有专门的反就业歧视措施的，应当首先适用其他法律；其他法律中的专门规定与本法相抵触的，应当适用本法。

第二章 反就业歧视的措施

第一节 一般规定

第十一条【用人单位的不歧视义务】 用人单位依法享有用人自主权。用人单位、职业中介机构应当依照本法以及其他法律、法规的规定，保障劳动者的平等就业权，向劳动者提供平等的职业机会和职业待遇。

用人单位应当在本单位的规章制度中加入平等就业的规定并予以公布；应当对本单位劳动者开展平等就业方面的培训和教育。

用人单位应当建立健全本单位平等就业申请机制，明确申请受理机构和处理程序。

第十二条【同值同酬】 用人单位应当对同一单位内从事同等价值工作的劳动者支付相同报酬，不得基于本法第三条中所列举的不相关的因素实施差别待遇。

第十三条【禁止了解劳动者的无关信息】 用人单位不得了解或者鼓励劳动者主动提供与完成特定岗位职责无关的个人信息。

第十四条【用人单位保管劳动档案义务】 用人单位应建立健全劳动或人事档案保管制度。劳动或人事档案应当包括劳动者的原始应聘材料、劳动或人事合同、奖惩任免决定等有关材料。

第十五条【禁止报复】 用人单位不得因劳动者本人或在同一单位就职的与其密切联系的第三人向本单位工会、人力资源和社会保障部门、人民法院、人民检察院、纪检监察部门、妇联、残联等检举、控告就业歧视，或者在其他劳动者提出的检举、控告中提供帮助，在劳动关系存续期间或劳动关系终止后对劳动者本人或与其密切联系的第三人打击报复，包括无正当理由调换劳动者本人或与其密切联系的第三人的工作岗位、降职、降级、停职、拒绝及时足额支付劳动报酬、辞退、开除、强迫劳动者解除劳动关系或人事关系或者其他损害劳动者合法权益的方式。

第二节 性别歧视

第十六条【禁止性别歧视】 用人单位不得基于劳动者的性别、

禁止歧视：理念、制度和实践

婚育状况对其实施就业歧视。

用人单位不得在招聘广告、面试、书面劳动合同、口头约定或单位规章制度中限制劳动者结婚或生育。用人单位不得在招聘过程中要求劳动者提供婚姻或生育状况信息，除非用人单位证明该信息是履行特定工作的内在需要。用人单位不得因劳动者在应聘时未如实陈述婚育信息而对其进行惩戒或者解除劳动合同。

用人单位不得因劳动者结婚、怀孕、产假、陪产假、哺乳等原因，在劳动报酬、培训机会、岗位、晋升、评定专业技术职务等方面给予其不利待遇，不得因此单方解除劳动合同。劳动合同期限在怀孕或产假期间届满的，应顺延到哺乳期结束后。但是，劳动者主动要求解除劳动合同的除外。

用人单位应当保障员工在产假或陪产假结束后有权回到原工作岗位或无任何不利待遇的同等岗位，且在其离岗期间，有权享受工作条件改善的福利。

第十七条【特别保护】 女职工因怀孕、哺乳不宜从事原工作时，用人单位应当根据其申请进行适当调整。如女职工申请调整工作岗位，用人单位不得降低其原有职位和报酬，且新的岗位不得有损女职工、胎儿或婴儿的身心健康。

用人单位有义务创造条件，为哺乳期的女职工在哺乳、工作安排上提供便利。

第十八条【禁止性骚扰】 用人单位有义务禁止工作场所中的性骚扰。本法所称性骚扰，包括下列两种情形：

（一）用人单位的管理人员或其他同事对劳动者以明示或暗示性要求、性示好作为劳动合同成立、持续、变更、报酬、考核、升降、奖惩、解雇、终止的交换条件；

（二）劳动者在履行工作时，任何人以性要求、具有性意味的言辞或行为，或基于性别进行侮辱的言辞或行为对其造成敌意性、胁迫性或冒犯性的工作环境，致使其人格尊严、人身自由或工作表现受到侵犯或影响。

用人单位应当制定性骚扰防治措施、申诉及惩戒办法，并在工作场所公示。在收到劳动者的性骚扰申请后，用人单位应当及时采取有效的纠正和救济措施。

第三节 残障歧视

第十九条【禁止残障歧视】 用人单位不得基于劳动者的残障状况实施就业歧视,但劳动者本人的残障状况导致其无法完成岗位主要职责的除外。

前款所指的"残障状况"包括:

(一)残障劳动者,即劳动者本人有残障的;

(二)劳动者本人有残障的记录但已经恢复的;

(三)用人单位认为劳动者有残障的;

(四)劳动者抚养、扶养、赡养的近亲属有残障的。

第二十条【提供合理便利】 为完成岗位主要职责,残障劳动者可以请求国家机关、事业单位、社会组织、大中型企业和集中使用残障劳动者的用人单位等向其提供灵活安排工作时间或地点、符合其实际需要的劳动设备、生活设施等便利措施。但残障劳动者请求提供的便利措施将会在实质上改变工作性质或者给用人单位造成过度负担的,用人单位可以拒绝提供。

用人单位未予提供便利措施,不得以残障劳动者无法完成岗位主要职责为由作出拒绝录用或晋升,以及解除劳动关系等决定。

第二十一条【无障碍】 用人单位新建、改建和扩建工作场所,应当符合国家有关无障碍设施工程建设标准。

用人单位举办的各类任职、晋级等考试,有残障劳动者参加的,或者发布本单位重要信息和与残障劳动者密切相关的信息的,应当符合国家有关信息交流无障碍标准。

第二十二条【禁止针对残障者的骚扰】 用人单位应当禁止工作场所中一切形式基于残障的骚扰并制定残障骚扰的防治措施、申诉及惩戒办法,在工作场所公示。

劳动者因残障受到骚扰向用人单位提出申诉的,用人单位应当及时采取措施。

第二十三条【按比例安排残障劳动者就业】 国家机关、事业单位、社会组织、大中型企业等用人单位应当按一定比例接收残障劳动者就业,并为其提供适当的工种、岗位。前款所指的用人单位连续两年安排残障劳动者就业达不到其所在地省、自治区、直辖市人民政府规定比例的，应当逐年提高其缴纳残疾人就业保障金的金额并将名单在省级新闻媒体公布。具体办法由省、自治区、直辖市人民政府根据本地区实际情况规定。

第四节 健康歧视

第二十四条【禁止健康歧视】 用人单位不得基于劳动者的健康状况实施就业歧视，但劳动者本人的健康状况导致其无法完成岗位主要职责或者法律明确规定的特定传染病病原携带者不适宜从事的易使传染病扩散的工作岗位除外。

前款所指的"健康状况"包括：

（一）劳动者携带艾滋病病毒、乙型肝炎病毒等传染病病原的记录；

（二）劳动者患有糖尿病、高血压等非传染性疾病的记录；

（三）劳动者的基因记录。

第二十五条【禁止过度体检】 用人单位不得要求劳动者接受与履行岗位职责客观要求无关的身体检查，但依据法律规定，用人单位基于公共卫生的需要要求劳动者进行相关体检或要求劳动者提供健康信息的除外。

用人单位为在职劳动者提供的以健康保障为目的的体检，劳动者有权决定是否接受体检以及具体的体检项目。用人单位不得强迫劳动者接受健康体检或者要求劳动者提供体检结果。

第五节 民族、种族歧视

第二十六条【禁止民族、种族歧视】 国家保护各族群众的平等就业权利，各级人民政府创造公平就业的环境，用人单位不得基于劳动者的种族、肤色、语言、民族、人种等因素实施就业歧视行为。

用人单位不得以种族、肤色、语言、民族、人种为由拒绝录用少数民族人员或者提高对少数民族人员的录用标准，不得以员工、顾客的偏见为由，拒绝特定民族、种族的求职者。

各民族劳动者享有工作、自由选择职业、享受公平劳动保障、免于因民族或种族身份非法解雇、同工同酬、获得公平报酬的权利。

第二十七条【禁止职业场所敌意环境】 用人单位应当将禁止破坏民族团结、煽动民族仇恨、实施民族歧视纳入规章制度，对员工开展必要的种族、民族之间相互平等和相互尊重的培训。

第二十八条【援助少数民族就业困难人员】 各级人民政府建立健全就业援助制度，采取税费减免、贷款贴息、社会保险补贴、岗位补贴等办法，通过公益性岗位安置等途径，对少数民族就业困难人员优先扶持和重点帮助。

国家机关、事业单位、国有企业应当在录用少数民族就业困难人员方面起到模范带头作用，承揽国家投资项目、政府购买服务的民营企业应当录用一定比例的少数民族就业困难人员。

少数民族就业困难人员是指具有就业意愿和基本劳动能力，但因身体状况、技能水平、家庭因素、失去土地等原因难以实现就业。就业困难人员的具体范围，由省、自治区、直辖市人民政府根据本行政区域的实际情况规定。

第二十九条【优惠制度】 用人单位招用人员，应当依法对少数民族劳动者给予适当照顾，内地服务性窗口行业应当吸纳一定比例的少数民族劳动者。

民族自治地方的自治机关所属工作部门的干部中，要尽量配备实行区域自治的民族和其他少数民族的人员。民族自治地方的事业单位和国有企业，应当配备一定比例的少数民族人员。

企业积极吸纳少数民族劳动者就业的，国家应当给予财政、税收、用地、用水、用电等方面的优惠照顾。加强少数民族劳动者的职业技能培训。

第三十条【便利设施】 穆斯林劳动者可以请求规模以上企业（工业企业与商业企业）的用人单位为其提供清真饮食与遵守宗教信仰等方面的基本便利措施。

劳动者请求提供的便利措施将会在实质上改变工作性质或者给用人单位造成过度负担的，用人单位可以拒绝提供。

第六节 基于其他事由的就业歧视

第三十一条【禁止宗教信仰歧视】 用人单位不得歧视信仰宗

禁止歧视：理念、制度和实践

教或不信仰宗教的公民。任何人不因其信仰或宗教上见解而受优待或歧视。

第三十二条【禁止身份歧视】 用人单位不得基于劳动者的身份实施就业歧视。

前款所指的"身份"包括：

（一）籍贯；

（二）出生地；

（三）成长地；

（四）经常居住地；

（五）原籍国；

（六）其他身份。

第三十三条【禁止户籍歧视】 农村劳动者进城就业享有与城镇劳动者平等的劳动权利，不得对农村劳动者进城就业设置歧视性限制。

非本地户籍劳动者就业享有与本地户籍劳动者平等的劳动权利，不得对非本地户籍劳动者就业设置歧视性限制。

第三十四条【禁止身体特征歧视】 用人单位不得基于劳动者的身高、体重、相貌等体貌特征实施就业歧视。但身高、体重、相貌等是完成特定岗位主要职责必须具备的条件的情形除外。

第三十五条【禁止年龄歧视】 用人单位不得基于年龄对劳动者实施就业歧视。但年龄是完成特定岗位主要职责必须具备的条件的情形除外。

第三十六条【禁止学历歧视】 用人单位不得基于劳动者的学历和毕业院校实施就业歧视。但是学历和毕业院校是完成特定岗位主要职责必须具备的条件的情形除外。

第三十七条【禁止前科歧视】 用人单位不得基于违纪、违法和刑罚记录拒绝录用或者提高对有前述记录劳动者的录用标准，或者在职业中给予不合理的差别待遇，但基于维护国家安全的需要和法律、法规规定的特定职业除外。

第三十八条【禁止基于性别认同、性别表达及性倾向的歧视】 用人单位不得基于劳动者的性别认同、性别表达及性倾向实施就业

268

歧视。

第三章 救济组织与救济机制

第三十九条【指导和救济组织】 国家设立国家平等机会委员会，负责组织、协调、指导全国的反就业歧视工作。

省、自治区、直辖市设立平等机会委员会，负责组织、协调、指导本行政区域内的反就业歧视工作。

县（市）设立平等机会委员会，受理本行政区域内的劳动者有关就业歧视的控告、申请，并予以裁决。

平等机会委员会是本法的专门执行机构，依法独立开展工作，不受非法干涉。

第四十条【平等机会委员会的组成】 平等机会委员会设主任一人，副主任二至四人，委员若干。可以有适当比例的兼职委员。平等机会委员会的主任、副主任和委员由政府有关部门的代表、劳动者代表、用人单位代表、法律专家和劳工专家担任。其中，劳动者代表、法律专家和劳工专家不得少于三分之二，女性委员不得少于三分之一。

平等机会委员会的主任分别由国务院总理、省长、自治区主席、县（市）长提请同级人民代表大会常务委员会任命。其他组成人员，分别由国务院总理、省长、自治区主席、县（市）长任命。

第四十一条【国家、省级平等机会委员会的职责】 国家及省、自治区、直辖市平等机会委员会履行以下职责：

（一）依法制定和发布反就业歧视规范性文件及政策；

（二）组织调查、评估就业歧视的状况，向同级人民代表大会常务委员会提交年度报告，并公开发布评估报告；

（三）协调相关国家机关进行反就业歧视工作；

（四）开展有关平等就业方面的法律宣传、教育、培训工作；

（五）定期开展执法检查，公布有严重就业歧视不良记录和平等就业成绩突出的单位的名单，对损害劳动者就业歧视的行为，通过大众传媒予以曝光、批评；

（六）编辑、发布就业歧视案例汇编；

（七）指导、监督下级平等机会委员会的工作；

（八）法律、法规规定的其他职责。

第四十二条【县（市）平等机会委员会职责】 县（市）平等机会委员会行使下列职权：

（一）受理劳动者有关就业歧视的申请；

（二）针对劳动者的申请展开调查；

（三）对有关申请进行调解；

（四）对有关申请作出裁决；

（五）针对就业歧视问题主动展开调查，被调查单位和个人有义务予以配合并如实提供相关材料；

（六）定期开展执法检查，公布有严重就业歧视不良记录和平等就业成绩突出的单位的名单，对损害劳动者就业歧视的行为，通过大众传媒予以曝光、批评；

（七）就有关反就业歧视的问题，向有关行政部门反映、通报，提出意见和建议；

（八）开展有关平等就业方面的咨询、宣传、教育、培训工作，协助用人单位制定反就业歧视守则；

（九）必要时，可以应受歧视的个人或群体委托向法院提起诉讼。

平等机会委员会对在工作过程中掌握的有关证据和信息承担保密义务。未经有关当事人同意，不得向社会公开或向他人泄露。

第四十三条【申请条件】 向平等机会委员会申请救济，必须符合下列条件：

（一）申请人是与歧视行为有法律上的利害关系的劳动者或者是该劳动者委托的公民或组织；

（二）相关的公益团体也可以作为申请人；

（三）有明确的被申请人；

（四）有具体的请求及事实、理由；

（五）属于平等机会委员会的职责范围。

第四十四条【申请时效】 认为受到就业歧视侵害的申请人，应当于知道或者应当知道自己遭遇就业歧视一年内，向平等机会委员会提出申请。

前款规定的申请时效，因当事人一方向对方当事人主张权利，或者向有关部门申请救济，或者对方当事人同意履行义务而中断。中断后，申请时效自中断状态结束后的第一天开始重新计算。

因不可抗力或者有其他正当理由，当事人不能在本条第一款规定的申请时效期间申请的，申请时效中止。中止时效的原因消除后，申请时效期间开始继续计算。

第四十五条【受理】 平等机会委员会收到申请后，应当在十个工作日内答复。认为符合受理条件的，应当受理，并通知申请人；认为不符合受理条件的，应当书面通知申请人不予受理，并书面说明理由。对平等机会委员会不予受理或者逾期未答复的，申请人可以就该争议事项，向人民法院提起诉讼。

申请人也可以在就业歧视侵害发生后，直接向人民法院提起诉讼。

第四十六条【送达与答辩】 平等机会委员会作出受理决定后，应当在五个工作日内将申请书副本送达被申请人。

被申请人收到申请书副本后，应当在十个工作日内向平等机会委员会提交答辩书。

平等机会委员会收到答辩书后，应当在五个工作日内将答辩书副本送达申请人。

被申请人期满未提交答辩书的，不影响裁决程序的进行。

第四十七条【审查与裁决主体】 本法第三章规定的有调查、裁决权的平等机会委员会根据法律的授权，对其辖区内的就业歧视案件进行审查和裁决，给申请人提供及时、充分的救济。

上述平等机会委员会应当组建专门的立案审查人员，对受理申请与否进行审查。而且，在同一案件中，从事过立案审查的工作人员，不得参加受理后的实质审查和裁决程序。

平等机会委员会受理申请后，可以委派一名委员审查、裁决，也可以委派三名或五名委员组成裁决组审查、裁决。

平等机会委员会的工作人员及委员与当事人有利害关系的，应当回避。

第四十八条【调查权、调查程序与供证义务】 平等机会委员会受理后,可以对相关情况进行调查,收集有关证据。被申请人、有关单位及个人有义务协助调查,向委员会全面、客观地提供所了解的事实。

委员会为收集证据,有权查阅、复制劳动合同、雇佣记录及其他有关资料。对这些材料,被调查单位必须如实、全面地提供。如果不涉及国家秘密、商业秘密,无其他正当理由的,被调查单位不得拒绝提供。

平等机会委员会的工作人员及委员开展调查工作前应当出示证件、表明身份。

第四十九条【和解】 在平等机会委员会作出裁决前,当事人可以自行和解。达成和解协议的,申请人可以撤回申请,是否准许,由平等机会委员会决定。

第五十条【调解】 平等机会委员会在作出裁决前,应当先行调解。

调解就业歧视案件,应当遵循自愿原则,充分听取双方当事人对事实和理由的陈述,积极促成双方达成协议。

经调解达成协议的,平等机会委员会应当制作调解书。调解书应当写明申请人的请求和当事人协议的结果。

调解书由主持调解的委员会委员签名,加盖平等机会委员会印章,送达双方当事人。

调解书经双方当事人签收后,发生法律效力。

调解一般不公开举行。当事人双方协议公开的,可以公开,但涉及国家秘密、商业秘密和个人隐私的除外。

第五十一条【听证】 平等机会委员会受理就业歧视救济申请后,认为案情复杂、重大或者有重大社会影响的,可以在作出裁决结论前召开听证会;申请人和被申请人也可以申请启动听证程序。

(一)平等机会委员会应当在听证的七个工作日前,通知当事人举行听证的时间、地点;

(二)听证会一般公开举行;

(三)听证会由平等机会委员会主持;

（四）当事人可以亲自参加听证，也可以委托一至二人代理；

（五）举行听证时，当事人双方可以提供证据，质证，进行辩论；

（六）听证应当制作笔录，笔录应当交双方当事人审核无误后签字或者盖章。

第五十二条【证明责任与证明标准】 申请人提出申请时，只需要提供能够证明被申请人涉嫌歧视的初步证据或者线索。

针对申请人的证据及线索，被申请人可以提供证明自己的行为不构成就业歧视的证据。

被申请人不能提供确实、充分的证据证明不存在就业歧视的，其行为应当被认定为歧视。

人民法院审理反就业歧视案件时，也应当遵循上述证明责任及证明标准的要求。

第五十三条【被申请人供证义务】 与涉嫌歧视事项有关的证据由被申请人掌握管理的，被申请人应当提供；经平等机会委员会要求，被申请人不提供的，可以推定其行为已构成歧视。

第五十四条【裁决及其效力】 当事人未和解、未在平等机会委员会主持下达成调解协议，或者在和解书、调解书签字前反悔的，平等机会委员会应当及时作出裁决。

平等机会委员会审查、裁决就业歧视案件，应当自受理之日起四十五日内结束。案情复杂需要延期的，经平等机会委员会主任批准，可以延期并书面告知当事人延期理由，但延长的期限不得超过三十日，且只能延长一次。逾期未作出裁决的，当事人可以就该争议事项向人民法院提起诉讼。

裁决书应当载明请求、争议事实、裁决理由、裁决结果和裁决日期。裁决书由裁决委员签名，加盖平等机会委员会印章。

平等机会委员会的调解书、裁决书，具有法律效力，双方当事人都应予遵守。

第五十五条【起诉】 当事人对平等机会委员会的裁决不服的，可以自签收裁决书之日起十五日内，向人民法院提起诉讼，逾期不起诉的，裁决书发生法律效力。

当事人对调解协议反悔的，也可以自调解协议签收之日起十五日内，向人民法院提起诉讼。

如果是被申请人不服平等机会委员会的调解、裁决而提起诉讼的，经人民法院审理败诉的，应当承担胜诉方的诉讼费用以及不超过五千元的律师费用。

第五十六条【法院的受理和审理】 人民法院依法受理劳动者因受到就业歧视提起的诉讼。根据案件性质，可以按民事诉讼或者行政诉讼程序进行受理和审理。

审理案件的举证责任应根据本法第五十二条的规定进行分配。

第五十七条【执行】 当事人对发生法律效力的调解书、裁决书，应当在规定的期限内履行。一方当事人在法定期限内不履行的，另一方当事人可以向人民法院申请强制执行。

受理申请的人民法院进行程序性审查后，应当依法执行。如果审查后，发现有重大问题的，可以进行实质审查并予裁判。

第四章　法　律　责　任

第五十八条【就业歧视的民事、行政和刑事责任】 用人单位违反本法规定，实施就业歧视，侵害劳动者平等就业权的，应当承担相应的民事责任和行政责任；构成犯罪的，依法追究刑事责任。

第五十九条【就业歧视的民事责任】 遭受就业歧视的劳动者可以要求用人单位承担民事责任的方式主要有：

（一）停止侵害；

（二）予以录用；

（三）恢复职务；

（四）赔偿损失；

（五）赔礼道歉；

（六）消除影响、恢复名誉。

以上责任方式，可以单独适用，也可以合并适用。造成财产性损失或者精神损害的，应当依法承担赔偿责任。

第六十条【财产性损失】 劳动者因就业歧视遭受的财产性损失包括工资损失以及合理的诉讼费用开支。工资包括基本工资、奖金、津贴和补贴等;合理的诉讼费用包括交通费、复印费、通信费、鉴定费、公证费和律师费等与诉讼有关的合理支出。

第六十一条【求职者财产性损失的计算】 求职者因用人单位实施就业歧视而被拒绝录用的,可以要求用人单位一次性支付所申请岗位三个月的工资作为工资损失予以赔偿。

第六十二条【精神损害】 用人单位违反本法规定实施就业歧视,侵害劳动者平等就业权,造成劳动者精神损害的,应当承担赔偿责任。法院应当根据用人单位的过错程度、歧视行为的性质、歧视行为造成的后果等因素综合考虑赔偿数额。

第六十三条【招聘启事违法的行政责任】 用人单位、职业中介机构、就业信息发布机构违反本法规定,发布涉及就业歧视内容的招聘信息的,由政府主管部门责令改正,并处以五千元以上三万元以下的罚款。

第六十四条【单位规章制度违法的行政责任】 用人单位的规章制度应当体现公平就业理念,涉及就业歧视的规章制度无效,由政府主管部门责令用人单位改正;拒不改正的,处以一万元以下的罚款。

第六十五条【劳动合同违法的行政责任】 用人单位与劳动者签订的劳动合同违反本法规定,侵犯劳动者平等就业权利的,涉及就业歧视的条款无效;由政府主管部门责令用人单位改正,并处以二万元以下的罚款。

第六十六条【性骚扰用人单位责任】 用人单位应当采取积极有效的措施,预防和纠正工作场所中的性骚扰行为;用人单位未能采取有效措施预防和纠正工作场所中的性骚扰行为的,应当对性骚扰受害者承担赔偿责任。

第六十七条【国家机关违法责任】 国家机关作为用人单位违反本法规定,实施就业歧视的,应当对直接责任人和主管人员给予警告处分。

第五章 附 则

第六十八条【费用】 平等机会委员会受理就业歧视的申请不收取费用。平等机会委员会的经费由国家财政予以保障。

第六十九条【生效时间】 本法自　　年　　月　　日起施行。

《反就业歧视法》(专家建议稿)起草小组：蔡定剑、吴高盛、武增、陈国刚、王春光、刘小楠、王福平，2008年6月完成初稿，2009年2月20日修改。

《反就业歧视法》(专家建议稿)修改小组：刘小楠、李成、何霞、王春光、朱桐辉、郭彬、李昊、王彬、卢杰锋，2014年9月第二次修改，2015年5月第三次修改，2015年9月第四次修改，2016年1月第五次修改，2017年1月第六次修改。

参加该专家建议稿起草、修改并呼吁全国人大尽快制定《反就业歧视法》的专家名单（按照音序排名）：

姓名	单位	职业/职务
蔡定剑	中国政法大学宪政研究所	所长
蔡金荣	杭州市委党校	副教授
曹义孙	中国政法大学	教授
程金池	江苏理工学院	讲师
杜社会	贵州民族大学法学院	教授
段琼	北京市人大常委会财经办公室	科员
鄂璐	国务院妇女儿童工作委员会	干部
范晓红	北京市东元律师事务所	律师
高国梁	常州大学史良法学院	讲师
高军	江苏理工学院	副教授
高薇	武汉大学公益与发展法律研究中心	项目官员
高文谦	同语	研究助理
高新军	中央编译局比较政治与经济研究中心	研究员
戈琳	常州大学史良法学院	讲师
耿乐	淡蓝网	CEO
郭彬	广州众一行	总干事
郭慧敏	西北工业大学人文与经济学院	教授
郭晓飞	中国政法大学法学院	副教授
郝鲁怡	中国社会科学院国际法研究所	副研究员
何霞	西南财经大学法学院	副教授

（续表）

姓名	单位	职业/职务
江晖	爱白文化教育中心	执行主任
蒋永萍	全国妇联妇女研究所政策法规研究室	主任
李成	四川大学法学院	副教授
李楯	清华大学中国研究中心	教授
李昊	四川师范大学法学院	副教授
李军	西北政法大学	教授
李满奎	西南政法大学	讲师
李薇薇	深圳大学法学院	教授
李晓兵	南开大学法学院	副教授
李卓	武汉大学法学院	教授
李子瑾	浙江理工大学法政学院	讲师
厉才茂	北京市残联政策研究室	主任
廖娟	西南民族大学法学院	副教授
林清兴	华东政法大学	公务员
林燕玲	中国劳动关系学院	教授
刘伯红	中华女子学院	教授
刘明辉	中华女子学院法学院	教授
刘小楠	中国政法大学宪政研究所	教授
刘莘	中国政法大学法学院	教授
卢杰锋	对外经济贸易大学法学院	讲师
陆军	北京益仁平中心	总协调人
罗和安	湘潭大学	教授
勉丽萍	爱白文化教育中心政策法律项目	项目官员
钱锦宇	西北政法大学行政法学院	副教授
钱玉文	常州大学史良法学院	副教授
沈世娟	常州大学史良法学院	副教授
孙晓梅	中华女子学院	教授
唐樱尧	四川师范大学法学院	教授
唐青利	四川师范大学法学院	副教授
唐忠民	西南政法大学行政法学院	教授

（续表）

姓名	单位	职业/职务
滕腾	四川省委党校行政学院	副教授
王彬	上海交通大学	副教授
王春光	北京农学院政法系	副教授
王福平	中国政法大学	副处长
王文珍	人力资源和社会保障部劳动科学研究所	主任
魏建新	天津师范大学法学院	副教授
武谨	常州大学史良法学院	讲师
谢维雁	四川大学法学院	教授
徐玢	同语	主任
徐继敏	四川大学法学院	教授
许英	中国女律师公益协作网络	律师
杨芳	西南民族大学法学院	副教授
杨慧	全国妇联妇女研究所	副研究员
杨薇	四川省妇联妇女研究所	所长
叶静漪	北京大学法学院	教授
岳颂东	国务院发展研究中心	研究员
张建	常州大学史良法学院	副教授
张立	国务院妇女儿童工作委员会办公室	副主任
张千帆	北京大学法学院	教授
周长征	南京大学法学院	副教授
周海滨	国际劳工组织残障就业项目	协调员
周伟	四川大学法学院	教授
周贤日	华南师范大学法学院	教授
朱桐辉	南开大学法学院	副教授
朱晓青	中国社会科学院法学所	研究员
朱应平	华东政法大学	教授

参考文献

一、中文文献

1. 白光耀编著：《中国古代的农民起义》，北京科学技术出版社 2013 年版。
2. 蔡定剑、刘小楠主编：《反就业歧视法专家建议稿及海外经验》，社会科学文献出版社 2010 年版。
3. 蔡定剑、张千帆主编：《海外反就业歧视制度与实践》，中国社会科学出版社 2007 年版。
4. 柴荣、柴英：《从等级身份到法律平等——以辛亥革命为中心考察》，载《法学研究》2011 年第 5 期。
5. 《邓小平文选》（第 3 卷），人民出版社 1994 年版。
6. 金东瑞编著：《韩非与法家思想》，吉林文史出版社 2012 年版。
7. 金俭：《国外反歧视立法与借鉴》，载《求索》2004 年第 7 期。
8. 《康有为全集》（第一卷），上海古籍出版社 1987 年版。
9. 李薇薇、〔美〕Lisa Stearns 主编：《禁止就业歧视：国际标准和国内实践》，法律出版社 2006 年版。
10. 李薇薇：《反歧视法原理》，法律出版社 2012 年版。
11. 联合国人权高级专员办事处：《对歧视问题的特别关注》，http://www.ohchr.org/CH/Issues/Discrimination/Pages/discrimination.aspx，2017 年 10 月 31 日访问。
12. 林燕玲主编：《反就业歧视的制度与实践——来自亚洲若干国家和地区的启示》，社会科学文献出版社 2011 年版。
13. 刘小楠主编：《反就业歧视的策略与方法》，法律出版社 2011 年版。
14. 刘小楠主编：《反就业歧视的理论与实践》，法律出版社 2012 年版。
15. 刘小楠主编：《反歧视法讲义：文本与案例》，法律出版社 2016 年版。
16. 刘小楠主编：《反歧视评论》（第 2 辑），法律出版社 2015 年版。
17. 陆海娜：《我国对平等就业权的国家保护——以国际法为视角》，法律出版社 2015 年版。
18. 《毛泽东选集》（第 1 卷），人民出版社 1991 年版。

19. 秦书生、王一：《习近平的平等观探析》，载《理论学刊》2017 年第 1 期。

20. 邱小平：《法律的平等保护——美国宪法第十四修正案第一款研究》，北京大学出版社 2005 年版。

21. 孙谦、韩大元主编：《非洲十国宪法》，中国检察出版社 2013 年版。

22. 《孙中山全集》（第二卷），中华书局 1986 年版。

23. 谭家健、孙中原注译：《墨子今注今译》，商务印书馆 2009 年版。

24. 汤漳平、王朝华译注：《老子》，中华书局 2014 年版。

25. 王春光：《平等就业：部分国家和地区反就业歧视的立法与实践》，知识产权出版社 2011 年版。

26. （清）薛福成：《出使英法义比四国日记》，商务印书馆、中国旅游出版社 2016 年版。

27. 杨伯峻译注：《论语译注》，中华书局 2012 年版。

28. 杨永华：《根据地时期法律平等原则的历史回顾》，载《法律科学》1993 年第 6 期。

29. 《中国大百科全书》总编委会：《中国大百科全书（第二版）》（第 30 卷），中国大百科全书出版社 2009 年版。

30. 中国社会科学院近代史研究所、《近代史资料》编译室主编：《太平天国资料》，知识产权出版社 2013 年版。

31. 周桂钿注译：《春秋繁露》，中华书局 2011 年版。

32. 周伟：《反歧视法研究：立法、理论与案例》，法律出版社 2008 年版。

33. 周严：《论南非反就业歧视法》，湘潭大学 2008 年硕士论文。

34. 朱应平：《论平等权的宪法保护》，北京大学出版社 2004 年版。

二、英文文献

1. Abou Jeng, Interview About the African Anti-discrimination Law, Accra, Apr. 8, 2010.

2. Abraham Lincoln, *Lincoln: Speeches and Writings: 1859—1865*, New York: Library of America, 1989.

3. Alan Macfarlane, *Yukichi Fukuzawa and the Making of the Modern World*, London: Palgrave Macmillan, 2013.

4. Allison Chen, Interview About the US Anti-discrimination Law, Boston, Apr. 12, 2012.

5. Anna Puthuran, Interview About the Indian Anti-discrimination Law,

Mumbai, Dec. 29, 2009.

6. Aristotle, *The Complete Works of Aristotle* (*the Revised Oxford Translation*), Vol. 2, Princeton: Princeton University Press, 1991.

7. British Library, Treasures in Full: Magna Carta, http://www.bl.uk/treasures/magnacarta/index.html, last visited on Oct. 31, 2017.

8. C. S. Lewis, *Mere Christianity*, Revised and Enlarged Edition, New York: Harper One, 2015.

9. Cranford Pratt, *The Critical Phase in Tanzania: Nyerere and the Emergence of a Socialist Strategy*, Cambridge: Cambridge University Press, 2009.

10. Dagmar Schiek, Lisa Waddington & Mark Bell (eds.), *Cases, Materials and Text on National, Supranational and International Non-discrimination Law*, Oxford: Hart Publishing, 2007.

11. David Lamb, *The Africans*, Revised, Updated Edition, New York: Vintage, 1987.

12. David Unaipon, *Legendary Tales of the Australian Aborigines*, Melbourne: Melbourne University Publishing, 2001.

13. Dimitrina Petrova, Implementing Anti-discrimination Law and the Human Rights Movement, *Helsinki Monitor*, 2006.

14. Discrimination Law Association, DLA Annual Conference 2017 Report, http://www.discriminationlaw.org.uk/conferences, last visited on Oct. 31, 2017.

15. Discrimination Law Association, Home, http://www.discriminationlaw.org.uk/, last visited on Oct. 31, 2017.

16. Encyclopedia Britannica, *Britannica Concise Encyclopedia*, Chicago: Encyclopedia Britannica, Inc., 2007.

17. European Commission, Tackling Discrimination, http://ec.europa.eu/social/main.jsp?catId=423&langId=en, last visited on Oct. 31, 2017.

18. Evelyn Ellis, *EU Anti-discrimination Law*, Oxford: Oxford University Press, 2005.

19. Henry Parkes, *The Federal Government of Australasia: Speeches Delivered on Various Occasions* (*November, 1889—May, 1890*), Charleston: Nabu Press, 2012.

20. International Bible Society, *Holy Bible*, New International Version, Colorado: International Bible Society, 1984.

21. J. R. Pole, *The Pursuit of Equality in American History*, Revised and Subsequent Edition, Oakland: University of California Press, 1993.

22. James Jupp, *From White Australia to Woomera: The Story of Australian Immigration*, 2nd Edition, Cambridge: Cambridge University Press, 2007.

23. Jean-Jacques Rousseau, *Rousseau, The Social Contract and Other Later Political Writings*, Cambridge: Cambridge University Press, 1997.

24. John D. Currid, *Ancient Egypt and the Old Testament*, Grand Rapids: Baker Academic, 1997.

25. John Kaltner, *Islam: What Non-Muslims Should Know*, Revised and Expanded Edition, Minneapolis: Fortress, 2016.

26. John Merriman, *Massacre: The Life and Death of the Paris Commune*, New York: Basic Books, 2014.

27. John Rawls, *A Theory of Justice*, Revised Edition, Cambridge: The Belknap Press of Harvard University Press, 1999.

28. John Stuart Mill, *Utilitarianism and on Liberty: Including Mill's "Essay on Bentham" and Selections From the Writings of Jeremy Bentham and John Austin*, 2nd Edition, Oxford: Blackwell Publishing, 2003.

29. Justine Firnhaber-Baker & Dirk Schoenaers, *The Routledge History Handbook of Medieval Revolt*, Oxford: Routledge, 2016.

30. Karl Marx & Friedrich Engels, *Collected Works of Karl Marx and Friedrich Engels*, Vol. 42, New York: International Publishers Co., 2005.

31. Kay Hampton, Interview About the Voluntary Sector Perspective on Anti-discrimination Cases, Edinburgh, Oct. 21, 2011.

32. Kofi Annan, *Interventions: A Life in War and Peace*, New York: Penguin Books, 2013.

33. Malcolm Evans & Rachel Murray, *The African Charter on Human and Peoples' Rights: The System in Practice 1986—2006*, 2nd Edition, Cambridge: Cambridge University Press, 2011.

34. Marius B. Jansen, *The Making of Modern Japan*, Revised Edition, Cambridge: Belknap Press, 2002.

35. Mark Bell, Interview About the European Court of Justice, London, Oct. 21, 2013.

36. Mary Cameron Gilmore, *Marri'd, and Other Verses*, Miami: Hard Press Publishing, 2013.

37. Mia Lee, Interview About the Australian Anti-discrimination Law, Melbourne, Dec. 9, 2010.

38. Michael Kirby, Discrimination—The Australian Response, *Commonwealth Law Bulletin*, 1993.

39. Mohandas Karamchand Gandhi, *Gandhi: An Autobiography—The Story of My Experiments With Truth*, Boston: Penguin Books, 1993.

40. National Human Rights Commission of Korea, Discrimination Documents, http://www.humanrights.go.kr/site/program/board/basicboard/list?boardtypeid=7021&menuid=002003004&searchcategory=discrimination, last visited on Oct. 31, 2017.

41. Nelson Mandela, *Long Walk to Freedom: The Autobiography of Nelson Mandela*, Unabridged Edition, Boston: Back Bay Books, 1995.

42. Nicholas Aroney, *The Constitution of a Federal Commonwealth: The Making and Meaning of the Australian Constitution*, Cambridge: Cambridge University Press, 2009.

43. Nonie Darwish, *Cruel and Usual Punishment: The Terrifying Global Implications of Islamic Law*, Tennessee: Thomas Nelson, 2009.

44. Patrick N. Cain & David Ramsey, *American Constitutionalism, Marriage, and the Family: Obergefell v. Hodges and U. S. v. Windsor in Context*, Lanham: Lexington Books, 2017.

45. Robert Nozick, *Anarchy, State, and Utopia*, Reprint Edition, New York: Basic Books, Inc., 2013.

46. Ronald Dworkin, *Sovereign Virtue: The Theory and Practice of Equality*, Trade Paperback Edition, Cambridge: Harvard University Press, 2002.

47. Sandra Fredman, Discrimination, in Peter Cane & Mark Tushnet (eds.), *The Oxford Handbook of Legal Studies*, Oxford: Oxford University Press, 2003.

48. Sharyn He, Interview About the Canadian Anti-discrimination Law, Toronto, Dec. 24, 2012.

49. Stephen Istvan Pogany, Interview About the European Court of Human Rights, Coventry, Apr. 27, 2013.

50. Stephen Istvan Pogany, Interview About the Hungary Anti-discrimination Law, Budapest, Nov. 16, 2012.

51. The US National Archives and Records Administration, The Constitu-

tion, http://www. archives. gov/exhibits/charters/print_friendly. html? page= constitution _ content. html&title = The％20Constitution％20of％20the％20United％20States, last visited on Oct. 31, 2017.

52. Thomas Aquinas, *Aquinas: Political Writings*, Cambridge: Cambridge University Press, 2004.

53. Thomas Jefferson, *Thomas Jefferson: Writings: Autobiography, Notes on the State of Virginia, Public and Private Papers, Addresses, Letters*, New York: Library of America, 1984.

54. Thubten Chodron, *Buddhism for Beginners*, Boston: Snow Lion, 2001.

55. William Butler, *Russian Law*, 3rd Edition, Oxford: Oxford University Press, 2009.

56. Yale Law School Lillian Goldman Law Library the Avalon Project, Declaration of the Rights of Man 1789, http://avalon. law. yale. edu/18th_century/rightsof. asp, last visited on Oct. 31, 2017.